Eliten und Demokratie

Wirtschaft, Wissenschaft und Politik im Dialog – zu Ehren von Eberhard v. Kuenheim

Herausgegeben von
Marion Gräfin Dönhoff
Hubert Markl und
Richard von Weizsäcker

Siedler Verlag

Inhalt

Vorwort 9

Gemeinsinn und Verantwortung

Hermann Lübbe
Freiheit und moralischer Common sense 19

Hartmut von Hentig
Bildung in der modernen Welt – ein Anachronismus? 31

Elisabeth Noelle-Neumann
Vorbilder im medialen Zeitalter 47

Bernhard Bueb
Charakterbildung und Elite 57

Peter Jonas
Elitäre Kultur für die ganze Öffentlichkeit 67

Johann Georg Prinz von Hohenzollern
Kunst in München – ein Blick aus dem Fenster 83

Richard von Weizsäcker
Gedanken in einer freien Gesellschaft 97

Innovation und Orientierung

Hans-Werner Sinn
Die Rolle des Unternehmers in der Marktwirtschaft 111

Carroll A. Campbell
Created in Germany – a Current of Thought 125

Wolfgang A. Herrmann
Orientierung im globalisierten Dorf 133

Hermann Franz
Gewußt wie@wo – Orientierung in der virtuellen Welt 153

Wolf Peter Fehlhammer
Innovation als historischer Prozeß 173

Horst Fuhrmann
Vom Nutzen und Vorteil historischer Bildung.
Eine Zweifelbehebung 187

Hubert Markl
Die Herausforderung durch das Unbekannte 203

Realien und Realitäten

Wolf Lepenies
Der »realistische Tic« 231

Arnulf Baring
Was bedeutet und was braucht die Berliner Republik? 243

Kurt Biedenkopf
Lösungsorientiert handeln
im Spannungsfeld von Wirtschaft und Politik 267

Marcus Bierich
Die Aufgaben des Unternehmers
und seine Verantwortung in der Gesellschaft 283

Edmund Stoiber
Das Unternehmen Staat –
Bayerns Weg in das 3. Jahrtausend 295

Hans D. Barbier
Ordnungspolitik heute –
was regiert und wer regiert uns? 305

Marion Gräfin Dönhoff
Travailler pour le Roi de Prusse 323

Verantwortung für Führung

Eberhard v. Kuenheim
Der Unternehmer im Dialog. Auszüge aus Reden 331

Sibylle Krause-Burger
Eberhard v. Kuenheim 407

Autoren 421

Vorwort

Festschriften sind in der Wirtschaft wenig üblich. Sie entstammen der universitären Welt und ehren dort Lebensleistungen von Wissenschaftlern.

Dieses Buch würdigt die Leistung des Unternehmers Eberhard v. Kuenheim. Nahezu drei Jahrzehnte stand er hinter dem Erfolg des ihm anvertrauten Unternehmens. Gleichermaßen stellte er sich der Aufgabe, die Rolle der Wirtschaft zu erörtern, zu entwickeln und zu vertreten. Eberhard v. Kuenheim hat hierzu Fragen gestellt und Anregungen gegeben; Verpflichtungen, von denen er sprach, hat er vorgelebt. Zu Themen, die ihn bewegen, haben Persönlichkeiten Stellung genommen: Menschen, die – trotz unterschiedlicher Profession – in einvernehmlicher Haltung denken und handeln. Nicht wenige von ihnen sind ihm über Jahre vertraut.

Drei Leitlinien verfolgt dieser Band. Die erste heißt *Gemeinsinn und Verantwortung.* Dieser Teil handelt von kulturellen Wurzeln und sozialen Tugenden; er erörtert Regeln wertegeleiteten Wirkens sowie deren Basis, also Erziehung und Bildung. Der zweite Teil umreißt das Spannungsfeld von *Innovation und Orientierung*; die Einbettung des Neuen in das, was wir wissen und was unser Handeln bestimmt. Der dritte Teil beschäftigt sich mit dem Verhältnis von *Realien und Realitäten.* Hier wird aus unterschiedlicher Perspektive betrachtet, was Wirtschaft und Politik ermöglicht und fördert.

Die Herausgeber haben jeweils einen dieser Teile betreut und durch einen eigenen Beitrag ergänzt. Eberhard v. Kuenheim hat sich aus der Verantwortung des Unternehmers zur Aufgabe der Eliten in unserer Demokratie in vielfacher Weise geäußert. Gedanken von ihm sind den drei Leitlinien einführend vorangestellt. Darüber hinaus wurden Auszüge seiner Reden in einem vierten Teil zusammengefaßt. Dieser letzte Teil wird mit einem Lebensbild Eberhard v. Kuenheims von Sibylle Krause-Burger abgerundet.

Die Festschrift *Eliten und Demokratie* wäre nicht möglich geworden ohne die Unterstützung der Bayerischen Motoren Werke AG. Wir danken dem Redaktionsteam für die vorzügliche Zusammenarbeit – namentlich Heidi Gottstein und Christoph Glaser sowie wissenschaftlich beratend Helmut Zedelmaier (Ludwig-Maximilians-Universität München). Wir danken auch dem Siedler Verlag für die hohe Qualität dieses Buches.

Eberhard v. Kuenheim wird mit diesem Werk überrascht; wir konnten ihn also nach seinen Wünschen nicht fragen. Um so mehr hoffen wir nun, daß er mit der ihm eigenen Neugier und mit Freude zur Kenntnis nimmt, was ihm Menschen, die ihn schätzen, sagen möchten.

Marion Gräfin Dönhoff
Hubert Markl
Richard von Weizsäcker

Gemeinsinn und Verantwortung

Erfolg oder Mißerfolg in der Wirtschaft wird von Menschen bestimmt. Die allermeisten Erwerbstätigen – etwa vier von je fünf – erbringen ihre Leistung in Produktion, Handel oder Dienstleistungen. Wir sind auf Gedeih und Verderb auf sie angewiesen: auf ihr Wissen, ihr Können und ihr Verhalten. Dahinter steht das, was wir »Bildungssystem« nennen. Es ist so differenziert wie aufwendig und genießt zumindest in Teilen noch immer weltweite Reputation. Wir lassen uns dies viel kosten. Wir investieren 15, ja 30 Jahre und mehr, um Jugendliche auf das Leben und ihre berufliche Tätigkeit vorzubereiten.

Wir sprechen von Bildungssystem; tatsächlich meinen wir aber oft nur Ausbildung. Sie ist nach meiner Erfahrung ein wichtiger Teil, jedoch nur ein Teil eines umfassenden Bildungssystems. Auch die Ausbildung sehen wir eng. Im Grunde vermitteln wir nur Spezialwissen; und dabei tun wir so, als sei Wissen eine endliche Menge. Als Ziel der Ausbildung gilt es, möglichst viel Wissen anzuhäufen – und ganz konsequent bemißt man die Annäherung an das Lernziel mit Noten. Unsere Sprache macht das sehr deutlich: Da geht es um Lernziele, um Auslernen, um Fertigsein, um Zertifikate. Wissen wird objektiviert; es wird als Instrument verstanden und in Portionen, in Trichter und Schubladen gefüllt.

Die Beschränkung auf Wissensvermittlung solcher Art halte ich für einen gefährlichen Irrweg. Die Halbwertszeit jeglichen Wissens nimmt ab. Darum sollte die Ausbildung durchaus gründliches Wissen vermitteln, sie sollte jedoch gleichsam den Acker einmal »tief pflügen« und damit den Boden für den Umgang mit Wissen bereiten, und zwar für ein ganzes Leben.

Erziehung und Ausbildung in Verbindung mit umfassender Bildung schaffen das wirkliche Kapital unserer Gesellschaft. Nur so ermöglichen wir den Mehrwert, von dem künftige Generationen leben, den wir künftigen Generationen weitergeben. Erziehung ist im wesentlichen Aufgabe des Elternhauses. Sie soll Werte und Regeln vermitteln und so den Charakter formen. Insgesamt bereitet sie auf das Leben in der Gemeinschaft vor. Ausbildung qualifiziert für den Beruf und wird von Schulen, Betrieben und Hochschulen vermittelt.

Unter Bildung versteht man gemeinhin etwa die Kenntnis italienischer Opern und das Angebot unserer Volkshochschulen. Ich verstehe darunter umfassende Orientierung in der Wirklichkeit. Sie ist das, was übrigbleibt, wenn man alles Erlernte vergißt. Die bayerische Verfassung fordert auch Herzensbildung. Erst Bildung läßt Erziehung und Ausbildung produktiv und damit zum Kapital unserer Gesellschaft werden. Das gilt auch und besonders für die Wirtschaft.

Mit gutem Grund sind die Zuständigkeiten – und damit immer auch die Verantwortungen – bei uns sauber getrennt. Der Staat sorgt für Ordnung. Die Wissenschaft forscht. Eltern erziehen; Schulen, Betriebe und Hochschulen bilden aus. Die Kultur bereichert das Leben. Philosophie und Religion nehmen sich der Sinnfragen an. Die Medien schließlich sorgen für Information und Orientierung.

Die Wirtschaft braucht den gesamthaft geformten, den gebildeten Menschen; und der geht aus unseren Betrieben nicht hervor. Dazu sind unsere Regeln zu einseitig, und sie setzen auch zu spät ein: Was Hänschen nicht lernt, lernt Hans nimmermehr.

Unsere konkrete Aufgabenstellung führt zu Spezialisierung. Aber Spezialisten allein werden die Fragen der Zukunft nicht lösen. Denn die Herausforderungen für das nächste Jahrhundert werden uns vor Veränderungen stellen, die wir der industriellen Revolution des letzten Jahrhunderts zumindest gleichsetzen müssen. Alles wird ständig und gleichzeitig in Bewegung sein.

Daraus folgen für uns Paradoxien: Wir müssen weltweit präsent sein und gleichzeitig lokal; wir müssen uns zentral und zugleich dezentral organisieren; wir müssen exakt planen und dennoch äußerst beweglich agieren. Das ist kein Zukunftsgemälde; tatsächlich stehen wir bereits jetzt mitten in diesem Prozeß.

Was ist zu tun? Ich sehe drei mögliche Wege, die sehr unterschiedlichen Einsatz erfordern. Die erste Möglichkeit ist, uns mit den Verhältnissen zufriedenzugeben. Noch immer sind unsere Leistungen gut, und unsere weltweite Reputation wird Schwächen noch einige Zeit überspielen. Allerdings befinden wir uns auf einer schiefen Ebene, und zwar nicht nur die Wirtschaft. Gefährlich an dieser Schieflage ist, daß der Neigungswinkel größer wird und damit die Geschwindigkeit unserer Talfahrt zunimmt. Diesen Weg müssen wir ausschließen.

Mein zweiter Ansatz mag pragmatisch und ein wenig trivial klingen. Setzen wir Ziele und geben wir Vorbilder; stellen wir Ansprüche an Können, Leistung und Charakter; belohnen wir Mut und Tatkraft – und denken wir auch an Motivationen und Belohnungen nicht materieller Natur. Wir könnten hier viel erreichen. Geben wir Protagonisten des Wandels aus dem Wissen von Ungleichheit eine Chance! Sie entsprechen meinen Vorstellungen künftiger Eliten, unabhängig von Herkunft, Macht oder Hierarchie.

Erforderlich ist drittens eine langfristige und tragende Strategie. Wir brauchen auf Basis der noch vorhandenen Substanz Anschluß an Werte, die in unserer Wirklichkeit angemessen orientieren. Ich umschrieb dies mit umfassender Bildung. Wir müssen lernen, uns wieder in der gesamten Wirklichkeit zu bewegen. Wir brauchen eine entsprechende Orientierung. Erziehung und Ausbildung, geleitet durch umfassende Bildung, sind das tragende Kapital für die Zukunft des Standorts Deutschland.

Eberhard v. Kuenheim

Hermann Lübbe

Freiheit und moralischer Common sense

Common sense – das ist nicht ein beiläufiges Wort in unserem englisch angereicherten Neudeutsch. Common sense – das ist vielmehr ein Zentralbegriff frühaufgeklärter Demokratietheorie. Es handelt sich um einen Begriff dessen, was man, wenn nicht als gleichverteilt, so doch als einigermaßen gemeinverteilt unterstellen muß, wenn man die Forderung allgemeiner Rechte der Mitwirkung der Bürger an den sie betreffenden politischen Beratungs- und Entscheidungsprozessen soll plausibel finden können. Common sense ist somit ein Begriff jener gemeinen bürgerlichen Urteilskraft, über die, sozusagen, jeder Billy Smith ebenso verfügt wie die Lords oder gar der Erzbischof von Canterbury.

Im Deutschen steht uns für »Common sense« das schöne Wort »Gemeinsinn« zur Verfügung. In den Gemeinsinn ist auch die Moral, näherhin die Alltagsmoral eingeschlossen. Moral, gelebte Moral, ohne die keine Kultur existenzfähig wäre, ist entweder Gemeinsinns fähig, oder sie ist gar nicht. Eben deswegen bedarf es zur Erinnerung an geltende Regeln gemeiner Moral auch gar nicht der Experten. Gemeine, öffentliche Moral – das ist das Ensemble von Regeln, die der übergroßen Mehrheit wohlbekannt sind und überdies unbestritten, was natürlich nicht bedeutet, daß sie jederzeit auch von jedermann beachtet würden. Der Common sense weiß: Je freier wir leben, um so nötiger wird die Moral. Das Wort »Freiheit« sollte man in diesem Zusammenhang ohne Emphase gebrauchen, nämlich als Wort zur Kennzeichnung jener Dispositionsspielräume, die sich in verfügbarer Zeit ausdrücken lassen. An diesem Maß gemessen hat in der Tat niemals zuvor, wohlfahrtsabhängig, eine Zivilisationsgenossenschaft freier als die unsrige gelebt.

Wer vor gut 40 Jahren, das heißt in der Zeit des in Westdeutschland allmählich erblühenden sogenannten Wirtschaftswunders, das Rentenalter erreichte, hatte im sozialstatistischen Durchschnitt etwa 95 000 Stunden Berufsarbeit hinter sich. Ein moderner Rentner blickt demgegenüber auf weit weniger als 65 000 Berufsarbeitsstunden zurück. Das bedeutet: Historisch beispiellos weit dehnen sich heute die Zeiten, in denen nichts geschähe, wenn es nicht selbstbestimmt geschähe.

Nimmt man die übrigen Faktoren hinzu, die uns heute wie nie zuvor in eins Selbstbestimmung erlauben und abverlangen – die Fülle der Ausbildungs- und Fortbildungsmöglichkeiten, die Überfülle der Informationsangebote, die Wohlbeschicktheit der Märkte, Mobilität und der Reichtum an Möglichkeiten freiwilligen sozialen und politischen Engagements –, dann erkennt man: Selbstbestimmung ist nicht ein luxurierender, dekadenzträchtiger Anspruch von selbstbezogenen Individuen, vielmehr die fällige Antwort auf die Herausforderungen moderner Dispositionsfreiheit.

Aus Freiheit Sinn, Lebenssinn zu machen – darum handelt es sich und nicht allein um das Thema »Freizeit«.

Die Regeln selbstbestimmter, lebensdienlicher Lebensführung nennen wir traditionellerweise »Moral«. Noch einmal also: Je freier wir leben, um so mehr Moral ist uns abverlangt – von den einfachen Regeln gesundheitsdienlicher Antworten auf die Herausforderungen des Konsumentendaseins bis hin zu den anspruchsvollen Regeln, die uns in Familie und Nachbarschaft, in Vereinen und auch in politischen Kommunitäten zu Leistungen verpflichten, die entweder von uns selbst oder gar nicht erbracht werden. Es wäre ein grobes Mißverständnis der Emanzipation, sie für einen Vorgang moralischer Entpflichtung zu halten. Das Gegenteil ist der Fall, und selbst noch die Sekundärtugenden gewinnen in freien Lebenszusammenhängen an Wichtigkeit.

Die Antwort auf die Frage, wie Freiheit sich moralisch in Lebenssinn transformieren lasse, hat keinerlei Neuigkeitswert. Diese Antwort ist vielmehr sehr alt, aber unbeschadet ihres Alters nicht veraltet. Sie ist somit klassisch. Wie lautet nun die klassische Antwort auf die Frage, wie aus Freiheit Sinn werden kann? Wie läßt sich, traditionell formuliert, Freiheit in Lebensglück verwandeln? Glück ist nach traditioneller Lehre eine nicht direkt intendierbare Befindlichkeit. Glück wird erfahrbar als Nebenfolge sinnvollen Tuns – insbesondere wenn dieses Tun unsere Kräfte fordert, moralisch, auch physisch und psychisch, ohne uns durch Überforderung zu zerrütten. Glück wird erfahrbar beim Blick aufs getane, sinnvolle und gelungene Werk, wenn wir uns also den leichten Schweiß von der Stirn wischen und uns, für uns wie für andere, des guten Sinns des gut Getanen versichern.

Die Einsicht in die erprobte Wahrheit dieser Zusammenhänge kann man noch festigen durch den Blick auf die Folgen der Mißachtung dieser Wahrheit. Glück, gewiß, hat ja auch die Charakteristik einer angenehmen Binnenlage. Im einfachsten, alltagsnahen Fall heißt das: Man fühlt sich wohl. Wer indessen, wider die Einsichten der klassischen Lehre vom Glück, die schöne Befindlichkeit eines glücklichen Tages oder gar eines glücklichen Jahres direkt zu erreichen versuchte, nämlich unter Vermeidung des schweißtreibenden Umwegs über die Realität, nämlich chemisch-medikamentös durch unmittelbare Einwirkung auf seine Befindlichkeit, mag dabei für einmal oder auch für ein andermal sich behaglich finden. Die Endkonsequenz ist immer dieselbe: zunächst Realitätsverlust und schließlich Selbstzerstörung. Das ist, ultrakurz, die Struktur der Sucht, die, als Fehlform der Suche nach Glück, unvermeidlich in tiefes Unglück treibt.

Mit den Chancen der Freiheit wachsen unvermeidlicherweise auch die Chancen, sich unglücklich zu machen. Das bedeutet: Eine freie Gesellschaft verlangt Freiheitskompetenz, Moral also. Kein Staat, auch kein Wohlfahrtsstaat, wird je in der Lage sein, den Ausfall dessen zu kompensieren, was wir in einer freien Gesellschaft einzig in moralischer Selbstbestimmung durch uns selbst und in eins damit für uns selbst wie für andere leisten und erbringen können.

Politiker mit einer Spur sozialpolitischer Weltfremdheit haben sich immer wieder einmal darüber irritiert gezeigt, daß die Bürger in hochentwickelten Gesellschaften zweierlei gleichzeitig wollen: Freiheit einerseits und Sicherheit, insbesondere soziale Sicherheit, andererseits. Ist das nicht ein Widerspruch? Verlangt uns die Freiheit nicht größere Risikobereitschaft ab? Das ist, innerhalb gewisser Grenzen, richtig. Jeder, der zum Beispiel heute für frei verfügbare Einkommensanteile interessante Anlageformen sucht, weiß das, und Unternehmer wissen es sowieso.

Aber davon bleibt unberührt, daß in allen modernen Gesellschaften, in eins mit der Freiheit, auch die Risikoempfindlichkeit wächst. Modern zu leben heißt, von den Handlungen und Leistungen sozial entfernter anderer wie nie zuvor abhängig zu sein. Unsere Dispositionsfreiheiten sind kein Autarkieresultat, vielmehr ein Gewinn aus gelingenden großräumigen Kooperationen.

In eins damit wachsen aber unsere wechselseitigen Betroffenheiten von den Nebenfolgen des Tuns der jeweils anderen, und die Räume der Zurechenbarkeit und damit der Verantwortlichkeit expandieren. Wir finden uns wie nie zuvor auf Versicherungsschutz angewiesen, und gemäß gesetzlicher Verpflichtung oder auch freiwillig nehmen wir diesen Schutz in Anspruch.

Im sozialen Aspekt der Sache wachsen aber auch unsere Abhängigkeiten von Zuständen und Abläufen, die entweder gar nicht oder nur schwerlich anderen zugerechnet werden könnten – von den negativen Auswirkungen der Konjunkturverläufe bis hin zu den Pflegebedürftigkeitsfolgen gestiegener Lebenserwartung. Das bedeutet: Die Ausdehnung des Sozialstaats ist insoweit nicht ein Vorgang der Freiheitseinschränkung, sondern ganz im Gegenteil ein Vorgang unvermeidlicher Kompensation unangenehmer Nebenfolgen der gesellschaftlichen Voraussetzungen unserer Freiheitsgewinne.

Sogar noch mit der Selbstbestimmung, die die Freiheit uns abverlangt, sind Probleme verbunden, auf die der expandierende Sozialstaat die Antwort ist. Gelingende Selbstbestimmung hängt nämlich von Voraussetzungen ab, die nur sehr begrenzt zu unserer eigenen Disposition stehen. Mit den freiheitsabhängigen Ansprüchen an unsere moralischen, beruflichen, kommunikativen und sozialen Selbstbestimmungskompetenzen nimmt zugleich die Wahrscheinlichkeit zu, daß wir uns diesen Ansprüchen nicht mehr gewachsen zeigen.

Das bedeutet: Mit der Modernität moderner Lebensverhältnisse steigt die Zahl der »Modernisierungsopfer«, wie man sie genannt hat, und zugleich nehmen ihre Auffälligkeit und ihre relative Benachteiligung zu.

Das sind ganz neue Herausforderungen an unsere persönliche, familiäre und gemeindliche Solidarität. Aber zusätzliche Anforderungen an den Sozialstaat ergeben sich daraus auch.

Das aber heißt: Freie Selbstbestimmung und wechselseitige Abhängigkeit, Sozialität also, stehen nicht in einem Exklusionsverhältnis zueinander. Sie bedingen sich vielmehr wechselseitig. Und das wiederum bedeutet: Gerade auch der moderne Sozialstaat verlangt, maximal die moralischen Kräfte freier Selbstbestimmung zu nutzen.

Was kann das exemplarisch heißen? Man stelle sich vor, die Leistungen des Sozialstaats im Rahmen der gesetzlichen Krankenversicherung würden die Leistungsempfänger nicht länger mehr kostenblind halten, vielmehr als Erstattungsberechtigte über die wirtschaftliche Seite seiner sozialen Sicherheit aufgeklärt machen. Das allein schon könnte den Bürgern eine Urteilssouveränität zurückerstatten, die der paternalistische Betreuungsstaat ihnen entzogen hat. Und wenn es überdies möglich wäre, in das System der gesetzlichen Krankenversicherung eine wirklich effektive Bonus-Malus-Regel einzuführen, so wäre das ein ordnungspolitischer Akt der Freisetzung praktischer Bürgervernunft. Auch der demokratische Staat schleppt gewisse Traditionen des Obrigkeitsstaats mit sich, und der »mündige Bürger« wird keineswegs überall schon als solcher für voll genommen.

Ökonomische Orientierungen stehen in speziell deutscher Tradition moralisch nicht hoch im Kurs. Eine deutsche Wochenzeitung brachte das gelegentlich auf den harten ideologischen Punkt, indem sie dekretierte: »Der Markt und seine Gesetze« seien »strukturell unvereinbar mit dem kategorischen Imperativ Kants«. Kräftiger, nämlich in der Absicht, den Markt moralisch zu diffamieren, kann man es für deutsche Ohren nicht ausdrücken.

Daß Menschen auch und gerade in der Verfolgung ihrer wirtschaftlichen Interessen unmoralisch, ja gesetzwidrig handeln – das läßt sich nicht leugnen. Aber es ist zugleich gänzlich banal. Nicht banal ist, daß, wer in moralischer Absicht die Geltung der Marktregeln schwächen möchte, die moralische Korruption, statt ihr entgegenzuwirken, noch vertieft und zugleich dauerhaft macht. Das lehrt uns sogar noch das Exempel der ökologischen Krise, die sich inzwischen als die größte Herausforderung der modernen Zivilisation darstellt. Verlangt diese Herausforderung nicht strikte Orientierung am Gemeinwohl statt an privaten wirtschaftlichen Vorteilen, die sich auf Märkten gewinnen lassen?

Sogar der große Hans Jonas fand, daß in einem System, das doch, wie das sozialistische, am Ideal der Identität individueller und kollektiver Interessen orientiert ist, wo also nichts als die Imperative des Volkswohls gelten, für die Erhaltung der gemeinsamen naturalen Bedingungen unserer Zivilisation ungleich besser als im Kapitalismus hätte gesorgt sein müssen. Daß das Gegenteil der Fall ist, blieb freilich auch Jonas nicht verborgen. 1989 hatte die Elbe, sozialismusabhängig, eine um das 17fache größere Schmutzfracht als der analog industrialisierte Rhein aufzuweisen, und der Pro-Kopf-Verbrauch an Elektroenergie in der DDR überbot, bei ungleich geringerer Produktion und bei ungleich dürftigerer Installation der Haushalte, den westdeutschen um mehr als das 1,3fache.

Wieso war das so? Die Antwort lautet: Ohne Markt ist es eben nicht möglich, unsere naturalen Lebensbedingungen der ökonomischen Vernunft zu unterwerfen.

Wenn man das, was hier mit Absicht geschehen ist, so formuliert, so klingt das in manchen Ohren wie blanker Zynismus. Den Umgang mit der Natur ökonomisch zu rationalisieren – ist nicht das genaue Gegenteil angesichts der ökologischen Krise überfällig? Es ist ja nicht zu bestreiten: Wir treiben in wesentlichen Hinsichten immer noch Raubbau an unseren natürlichen Lebensgrundlagen. Aber was heißt denn das? Es heißt, daß wir verschwenderisch mit Lebensvoraussetzungen umgehen, die in Wahrheit überaus knapp sind. Was aber knapp ist, verlangt haushälterischen Umgang. »Haushälterisch« – das jedoch ist nichts anderes als die wörtliche Übersetzung des altvertrauten Fremdworts »ökonomisch«.

Die ökologische Krise ist eine Verschwendungskrise. Das bedeutet: Nicht zu viel Ökonomie, sondern zu wenig Ökonomie, nämlich haushälterischer Umgang mit knappen Ressourcen, prägt leider immer noch unser kulturelles und politisches Naturverhältnis.

Die ordnungspolitische Herausforderung lautet: Unsere gefährdeten naturalen Lebensvoraussetzungen müssen endlich als knapp erfahrbar gemacht werden, und das bis in die alltägliche Lebenspraxis hinein. Allein auf dem Markt ist das unter entsprechenden ordnungspolitischen Rahmenbedingungen möglich, und eben deswegen war das im real existent gewesenen Sozialismus nicht möglich.

In den aktuellen wirtschaftsethischen Debatten, für die es im übrigen gute Gründe gibt, wird gelegentlich der Anschein erweckt, als handle es sich darum, die Marktwirtschaft endlich an die moralische Kandare zu nehmen. Die Moral, die dem marktorientierten Handeln schon als solchem eignet, wird darüber beschwiegen, ja verkannt. Der Markt – das ist nicht ein residuales Betätigungsfeld kleiner Bevölkerungsgruppen, von Freiberuflern, Unternehmern und sonstigen sogenannten Besserverdienenden. Die Ordnungsleistungen des Marktes sind heute auf expandierenden Feldern von der Ökologie über Bildung und Fortbildung bis hin zum System unserer sozialen Sicherheiten unerläßlich. Sie gewinnen an Wichtigkeit.

Mit der wachsenden Komplexität moderner Lebensverhältnisse nimmt die Eignung der öffentlichen Verwaltungen ab, uns anstelle des Marktes mit seinen Leistungen zu bedienen. »Privatisierung« ist nicht ein Programm residualer Altliberaler, vielmehr eine Liberalitätsbedingung gemeiner Wohlfahrt in hochentwickelten Gesellschaften.

Wer die Freiheitschancen, die uns in modernen Gesellschaften eröffnet sind, nutzen will, muß über die moralischen Voraussetzungen dieser Nutzung stets schon einigermaßen verfügen. Wie bildet sich solche Moral? Unverändert ist der familiäre Lebenszusammenhang für die Heranbildung des Individuums zur Selbstbestimmungsfähigkeit unersetzbar. Familienromantik ist überflüssig, und es bleibt unbestreitbar, daß die Familie eine Reihe von sozialen Funktionen, die in vormodernen Gesellschaften an ihr hingen, verloren hat. Gleichzeitig hat sie aber an Unentbehrlichkeit kraft ihrer Unersetzbarkeit für unsere Heranbildung zu jener Selbstbestimmungsfähigkeit gewonnen, von der unsere Chancen, am Lebenszusammenhang moderner Gesellschaften teilnehmen zu können, einschließlich unserer Chancen eines gelingenden Familienlebens abhängen.

Selbstbestimmungsfähigkeit ist ja nicht mit Reflexionskompetenz zu verwechseln. Selbstbestimmungsfähigkeit – das ist, zusammenfassend gesagt, die Fähigkeit, Freiheit in Sinn, in Lebenssinn zu verwandeln. Man versteht die Freiheit in ihren Voraussetzungen nicht, wenn man sie als Gewinn aus Bindungsverlusten verstünde. Es ist wahr: In jedem Betracht verlangt uns die Teilnahme am modernen Lebenszusammenhang Mobilität ab – intellektuell, professionell, kulturell, ja auch räumlich. Und es ist erwiesen: Unsere Fähigkeit zur Mobilität und damit unsere Fähigkeit, uns auf die moralischen, kulturellen und politischen Herausforderungen modernen Lebens einzustellen, wachsen in eins mit den Sicherheiten aus Prägungen durch unsere Herkunftswelten.

Das gilt nicht nur für das Familienleben. Man weiß zum Beispiel aus der europäisch-amerikanischen Migrationsgeschichte: Die Fähigkeit, sich als Auswanderer in neuen Welten einzurichten, korrelierte mit der Intensität frommer Rückbindung an traditionale Glaubenswelten. Analog sind auch heute erwiesene Fähigkeiten zu weltbürgerlichen Aktivitäten in Wirtschaft, Wissenschaft und Kultur keineswegs indifferent gegenüber Herkunftsbindungen. Mit der modernitätsspezifisch anwachsenden Menge dessen, was uns heute global miteinander verbindet, wächst zugleich überall unser Interesse, uns im Verhältnis zueinander in demjenigen zu behaupten, was uns herkunftsabhängig voneinander verschieden sein läßt. Zu den Vorgängen der Europäisierung verhalten sich die neuen Regionalismen genau komplementär, und wer die Unvermeidlichkeit dieses Komplementaritätszusammenhangs nicht erkennt, versteht die Bedingungen unserer Modernitätsfähigkeit nicht.

Die unbeschadet ihrer mannigfachen Funktionsverluste anwachsende Bedeutung der Familie als wichtigster sozialer Bildungsort freimachender Bindung folgt derselben Pragmatik. Mit der Ausweitung der Freiheitsspielräume moderner Lebensverbringung nimmt der Selbstverständlichkeitscharakter unserer Lebensorientierungen ab. Die Lebensgewinne, die darin als Chance stecken, fallen aber einzig demjenigen zu, der von den Verläßlichkeiten elementarer Selbstverständlichkeiten getragen ist, und die Selbstverständlichkeiten der Familienrückbindung sind im Ensemble der sozialen Voraussetzungen unseres Lebens die wichtigsten.

Die Erfahrung, daß die Familie ein Emanzipationshindernis sei, ist durchaus eine reale Erfahrung. Mit den Herausforderungen, die in dieser Erfahrung stecken, vermag aber nur fertig zu werden, wer über jene Selbstbestimmungskompetenzen verfügt, die sich im gelingenden Familienleben besser als in jedem anderen bekannten sozialen Zusammenhang herauszubilden pflegen. Was die Familie an sozialen Funktionen emanzipationsabhängig verloren hat, gewinnt sie zugleich als wichtigster sozialer Bildungsort unserer Freiheitsfähigkeit.

Hartmut von Hentig

Bildung in der modernen Welt – ein Anachronismus?

Diese Frage hätte man vor 50 Jahren nicht gestellt; vor 100 Jahren, als meine Mutter geboren wurde, hätte man sie nicht verstanden; Goethe, dessen Geburt vor 250 Jahren wir gerade feiern, hätte wohl die darin steckende »Befürchtung« bejaht, die Figur des Anachronismus aber als unbedacht oder übertrieben getadelt: Was er Bildung nannte, eine deutsche Variante der griechischen Kalokagathie, Übereinstimmung und Wohlgestalt von Körper, Geist und sittlicher Haltung, schien ihm immer gefährdet – unzeitgemäß konnte das Zeitlose nicht werden; vor Rousseau schließlich war die Frage undenkbar: »Education« – die Einheit von Erziehung und Bildung – bezeichnet doch gerade die Anstrengung, die der einzelne machen muß, um sich die Lebensformen seiner Gesellschaft anzueignen. Bildung war »Synchronismus« – Zeitangleichung – und wurde von Rousseau als solche mißbilligt: Wenn die Gesellschaft falsch lebt, wenn die Kultur aus der Art geraten ist, darf man die nächste Generation ihr nicht unterwerfen. Seine Zeitgenossen und Vorgänger mochten diese oder jene Form von Bildung für veraltet halten, nicht jedoch die Bildung selbst, durch die der Abstand zwischen den natürlichen Anlagen des Menschen und den Verhältnissen und Ansprüchen der historischen Kultur überbrückt wird.

Der Begriff der Bildung war solchermaßen formal, von ihrer materialen Gestalt unabhängig und bezeichnete etwas Notwendiges. Was Bildung ausmachte und tat, mußte angesichts der jeweiligen Erfordernisse bestimmt werden – das stand zur Disposition, und nur das. Rousseau befand: Man müsse den jungen Menschen eine Chance geben, frei von den Eitelkeiten, Irrtümern, Verkrampfungen ihrer Gesellschaft aufzuwachsen. Er hat also eine Kindheit und Jugend entworfen, in der dies gelingen kann. Die Grundkonstellation hat er damit nicht verändert oder verlassen. Er hat nicht einmal die Vorfrage zu der unseren gestellt: ob man nur in der Kultur und für sie erziehen und bilden könne oder auch gegen sie. Die verderbte Kultur durch Pädagogik in Ordnung zu bringen – o cursed spite! –, hat er sich nicht einfallen lassen; er hat keine Reform der Institutionen vorgeschlagen; er hat vielmehr am Werdegang eines einzelnen Zöglings gezeigt, wie gründlich man umdenken muß, wenn man auch nur die Pädagogik stimmig machen will, die sich die falsche Gesellschaft zurechtgelegt hat. Dazu hat er beim Säugling und Kleinkind angefangen und beim Jüngling nicht aufgehört; er hat den gesamten Vorgang in Stufen eingeteilt, Erziehung, Bildung und Ausbildung unterschieden, ihnen auf den verschiedenen Stufen verschiedenes Gewicht gegeben und sie gänzlich anders angeordnet, als man es gewohnt war und als wir es noch immer gewohnt sind – um eines gemeinsamen Resultats willen: Er entläßt am Ende einen Menschen in die Welt, der mit dieser zurechtkommt, ohne ihr angepaßt oder gar unterworfen zu sein. Er kann sich in ihr und gegen sie behaupten. Diese Erwartung haftet seither an der Menschenbildung. Kann sie veralten?

Die Frage »Bildung in der modernen Welt – ein Anachronismus?« übergeht diese Differenzierungen; sie spricht von »Bildung« schlechthin und scheint das ganze mit diesem Wort verbundene Paradigma in Frage zu stellen; sie sagt: Bildung kann in einem Widerspruch zu der sie umgebenden Welt stehen. Sicher nicht, weil diese zu verurteilen wäre wie für Rousseau die seine. Aber vielleicht doch, weil in der modernen Welt die geläufigen Funktionen der Bildung – die »Vermittlung« von Wissen, Fähigkeiten und Werten – im Begriff sind, auf andere Instanzen und Felder überzugehen, und weil Kinder und Jugendliche nicht mehr in der erhofften Weise auf die Absichten und Veranstaltungen der Bildung reagieren. Es kann sein, daß die moderne Welt, einmal zu einem helleren Bewußtsein ihrer selbst erwacht, die drei großen Aufträge, die bisher an die Erziehung und Bildung ergingen – die Entfaltung der Person, die Anleitung zum Bürgersein, die Sicherung des Nachwuchses –, in den gesellschaftlich wichtigen Tätigkeiten ganz anders zu erfüllen unternimmt, jedenfalls nicht mehr in einem Vorgang und in einem Lebensabschnitt. Sie könnte sie auf die Familien und die Nachbarschaft, auf Pfadfinder und Vereine, auf eine allgemeine Zivildienstpflicht und Work-Camps, auf Jugendparteien und Bürgerinitiativen, auf Outward-bound-Unternehmungen und Kirchentage, auf Sozialarbeiter und die Organe der Jugendhilfe einerseits, auf Computer und Internet, auf Dokumentationszentren und Museen, auf subventionierte Ausbildungsplätze und

Praktika, auf »life-long learning« und Umschulungslehrgänge andererseits (und vieles andere mehr) verteilen – neben akademischen Vor-, Hoch- und Spezialschulen, die den Nachwuchs in den einzelnen Berufsgattungen sichern und nicht mehr behaupten, gleichzeitig auch »allgemein« zu bilden. Mit anderen Worten, unser institutionalisiertes Bildungswesen könnte unzeitgemäß sein.

In dieser Zuspitzung verstanden, ist die Frage nach der Bildung in der modernen Welt Thema für einen Futurologen, der die Kultur beobachtet, nicht für einen Pädagogen. Aber man kann unsere Frage auch weniger dramatisch auslegen und kommt dabei auf einen ehrwürdigen alten Gegensatz, dessen erste uns bekannte Protagonisten Sokrates und die Sophisten waren. »Bildung« in unserer Frage repräsentiert dann ein Kulturideal: den durch ein bestimmtes Wissen, durch eine bestimmte geistige Haltung, durch bestimmte ästhetische und sittliche Gewohnheiten vervollkommneten Menschen, der nicht nur für seine Kultur tauglich ist, sondern frei und fähig, selber Kultur hervorzubringen, zu bewahren, kritisch zu verändern. Dieser könne oder müsse nun einem gut informierten, lernfähigen, anpassungsbereiten Typus weichen, der mit bestimmten Qualifikationen versehen sich selbst zu erhalten in der Lage sei, also mit seinem jeweiligen Know-how eine Erwerbstätigkeit auszuüben vermöge und der Gesellschaft dadurch nütze, ihr jedenfalls nicht zur Last falle. Dem dazu führenden Vorgang käme wohl eher die Bezeichnung »Training« zu, eine Mischung aus Einübung in und Ausstattung für das heutige Leben.

In dieser Gegenüberstellung meint »Bildung« eine bestimmte Bildung. Gehen wir einmal davon aus, daß das Wort »Bildung« selbst – so allgemein wir es heute auch für alles verwenden, was in und mit Schulen geschieht, und weshalb wir von Bildungspolitik, Bildungsforschung, Bildungsboom, Bildungsvorteil, Bildungsausgaben sprechen – einen spezifischen Anspruch mit sich führt, der sich offenbart, sobald man es in die Nähe von Personen bringt und sagen soll, was man damit meint. Dann kommt etwas heraus, was nur ein Gebildeter sagen kann.

Das deutsche Wort »Bildung« hat seine eigene und auch hier mitzudenkende Bedeutung am Ausgang des 18. Jahrhunderts, am Anfang des 19. Jahrhunderts erhalten. Damals erst löste sich Bildung von Erziehung einerseits, womit man von nun an vornehmlich die Gewöhnungs- und Disziplinierungsvorgänge bezeichnete, die der geistigen Formung vorausgehen. Kant, Schiller, Lichtenberg – unsere Aufklärer – sprachen noch unbefangen und allgemein von Erziehung, wo Hegel, Schleiermacher, Humboldt schon von Bildung zu sprechen vorzogen. In seiner *Erziehung des Menschengeschlechts* beschreibt Lessing, wie sich der Mensch im Laufe der Geschichte den richtigen Begriff von Gott zu machen lernt, ein aufgeklärtes Bewußtsein von der Offenbarung gewinnt, seine Rolle in der Schöpfung versteht. Sein Gebrauch des Wortes »Erziehung« ist weit von den Vorstellungen entfernt, die wir damit verbinden und die man damals in dem Wort »Kinderzucht« unterbrachte. Andererseits löste sich Bildung von Ausbildung – der Ertüchtigung für den Beruf. Vor allem Wilhelm von Humboldt bestand darauf, daß die Bemühungen der Bildung von jeglichem Gedanken an die Verwertbarkeit des Gelernten freigehalten werden. Im Englischen heißt, was wir »Bildung« nennen, konsequenterweise »formal education«. Wir fügen inzwischen dem Wort »Bildung«, einer wörtlichen Übersetzung der lateinischen »formatio«, ein tautologisches »Allgemein-« hinzu, weil sich Humboldts Idee in der Wirklichkeit nicht hat durchsetzen können; Pädagogen sind der Verführung erlegen, die Bedürfnisse der Gesellschaft und die Anforderungen der jeweils nachfolgenden Institution immer gleich mitzubedienen.

Im Laufe des 19. Jahrhunderts wurde so aus der Bildung eine Karriere. Wer sie sich in jahrzehntelanger Mühe und unter hohem Kostenaufwand erworben hatte, konnte es sich nicht leisten, sie nicht zu verwerten; er lebte also möglichst auch von ihr. War einst das Ergebnis von Bildung der sich bildende Mensch, war es jetzt der Gebildete. Aus den Gebildeten wurde ein Stand – eine wenn nicht herrschende, so doch einflußreiche und erfolgreiche Klasse. Wer gebildet war und unbemittelt blieb oder im Abseits stand, mußte dies besonderen Verhältnissen oder eigenen Schwächen zuschreiben. Hölderlin und Kleist, Büchner und Marx waren zunächst aus den gleichen Gründen arm, aus denen sie berühmt wurden, und also doch erfolgreich. Ihre Bildung war beides: Steigerung ihrer Persönlichkeit und Steigerung ihrer gesellschaftlichen Wirksamkeit. Und ebendies hätte jeder von ihnen auf die Titelfrage geantwortet: »Wie denn – wir brauchen sie doch, so sehr, wie wir sie wollen! Was wären wir ohne sie?«

Darum bleibt die Tatsache, daß wir heute die Frage nach der Tauglichkeit der Bildung für das Leben stellen, bemerkenswert, kennzeichnend und erklärungsbedürftig, selbst bei Unterstellung eines spezifischen Bildungsbegriffs. Ich nenne drei Ursachen dafür.

Erstens: Die Bildung ist durch ihre massenhafte Institutionalisierung zur Schulbildung erstarrt, und diese hat sich obendrein verselbständigt; die Bildungsmittel verabsolutierten sich zu Bildungsgütern; die Gegenstände und Verfahren entfernten sich von dem Leben, in dem sie Geltung haben sollten.

Zweitens: Das Industriezeitalter war von Anfang an ein »Wissenszeitalter«. Wer die richtigen Kenntnisse, einen geübten Verstand und Lust an der Freiheit des Denkens und Forschens hatte – lauter Gaben einer gelungenen Bildung –, brauchte kein Landgut, keinen militärischen Rang, keinen Adelstitel; er konnte fortan Erfinder, Gelehrter, Unternehmer, Beamter und Politiker werden, und in all diesen Funktionen wurde er von der sich selbstbewußt entfaltenden bürgerlichen Gesellschaft gebraucht. Bildung war das wichtigste Mittel des ökonomischen und sozialen Aufstiegs und so gut wie aller gesellschaftlichen Entwicklungen.

Drittens: Die Erfordernisse des Lebens in der technisch-wissenschaftlichen Zivilisation werden arbeitsteilig, durch spezialisierte Tätigkeiten erfüllt. Diese wandeln sich schnell und haben nur noch wenige gemeinsame »Wissens«-Voraussetzungen: Sprache, Mathematik, die

Prinzipien der »science«. Diese wiederum werden nun schon auf den besonderen Zweck hin ausgerichtet und gelehrt, so daß sie ihre allgemeine geistesbildende Funktion verlieren. Wenn Schüler nach zehnjähriger Schulzeit nicht wissen, wie man zur Hälfte von zwei Dritteln kommt, haben sie nicht zuwenig Mathematikunterricht gehabt, sondern den falschen. Sie haben gelernt, ein Rechenverfahren zur Lösung der vorliegenden Aufgabe zügig anzuwenden; sie haben nicht gelernt, mathematische Grundverhältnisse – hier den Bruch und seine Zählung – zu verstehen, unabhängig davon, was im vorliegenden Fall damit bezeichnet und jetzt gerade im Unterricht behandelt wird.

Im Bewußtsein der Lernenden schlagen die Schulkenntnisse erst in der Ausbildung zu Buche. Diese und nicht die Bildung erlaubt dem einzelnen, in der Gesellschaft zu überleben. Wer ein gut verdienender Arzt oder Architekt oder Jurist werden will, »braucht« dafür keine Bildung, sondern ein Spezialstudium, das seinerseits mit Kenntnissen und Fähigkeiten begonnen werden kann, die mit Bildung nichts zu tun haben, mit jener zweckfreien Bildung, die nun als Anachronismus erscheint. Sogar der Wissenschaftler von Beruf kann heute ungebildet sein – nicht nur ignorant in der jeweils anderen der »zwei Kulturen«, sondern auch innerhalb der eigenen, ohne Bewußtsein vom Ganzen, zu dem die eigene Disziplin arbeitsteilig beiträgt, und ohne das damit einhergehende Ethos der Verantwortung. Ein »ungebildeter Gelehrter« – das wäre noch im vorigen Jahrhundert ein schlechter Witz gewesen, jedenfalls eine heikle Aussage, wollte man sie auf die Zunft- und Zeitgenossen eines Charles Darwin oder Leopold von Ranke, eines Hermann von Helmholtz oder Adolf Harnack, eines Rudolf Virchow oder Rudolf von Ihering, eines Sigmund Freud oder Max Planck anwenden.

Die geforderte und geläufige Zurüstung für die Welt der Maschinen und Apparate, für den Markt und die Selbstbehauptung in ihm, für den schnellen Wandel der Verhältnisse und die Abhängigkeit aller Bereiche von allen verdrängt die bloß bildende Bildung aus dem pädagogischen Auftrag der Schule. Man erwartet von dieser »Praxisnähe«, man hofft, mit abermals gründlich veränderten Verfahren und Gegenständen modern auf die moderne Welt vorzubereiten; man hat die Lehrer an allgemeinbildenden Schulen längst zu Spezialisten in höchstens zwei wissenschaftlichen Fächern ausgebildet, man treibt in den noch immer Bildungseinrichtungen genannten Schulen ungehemmt Existenzsicherung, gehemmt allenfalls durch Lebensferne. Daß man an Bezeichnungen wie »Gymnasium« und »humanistische Bildung«, an Vorstellungen wie »Grundwissen«, »Kanon«, »Kernfächer« festhält, ändert nichts daran, daß wir inzwischen ein durchgehendes System von Real-Schulen und Fachschulen haben und Humboldts Bildung sich nur noch zufällig einstellt, wo einzelne Lehrer und Schüler Freude daran haben.

Nun ist für einen alten Mann und Humanisten nichts vergnüglicher, als die vielen und guten Gründe aufzuzählen, aus denen Humboldts Bildungsideal »immer noch« gültig sei, ja zu argumentieren, daß es heute mehr überzeuge als in dessen eigener Zeit, daß wir also zu ihm zurückkehren sollten. Er kann weitergehen und zeigen, daß moderner noch als der Humboldt aus Tegel der Sokrates aus Athen sei, daß wir jedoch statt seiner gelobten Schule des radikalen Denkens, des Forschens und Fragens, des Sichverständigens über Sachverhalte, des Überzeugens und der Verantwortung Schulen der geschmähten Sophisten unterhalten, Schulen des Bescheidwissens, des Antwortens und Rechthabens, der störungsfreien und unverbindlichen Kommunikation, der wirksamen Überredung und des Erfolgs. Das stimmt zwar weitgehend, aber bringt es weiter? Verfehlt es nicht unsere Lage? Ja, wird es den jeweiligen Vorbildern gerecht?

Sokrates war in der Tat keineswegs der unpraktische und unpolitische »Philosoph«, den Platon im *Theaitetos* karikiert, der den Weg zur Agora nicht kennt, der nicht weiß, wo das Rathaus ist, und auch sonst nichts vom öffentlichen Leben. Der Nutzen, den die »polis« aus seiner Lehre und seiner »menschenverbessernden« Tätigkeit zieht, ist indirekt, aber entscheidend: Wehe der Stadt, deren Bürger das Geforderte oder Erwartete oder Gewinnbringende oder Notwendige tun, ohne vorher darüber nachgedacht zu haben, was das Gute sei. Auch Humboldts »Sich-Bilden«, aus dem Platonischen Idealismus hervorgegangen, ist keineswegs weltabgewandt, geschieht nicht einsam und von allein, sondern im Umgang mit anderen Menschen, mit der Geschichte, mit der Natur, mit der »Realität«. Diese vollends nehmen wir einseitig wahr, wenn wir nur den »cultural lag« sehen, uns vorwerfen, mit unserem Verständnis und unserer politischen und moralischen Reaktion dem wissenschaftlichen und technischen Fortschritt hinterherzuhinken. So gesehen müßten wir uns nur sputen, unsere Schulen müßten endlich die technischen Erfindungen und wirtschaftlichen Entwicklungen einholen, die Lebensauffassung müßte mit der Lebensverfassung gleichziehen. Aber schon daß die Entwicklungen selber zwiespältig sind, wird allein der erkennen, der die sokratische Unabhängigkeit hat und weiß, daß das erstrebenswerte Leben nicht schon durch die Erfahrung des schlechten Lebens bestimmt ist.

Fast alle Wörter, mit denen wir unsere heutige Zivilisation beschreiben, bezeichnen etwas, was wir nicht im Griff haben: Globalisierung und Urbanisierung, Informationsgesellschaft und Zweidrittelgesellschaft, neue Unübersichtlichkeit und soziale Kälte, wissenschaftlich-technischer Fortschritt und das Ende der Arbeit, Monetarisierung und Virtualisierung. Ohne Kenntnisse und »Qualifikationen« funktioniert diese Zivilisation nicht. Aber ohne sokratische Prüfung der Notwendigkeit und ohne den systematischen Versuch, das Ganze zu verstehen, liefern sich die Menschen ihren eigenen Erfindungen aus. Das Ergebnis kennen wir aus der Literatur: die »brave new world«.

Wenn es etwas gibt, was den Menschen wieder zum Herrn dieser Entwicklung zu machen vermag, dann sollten wir das mit Eifer, Fantasie und Anstrengung aufsuchen. Ich nenne einige hierfür nützliche, gar unentbehrliche Voraussetzungen:

• Vorstellungen von und Erfahrungen mit dem mir und uns möglichen Guten Leben, das nicht von schlechtem Gewissen, Verdrängungen und Beschwichtigungen geplagt ist
• Ein klares Bewußtsein von dem, was ich wirklich, das heißt mit guten Gründen will
• Maßstäbe für die Möglichkeit, Wichtiges von Unwichtigem zu unterscheiden, und Treue diesen Maßstäben gegenüber
• Neugier; die Bereitschaft zu »trial and error«, zu Selbstkritik, Aufbruch oder Umkehr
• Wachsamkeit gegenüber den kollektiven Vorgängen; die Kraft, Abstand zu halten; die Fähigkeit, auf Dinge zu verzichten, die ich nicht brauche
• Selbstbewußtsein; die geprüfte und also erprobte Zuversicht, daß meine Leistungen taugen
• Das dazu nötige Verstehen der mir anvertrauten Sachverhalte, der Verhältnisse, in denen ich lebe

Dies ist eine fortsetzbare Liste von Verhaltensweisen und Eigenschaften, für die die Pädagogik Erfahrungen und Übungsanlässe und die Wissenschaft Erkenntnisse und Denkformen bereitstellen kann und müßte, weil das Leben dies gerade nicht tut.

Damit leugne ich keineswegs, daß wir – der einzelne und die Gesellschaft – auch das andere brauchen: neben der Bildung die Ausbildung, neben der Wissenschaft die Zweckforschung, und daß wir uns um die praktischen Voraussetzungen beider kümmern müssen. Ich protestiere nur dagegen, daß man das eine dem anderen gänzlich opfert.

Es ist hier nicht der Ort, eine dafür taugliche Bildungslehre auf- und darzustellen. Daß die Bildung, die den Menschen der modernen Welt gewachsen macht, sich anderer Anlässe, Gegenstände, Verfahren bedienen muß, als Humboldt sie im Königsberger und im Litauischen Schulplan entworfen hat, ist plausibel, aber nicht in jedem Fall erwiesen. Die »Übung der Hauptkräfte des Geistes« wird man weiterhin, wie schon Humboldt, vom »Einsammeln von Kenntnissen« unterscheiden und die erste an den Schulen vornehmen, das zweite den Ausbildungsstätten zuweisen. Computer werden den Sprachunterricht nicht verdrängen, »chat rooms« nicht das Gespräch, nicht den strengen Regeln folgenden Diskurs; das Internet ersetzt die Bibliothek nicht, schon allein deshalb nicht, weil die in Büchern untergebrachten Urteile und Erkenntnisse von bestimmten Personen verantwortet werden (bevor aus einem Text ein gedrucktes und verbreitetes Buch wird, ist er zahlreichen Prüfungen und Widerständen ausgesetzt gewesen). Das neueste Wissen macht das fundamentale Wissen nicht überflüssig, die Fülle und das Raffinement der Bildschirmerfahrung nicht die ursprüngliche eigene Begegnung mit der Wirklichkeit.

Ganz abgesehen von den Perversionen der Bildungsidee: Man muß nicht den *Ploetz* im Kopf haben, wohl aber eine Vorstellung von den großen Epochen der Geschichte – und die gewinnt man nur, wenn man von einzelnen Ausschnitten ein genaues Bild hat. Man muß nicht, am Ende der Schulzeit, die wichtigsten Zeugnisse der Weltliteratur oder der Kunst kennen, aber man sollte an einigen und unterschiedlichen Werken erfahren haben, wie sehr die Kunst uns beglückt, belehrt, befreit, so daß man sein Leben lang gern liest, schaut und hört. Man muß nicht über die neuesten Erkenntnisse der Naturwissenschaften verfügen, wohl aber über Einsicht in ihre Prinzipien, Prozeduren und Probleme. Man muß sich nicht zehn oder 13 Jahre allen Fächern des Bildungskanons – von Religion bis Sport – gewidmet haben; aber es ist sinnvoll, wie Humboldt empfiehlt, möglichst viele Kräfte an möglichst wenigen Gegenständen auszubilden und zunächst keinen wesentlichen Bereich (Sprache und Sprachen, Religion und Philosophie, Geschichte und Gesellschaft, Natur und »science«, die Mathematik und die Künste, Spiel und Sport) zu vernachlässigen, nur weil die gegenwärtige öffentliche Erwartung und die eigenen Neigungen etwas Bestimmtes bevorzugen.

Die folgenden »Je-mehr-desto«-Sätze können dies nur behaupten, nicht beweisen:

- Je mehr wir wissen, um so mehr müssen wir denken, verstehen, bewerten.
- Je mehr Information durch Apparate aufgenommen, verarbeitet und verteilt wird, je größer, selbständiger und wirksamer die technischen, wirtschaftlichen und wissenschaftlichen Aggregate werden und je mehr Macht umfassende Organisationen und Institutionen haben, um so notwendiger werden Politik, Philosophie und Poesie – alle drei P-Wörter in ihrem ursprünglichen griechischen Sinn.
- Je mehr Freiheit die Gesellschaft den Individuen gewährt, um so mehr Sorgfalt und Anstrengung muß sie

darauf verwenden, die jungen Menschen zu Bürgern zu erziehen.

- Je mehr Öffentlichkeit wir haben (Jacob Burckhardt sprach von der »Despotie der polis«), um so stärker müssen das Schamgefühl und die Selbstachtung ausgebildet werden und mit ihnen das Bewußtsein von der Würde des einzelnen.
- Je mehr alles von allem abhängt und zu Kompatibilität, Konformität, Kompromiß drängt, um so mehr muß die Urteilskraft, die Fähigkeit zu beidem, zu Distanz und Kooperation, zu Entscheidung und Dialog, gestärkt werden.
- Je mehr Zeit die Menschen vor dem Bildschirm verbringen, in ihrem Beruf und in ihrer Freizeit, um so wichtiger wird es, in früher Jugend starke, eigene, unvermittelte Erfahrungen zu machen – als Maßstab für die Bewertung der abgeleiteten, »virtuellen« Welten.
- Je schneller die Welt in die Zukunft stürzt und sich wandelt, um so mehr bedürfen wir der Versicherung durch die Geschichte: durch die in ihr angelegten Sinnfiguren.
- Je mehr Kulturen wir unmittelbar begegnen, um so klarer muß uns die eigene sein; wir müssen uns ihrer kostbaren Besonderheit und ihrer Relativität bewußt werden; wir müssen Unterschiede wahrnehmen und bejahen lernen, Verständigung suchen und Mittel dazu ausbilden und einüben; wir müssen Anstrengungen machen, die uns keine Technik abnimmt.

In diesen Sätzen geht es nicht darum, die Verträglichkeit der alten Bildung mit der modernen Welt zu bekräftigen. Es geht darum, den Preis zu nennen, den wir für den Fortschritt zahlen müssen: eine besondere Anstrengung für das Desto, die wir Bildung nennen; das Jemehr erfüllt das Leben. Bringen wir den Preis nicht auf, wird uns aller Fortschritt nicht freuen. Dieser Gedanke läßt sich auch umkehren: Wenn Bildung nur die Kompensation für die Nüchternheit, die Entbehrungen und Zumutungen der Zivilisation ist und uns nicht auch zu Prüfung, Begründung, Rechenschaft anleitet, uns Maßstäbe gibt, uns verstehen, urteilen, entscheiden lehrt, uns zu Selbständigkeit, Gemeinsinn, Verantwortung anhält, dann könnte sie morgen in der Tat ein Anachronismus sein, morgen, wenn wir uns an die »brave new world« gewöhnt haben, statt sie durch Bildung bewußtzumachen und zu verwandeln. Die Verzauberung durch Mozarts Streichquartett KV 516, die Teilnahme an den Weisheiten der Geschichte, der Trost der Gesetzmäßigkeit in der Natur, das Staunen des Geistes über die von ihm selbst hervorgebrachten Wunder der Mathematik stehen den Notwendigkeiten der technischen Zivilisation nicht entgegen, sie machen den Menschen zu deren starkem Subjekt.

Elisabeth Noelle-Neumann

Vorbilder im medialen Zeitalter

Es war ein Schock, als Anfang der sechziger Jahre das neue weibliche Schönheitsideal auf der Bühne der Welt erschien: Twiggy. Das kurze Kleid hing an ihr wie an einem Kleiderständer, sie war so knochig, daß man das Gefühl hatte, man hätte sich an ihren spitzen Schultern und Ellbogen verletzen können. Staksig wie ein hochgeschossener Teenager führte sie uns das neue Schönheitsideal vor, die schiere Magerkeit. Die Botschaft von jenseits des Kanals, aus England, veränderte innerhalb von nur drei Jahren das Alltagsleben von Millionen deutscher Frauen und – mit etwas Verzögerung – auch Männern.

Um zu ermitteln, wieviel bei einer Hauptmahlzeit gegessen wird, hatte das Allensbacher Institut in den normalen Interviews einer Mehr-Themen-Umfrage 1962 zum ersten Mal ein Bildblatt mit vier verschieden großen Tellerportionen von Fleisch, Gemüse und Kartoffeln den Befragten gezeigt und sie gebeten, anzugeben, wieviel sie im allgemeinen essen.

Nur einmal nähmen sie, und zwar die kleinste Portion, sagten 27 Prozent der Frauen. Sechs Jahre später, 1968, waren es 41 Prozent. Mitte der sechziger Jahre wurde gefragt: »Wie oft etwa stellen Sie Ihr Körpergewicht fest? Ich meine, wie oft wiegen Sie sich – oder wiegen Sie sich eigentlich nie?« Damals sagten 33 Prozent der Frauen in Deutschland, daß sie sich wenigstens einmal in der Woche wögen. Mitte der achtziger Jahre waren es 51 Prozent. »Höchstens ein paar Mal im Jahr« war von 48 auf 23 Prozent abgefallen.

Der Vorgang zeigt, wie eine Gesellschaft durch Vorbilder Probleme löst. Der steigende Wohlstand in der westlichen Welt rückte Speisen und Süßigkeiten jederzeit in Griffnähe, und eine Kultur der Mäßigung und Selbstbeherrschung gehörte in den meisten Familien nicht zum Erziehungsprogramm. Twiggy war das Signal, durch das insbesondere Millionen junger Frauen lernten, dem Schlankheitsideal nachzueifern, Selbstbeherrschung zu üben. Die Durchschlagskraft, die dazu gehörte, konnte allerdings auch nur durch ein machtvolles Mediensystem hervorgebracht werden. Mehr als drei Stunden pro Tag brachten die Menschen schon in den sechziger Jahren durchschnittlich mit Fernsehen, Hörfunk und Printmedien zu, heute sind es im Durchschnitt über fünf Stunden.

Für welche Vorbilder setzt sich das Mediensystem der Gegenwart ein? Im Herbst 1998 veröffentlichte die amerikanische Fachzeitschrift *Journalism & Mass Communication Quarterly* die Studie von zwei Wissenschaftlerinnen, Stephanie Greco Larson und Martha Bailey, über eine von dem amerikanischen Fernsehsender ABC im Herbst 1989 gestartete Sendung, die wöchentlich freitags an die Abendnachrichten angehängt wurde: *Person of the Week.* Die Autorinnen untersuchten für fünf Jahre, bis 1994, welche Art von Vorbildern in diesen Porträtsendungen propagiert wurde. Neben Geschlecht, Abstammung, sozialem Status betrachteten sie die Leistungen, Wesenszüge, Karrieremerkmale der Porträtierten. Der Untertitel ihres Artikels lautete: *Amerikanische Werte in den Fernsehnachrichten.*

Als dominierende Werte wurden mit der Methode der Medieninhaltsanalyse gefunden: Selbstlosigkeit, in 40 Prozent aller Porträtsendungen herausgearbeitet; Individualismus in dem Sinne, sich aus eigener Kraft hochgearbeitet zu haben (29 Prozent); Einfallsreichtum (29 Prozent); Erfolg – 23 Prozent der »Persons of the Week« waren Sieger –, Heroismus und Heldentum waren das Kriterium bei 22 Prozent der Porträtierten.

Welche Werte werden heute von den deutschen Medien als vorbildlich dargestellt? Eine Medieninhaltsanalyse der eben beschriebenen Art existiert – soweit bekannt – zur Zeit in Deutschland nicht. Aber einige Allensbacher Fragen, an einen repräsentativen Querschnitt der Bevölkerung im Januar 1999 gerichtet, lassen Rückschlüsse zu. Eine Frage lautete: »Gibt es jemanden, den Sie sehr bewundern, der für Sie ein Vorbild ist?« – »Nein«, antworteten in Westdeutschland 67 Prozent, in den neuen Bundesländern 70 Prozent. Diese Frage wurde in Westdeutschland schon einmal 1985 gestellt. Damals antworteten 55 Prozent, es gebe niemanden, den sie besonders bewunderten, der für sie ein Vorbild sei, also noch deutlich weniger als heute. Man muß festhalten, daß der Gedanke, ein Vorbild zu haben, haben zu wollen, im Absinken ist.

Es könnte sogar sein, daß »Vorbild« heute ein negatives Reizwort ist. Darum wurde bei einer weiteren Frage zu diesem Thema das Wort »Vorbild« vermieden und ganz vorsichtig gefragt: »Würden Sie sagen, daß Sie irgendwelche Ziele haben, wie Sie zum Beispiel sein wollen, wie Sie leben wollen?« 45 Prozent – im Westen 46 Prozent, im Osten 41 Prozent – sagten, sie hätten keine solchen Ziele. 21 Prozent erklärten, ihr Ziel sei, ein gesichertes Auskommen zu haben, genug Geld, um sorgenfrei leben zu können; 13 Prozent nannten als ihr Ziel Gesundheit; etwa 17 Prozent Zufriedenheit, Frieden, ein glückliches Familienleben. Ehrgeiz im Sinne des amerikanischen Wertes »Aufstieg aus eigener Kraft« zeigten zwölf Prozent: »Ich will erfolgreich sein, Anerkennung finden.« Darunter erläuterten acht Prozent: »Im Beruf«, knapp ein Prozent: »Im Sport«. Auf Selbstlosigkeit als Ideal deutet vielleicht die Antwort von zwei Prozent der Befragten hin: »Ehrlich durchs Leben gehen.« Knapp zwei Prozent bezeichneten als ihr Ziel: »In Freiheit, in einer Demokratie leben.«

Wer sich dem Thema »Vorbilder im medialen Zeitalter« zuwendet, denkt vermutlich in erster Linie an die Rolle von Stars aus dem Showbusiness – Film und Mode – sowie aus dem Sport als Vorbilder. Schon 1983 wurde bei einer Allensbacher Umfrage eine Liste von Berufsgruppen vorgelegt und dazu gefragt: »Welche dieser Gruppen sind heute vor allem Vorbilder für die Jugend? Was vermuten Sie?« Auf den ersten Platz kam die Antwort »Popsänger« (69 Prozent) und auf den zweiten Platz »Sportler« (64 Prozent). Aber diese Vermutungen der Bevölkerung entsprechen wahrscheinlich nicht der Realität. Auf die schon zitierte Frage: »Gibt es jemanden, den Sie sehr bewundern, der für Sie ein Vorbild ist?« (Januar 1999) nannten von den Unter-30jährigen elf Prozent Personen aus dem Showgeschäft, und sieben Prozent antworteten mit den Namen von Sportlern. Dafür aber antworteten im August 1998 auf die Frage an berufstätige Arbeitnehmer: »Ist Ihr Chef/Ihre Chefin eigentlich für andere ein Vorbild, oder würden Sie das nicht sagen?« 47 Prozent der Arbeitnehmer: »Ist für andere ein Vorbild«, bei 29 Prozent Gegenstimmen: »Würde ich nicht sagen.« Der Rest blieb unentschieden. Die Unter-30jährigen antworteten zu 43 Prozent: »Ist ein Vorbild.« »Würde ich nicht sagen« meinten 28 Prozent.

Bei einer Umfrage unter der jungen Elite in Wirtschaftsunternehmen (25- bis 35jährige Nachwuchsführungskräfte: »High Potentials«) für das Wirtschaftsmagazin *Capital* wurde gefragt: »Gibt es an der Spitze Ihres Unternehmens jemanden, der für Sie ein Vorbild ist, oder würden Sie das nicht sagen?« 75 Prozent der jungen Elite sagten: »Es gibt ein Vorbild«, 25 Prozent: »Nein, gibt es nicht.«

Wie so oft muß man auch beim Thema »Vorbilder im medialen Zeitalter« hinter die Kulissen der Stereotype greifen. Eine Allensbacher Frage im Januar 1999 lautete beispielsweise: »Was meinen Sie: Ist es erstrebenswert, zur Elite zu gehören, oder liegt Ihnen das nicht, ist das für Sie nicht erstrebenswert?« Von den Unter-30jährigen antworteten im Westen und Osten nahezu ohne Unterschied 41 Prozent: »Ist erstrebenswert.« Bei den Altersgruppen jenseits der 30 fiel dann der Prozentsatz ab: 31 Prozent der 30- bis 40jährigen wollten zur Elite gehören,

26 Prozent der 45- bis 59jährigen, 22 Prozent der 60jährigen und Älteren. Daß sich die Wünsche mit zunehmendem Alter den Realitäten anpassen, ist nicht erstaunlich. Das Ergebnis zeigt jedoch, daß bei den Unter-30jährigen durchaus der Ehrgeiz anzufachen ist.

In der Öffentlichkeit wird dies kaum wahrgenommen. Warum? Kritisch für die Entwicklung von Vorbildern und des Ehrgeizes in der jungen Generation ist das deutsche Klima des Argwohns gegenüber starken Menschen. Man weiß nicht, wie lange es schon die deutsche Mentalität prägt, vielleicht schon mehrere Jahrhunderte? Wenn man nachliest, wie Madame de Staël in ihrem 1813 veröffentlichten Buch *Über Deutschland* die Deutschen beschrieben hat, »geduckt«, »verschlossen«, »unfroh«, entsteht der Verdacht, dieser Argwohn gegenüber starken Menschen könnte eine späte, anhaltende Folge des 30jährigen Krieges sein. Der an der University of Strathclyde in Glasgow/Schottland lehrende Politikwissenschaftler Richard Rose hat ja schon vor mehreren Jahrzehnten die These vertreten, Völker bräuchten 150 Jahre, um über die seelischen Schäden eines verlorenen Krieges hinwegzukommen.

Der Argwohn der Deutschen gegenüber starken Menschen zeigt sich in den Antworten auf die Allensbacher Frage: »Was meinen Sie, was kommt häufiger vor: daß starke Menschen, also Menschen, die sich gut durchsetzen können, zugleich auch gut sind oder daß starke Menschen eher böse sind?« Man könnte darauf eine rational überzeugende Antwort erwarten: »Das kommt darauf an, das ist ganz verschieden; es gibt starke Menschen, die gut sind, und starke Menschen, die böse sind.« Aber die Menschen in Deutschland reagieren anders auf diese Frage. Jeder zweite antwortet ganz konkret. Und zwar halten die Befragten, soweit sie konkret antworten, in einem Verhältnis von zwei zu eins die starken Menschen eher für böse. Parallel dazu wurde die Frage gestellt: »Was meinen Sie, was kommt häufiger vor: daß schwache Menschen, also Menschen, die sich nicht gut durchsetzen können, zugleich auch gut sind oder daß schwache Menschen eher böse sind?« Hier ergibt sich das entgegengesetzte Antwortmuster: Zwei Drittel sind der Meinung, schwache Menschen seien eher gut, ein Drittel sagt: »Eher böse« (immer bezogen auf diejenigen, die konkret antworten, etwa die Hälfte der Bevölkerung).

Ganz anders reagieren die Engländer. 1997 stellte das britische Gallup-Institut die gleichen Fragen. Nicht nur die Hälfte, wie in Deutschland, antwortete konkret, sondern drei Viertel, und von ihnen erklärte die große Mehrheit, mehr als vier Fünftel, starke Menschen seien eher gut, weniger als ein Fünftel denkt, starke Menschen seien eher böse. Schwache Menschen seien eher gut, vermuteten zwei Drittel der Engländer – also ebenfalls eine klare Mehrheit gegenüber »Schwache Menschen sind eher böse«.

In was für einer anderen Welt leben die Engländer? Ganz allgemein überwiegen für sie offenbar gute Menschen, und wenn es überhaupt Unterschiede zwischen starken und schwachen Menschen gibt, so eher in der Richtung, daß man bei schwachen Menschen vermuten muß, daß sie böse seien.

Ergebnisse der Demoskopie in Deutschland geben den Engländern recht. 1984 gelang es im Allensbacher Institut, eine Skala der Persönlichkeitsstärke zu entwickeln, und zwar mit einem einfachen Instrument von zehn Selbsteinstufungen, die im demoskopischen Interview alle Befragten ohne Zögern vornehmen. Das Instrument selbst kann hier nicht beschrieben werden, es ist ausführlich und mit allen Schritten, wie eine solche valide Skala gefunden wird, in dem Band dargestellt, den mein Kollege Thomas Petersen und ich 1996 veröffentlicht haben: *Alle, nicht jeder. Einführung in die Methoden der Demoskopie.*

Woher wissen wir, daß diese Skala »Persönlichkeitsstärke« wirklich mißt, was unter »starken Personen« verstanden wird? Ganz allgemein erkennt man es an den großen Unterschieden zwischen denjenigen, die die obersten 25 Prozent der Plätze der Skala besetzen, und den übrigen 75 Prozent der Bevölkerung. Vor den Bundestagswahlen der Jahre 1990 und 1994 zeichneten sich die neuen Trends, die dann das endgültige Wahlergebnis ankündigten, bei den »Persönlichkeitsstarken« vier bis sechs Wochen früher ab als im allgemeinen Durchschnitt.

Man kann also anstatt von »Persönlichkeitsstarken« auch von »Meinungsführern« sprechen. Bei ihnen handelt es sich aber nicht etwa allein um Angehörige der Oberschicht oder überhaupt gehobener Schichten, sondern die Skala mißt Persönlichkeitsstärke in allen sozialen Schichten und mit für alle sozialen Schichten übereinstimmenden Ergebnissen.

Zu den wichtigsten Unterschieden in unserem Zusammenhang gehört, wie die Persönlichkeitsstarken ihre Lebensziele beschreiben. »Für andere dasein«, sagen sie zu 65 Prozent; die übrige Bevölkerung sagt das nur zu 48 Prozent. Diejenigen im letzten Viertel der Persönlichkeitsstärke sagen das sogar nur zu 39 Prozent. Von den berufstätigen Persönlichkeitsstarken berichten 48 Prozent, daß sie in ihrem Beruf anderen Menschen etwas beibringen, sie schulen oder trainieren; im Durchschnitt der Berufstätigen tun das 28 Prozent. Ein oder mehrere Ehrenämter hatten von den Persönlichkeitsstarken 30 Prozent, von der übrigen Bevölkerung lediglich sieben Prozent.

Besonders ausgeprägt sind Unterschiede bei den Persönlichkeitsstarken aus der Arbeiterschaft. »Für andere dasein« bezeichnen als eines ihrer Lebensziele 68 Prozent der Befragten, von den übrigen Arbeitern 45 Prozent. Als Ausbilder sind 41 Prozent der persönlichkeitsstarken Arbeiter tätig, von den übrigen Arbeitern elf Prozent. Ein Ehrenamt haben von den persönlichkeitsstarken Arbeitern 22 Prozent, von den übrigen Arbeitern sieben Prozent.

Wenn man also im Interesse der Gesellschaft viel Gemeinsinn wünscht, dann muß man sich zunächst an die Erkenntnis halten, daß die Engländer mit ihrer Vermutung, starke Menschen seien eher gut als böse, das bessere Urteil haben als die Deutschen. Man kann hinzufügen, daß auch vor aller Empirie andere Überlegungen dafür sprechen, daß starke Menschen auch mehr Kraft haben und daher eher selbstlos sein können.

Man muß daran arbeiten, daß der Argwohn der Deutschen gegenüber starken Menschen aufgelöst wird, denn empirische Sozialforschung zeigt mit immer neuen Belegen, daß tatsächlich starke Menschen im Alltagsleben die besten Freunde der Schwachen sind. Eliten, Lehrer, Journalisten müssen junge Menschen ermutigen, stark zu werden. Allerdings bedarf es besonderer Vorbilder, um das Ideal des starken, auf seine eigene Kraft vertrauenden, einfallsreichen, aber auch selbstlosen Menschen durchzusetzen.

Bernhard Bueb

Charakterbildung und Elite

»Es bildet ein Talent sich in der Stille,
sich ein Charakter in dem Strom der Welt«
(J.W. von Goethe, *Torquato Tasso*)

Die Studienstiftung des Deutschen Volkes, größtes Begabungsförderungswerk Deutschlands, schickt jährlich an alle Gymnasien einen Brief mit der Aufforderung, die beste Abiturientin oder den besten Abiturienten für die Aufnahme vorzuschlagen. »Können«, »Initiative«, »Verantwortung« heißen die Begriffe, die als Leitbild für die Auswahl der jungen Menschen dienen sollen. Regelmäßig schlagen beinahe alle Schulleiter ihre 1,0-Kandidaten vor. Die meßbare Leistung wird zum Kriterium, charakterliche Eigenschaften fallen demgegenüber nicht ins Gewicht. Wagt einmal ein Schulleiter, einen Schüler vorzuschlagen, der durch Initiative und Verantwortung auffiel, aber nur 1,7 statt 1,0 vorweisen kann, weil er zugunsten anderer Aktivitäten weniger Wert auf Noten legte, werden Eltern vorstellig und fordern, den akademisch Besten vorzuziehen. Die Mehrzahl der Lehrer in den Kollegien teilt diese Auffassung.

Das Gymnasium verzichtet auf Erziehung und damit auf Charakterbildung. Sein Bildungsauftrag mündet in die meßbare Leistung. Die Betonung meßbarer Leistung setzt sich in der Hochschule fort. Abiturienten wählen ihr Studium und ihre Universität fast ausschließlich unter dem Gesichtspunkt, ob eine optimale Vorbereitung auf den Beruf gewährleistet ist. Firmen, die sich um die besten Absolventen der Universitäten bemühen, finden gut ausgebildete Leute vor; sie klagen aber über das Defizit der Persönlichkeitsentwicklung dieser »Elite«.

Gymnasium und Hochschule sind zu Orten der Ausbildung geworden. Lehrer fühlen sich nicht zuständig für die Persönlichkeitsentwicklung junger Menschen, für ihre Erziehung. Das beginnt mit der Einübung von sogenannten Sekundärtugenden wie Ordnung, Fleiß, Pünktlichkeit; mehr noch aber gilt dies für Tugenden wie Wahrheitsliebe, Gerechtigkeit, Zivilcourage oder Gemeinsinn. Jugendliche erleben Lüge, Ungerechtigkeit, Feigheit und Egoismus im Alltag und in den Medien, sie entwickeln ein zynisches Verhältnis zu Politikern, denen sie jede Korruption zutrauen.

Wo finden sie aber den Erfahrungsraum, in dem sie Vertrauen in sich und die Welt aufbauen können? Früher bildeten die Familien eine Umgebung, in der Kinder und Jugendliche ein Kapital an Vertrauen sammeln konnten, ehe sie ins »feindliche Leben« entlassen wurden. Allein die Unbeständigkeit der elterlichen Partnerschaften, die kein bindendes Rechtsverhältnis eingehen wollen, oder die durch Scheidung bedingte Auflösung von Familien hat eine vertrauensvolle Umgebung des Aufwachsens zerstört. Der Charakter wird durch Erziehung geformt, aber auch durch die Erfahrungen im Umgang mit Eltern und Lehrern. Zugleich wird die Persönlichkeit durch die

Gleichaltrigen und die geheimen Miterzieher geprägt – durch die Medien und durch die Äußerungen des Zeitgeistes in Kleidung, in Gestik, in Sprache und in Umgangsformen.

Charakter haben heißt seine Identität wahren gegen die Einflüsse der Außenwelt. Allein das Beispiel Kleidung fordert täglich von Jugendlichen Charakter: Wer widersteht den Trends der Gleichaltrigen, wer paßt sich an? Unterliegt einer den Verführungen der Werbung? »Charakter ist Widerstand« (H. von Hentig). Lehrer und Eltern müssen den Jugendlichen stärken, gegen den Druck der Umgebung das für richtig Erkannte zu tun. Dafür genügt aber nicht das Gespräch. Junge Menschen müssen Situationen ausgesetzt werden, die ihnen eine Stellungnahme abverlangen, ihren Widerstand herausfordern. Der Begabte muß in seiner Klasse zu seiner Begabung stehen, der Sportbegeisterte gegen den Gruppenzwang das Rauchen ablehnen, weil es seine Leistungen schwächt, Mädchen dürfen nicht dem Bedürfnis von Jungen nach Sexualität ihren eigenen Weg der erotischen Beziehung opfern.

Der zentrale Auftrag aller Lehrer und Erzieher heißt Charakterbildung, also Stärkung der Persönlichkeit. Sie müssen den jungen Menschen Gelegenheiten schaffen, Vertrauen in sich und die Welt zu gewinnen. Die Jugendlichen müssen erfahren können, daß es sich lohnt, trotz vieler Ängste vor dem eigenen Versagen oder vor dem Spott der Gleichaltrigen den eingeschlagenen Weg weiterzugehen und Hindernisse zu überwinden. Welch beglückende Erfahrung für einen Jugendlichen, wenn er in einem Feld, dem Gleichaltrige oft die Anerkennung verweigern, zum Beispiel im praktischen Dienst am Nächsten, Erfolge vorweist und dabei erstaunt erlebt, daß sein Ansehen in der Gruppe wächst.

»Ein Mensch von Charakter« – diese altmodische Redewendung hat auch heute einen guten Klang. Es ist ein ganzer Kerl gemeint, verläßlich und seinen Grundsätzen treu, ein Mensch, der weiß, wer er ist, weil er Vertrauen in sich und die Welt besitzt, der sich daher auch seinen Mitmenschen freimütig und aufrichtig zuwenden kann (Herzensbildung).

Jugendliche sollten in Gemeinschaften aufwachsen, die ihnen eine Welt bieten, in der sie Verantwortung übernehmen und das Gefühl von Geborgenheit und Gebrauchtwerden entwickeln können, zum Beispiel wenn sie ein Fest organisieren, die Verantwortung für eine Basketballmannschaft übernehmen, Orientierungsspiele gestalten oder Hausaufgaben betreuen. Eine Schulgemeinschaft, die nicht auf akademisches Lernen beschränkt ist, bietet viele Möglichkeiten, Selbstvertrauen durch Übernahme von Verantwortung zu gewinnen.

In früheren Zeiten »stählte« man den Charakter, die Härte der Erziehung wurde zum Maßstab ihrer Qualität. »Der nichtgeschundene Mensch wird nicht erzogen«, diesen Satz aus der griechischen Antike hat Goethe erstaunlicherweise seiner Autobiographie *Dichtung und Wahrheit* als Motto vorangestellt – erstaunlicherweise, weil seine Humanität ein solches Motto nicht vermuten läßt. Ob es die Kadettenanstalten waren, die militärische Ausbildung, die Ordensschulen, die Ausbildung in der

Seefahrt oder im Handwerk, es herrschte in den vergangenen Jahrhunderten darüber Konsens, daß Härte in der Kindheit und Jugend den Charakter festigt. »Was mich nicht umbringt, macht mich stärker«, dieser Satz Nietzsches wurde eine Art Leitsatz der nationalsozialistischen Erziehungsanstalten. »You must learn it the hard way« – diese Auffassung hat leider häufiger den Charakter verbogen als gestärkt.

Die übersteigerte Forderung nach Gehorsam und Härte durch die Ideologie und Praxis des Nationalsozialismus hat nach der Jugendrevolte von 1968 zu einer beinahe gegenteiligen Haltung im Erziehungswesen geführt. Gehorsam ist ein Fremdwort geworden. Härte in der Erziehung zu fordern war mit dem Berufsethos der Lehrer und Erzieher nach 1968 nicht vereinbar. Das führte zeitweise zu einer Glorifizierung antiautoritärer und permissiver Erziehungsmethoden. Sie blieben allerdings eine vorübergehende Erscheinung. Der Mißerfolg solcher Methoden korrigierte diese Auffassung. Menschen, deren Eltern der Auffassung der Nichteinmischung beim Aufwachsen huldigten, leiden oft so unter den Folgen, daß sie die Meinung vertreten, eine schlechte, weil ungerechte, ja autoritäre Erziehung sei immer noch besser als gar keine Erziehung. Aber trotz der Korrektur blieb als eine Folge Unsicherheit von Eltern und Lehrern darüber, welchen Rang und welches Gewicht Autorität besitzt. Galt sie bis zum Ende des Nationalsozialismus als gott- oder naturgegeben, so machte sich besonders nach der Umwertung der Werte nach 1968 jede Autorität verdächtig, die sich nicht demokratisch legitimierte.

Die radikale Kritik an Autorität ist heute einer Haltung des Selbstzweifels gewichen. Die Erziehenden üben in Deutschland nicht selbstverständlich ihre Autorität aus. Die Kinder und Jugendlichen spüren die Schwäche und reagieren selbstbewußt und frech auf diese Unsicherheit. Es sind nicht die spektakulären Disziplinlosigkeiten, die das Geschäft der Lehrer so mühsam machen, sondern die Tatsache, daß die Schüler auf Anweisungen oder Fragen häufig mit verbalen Mustern reagieren, die Lehrer zur Verzweiflung bringen können. Ein britischer Lehrer, der einige Jahre in Deutschland unterrichtete, regte sich regelmäßig auf, wenn Schüler auf eine Anweisung mit dem Wort »gleich« reagierten und nichts erfolgte; oder wenn sie auf die Frage, warum einer dies oder das getan oder unterlassen hatte, automatisch antworteten: »Ich mußte …« und dann eine höhere Notwendigkeit beschworen, die sie hinderte, pünktlich zu sein oder die Hausaufgaben zu machen. Der Automatismus der Reaktion auf Anweisungen zehrt an den Nerven; die freundliche Verweigerung wird zum Habitus.

Wenn Gehorsam und Härte nicht mehr zur Charakterbildung taugen, so bleibt dennoch die Anerkennung der Autorität von Erwachsenen unerläßliche Bedingung eines gedeihlichen Aufwachsens. Junge Menschen können ihre Persönlichkeit nur in der Auseinandersetzung mit Erwachsenen entwickeln, die ihre eigene Autorität bejahen. Sich mit einer als Autorität anerkannten Person identifizieren zu können, aber zugleich gegen ihre Weisungen rebellieren zu dürfen gehört zum Erwachsenwerden. Eltern und Lehrer müssen den Mut haben,

Grenzen zu setzen. Die Einschränkung des Fernsehens, die Forderung nach Leistung, das Verbot von Alkohol und Nikotin – ein Verzicht auf solche Grenzsetzungen bedeutet Verzicht auf Erziehung.

Als Lehrer und Erzieher leiden wir heute daran, daß die Führungspersönlichkeiten in Politik, Wirtschaft, Kultur und Wissenschaft oft keine »Persönlichkeiten« mehr sind, daß es ihnen an Charakter fehlt, also an Widerstand gegen Zeitgeist, Korruption, Verführbarkeit durch reine Profitorientierung. Der Hinweis auf Idole des Sports mag genügen. Sie wirken zu oft als negative Vorbilder. Es scheint so zu sein, daß Angehörige der Elite zu Askese, exzessiver Arbeit und rationaler Lebensführung bereit sind, einer Trias von Eigenschaften, die Max Weber als das Fundament der protestantisch orientierten kapitalistischen Haltung bezeichnete, die aber heute ihrer religiös-metaphysischen Herkunft entkleidet sind und beinahe wertfrei den Königsweg zum lukrativen Erfolg bilden.

Begabte junge Menschen haben verstanden, daß Arbeit und rationale Lebensführung unerläßlich für den Weg in die wohldotierten Spitzenpositionen sind. Wo und wann lernen sie, daß der Weg an die Spitze moralische Aspekte haben könnte, daß Gemeinsinn, Gerechtigkeit, Zivilcourage, Ehrlichkeit eine Rolle spielen sollten?

Es gibt noch Schulen, die der Charakterbildung in ihrem Programm große Bedeutung beimessen, weil ihrer Schulphilosophie ein klares Menschenbild vorgegeben ist. Es handelt sich vornehmlich um weltanschaulich orientierte Schulen: christliche, die allerdings immer mehr auf dem Rückzug sind, und die Waldorfschulen. Diese letzteren haben durch alle Wirrnisse der Bildungsdebatte der letzten Jahrzehnte ihre elitäre Erziehung entsprechend dem anthroposophischen Menschenbild verwirklicht. Dieses Menschenbild deckt sich in vielen Elementen mit einem humanistisch-christlichen Bild vom Menschen, so daß eine Mehrzahl von nicht anthroposophisch ausgerichteten Eltern ihre Kinder auf Waldorfschulen schickt.

Diese Schulen haben – gerade was Charakterbildung angeht – einen elitären Anspruch; eine pharisäische Haltung ist ihnen nicht fremd. Sie haben der staatlichen Lernschule voraus, daß die Entfaltung der Persönlichkeit, also die Erziehung, als zentrale Aufgabe der Schule gesehen und praktiziert wird. Typischerweise lehnen sie Leistungsmessung ab, die an staatlichen Schulen überbetont wird.

Da Waldorfschulen weltanschaulich orientiert sind, können sie nicht Modell für liberale, einem aufgeklärten Menschenbild verpflichtete Pädagogen sein. Aber in der Betonung der Charakterbildung und in der Art und Weise, wie sie erziehen, haben sie Modellcharakter und sind von anderen Schulen in mancher Hinsicht imitiert worden. Daß Theaterspielen, Musik, Tanz, bildende Kunst, Landwirtschaft, Handwerk und soziale Dienste gleichgewichtig das akademische Programm ergänzen und in Jugendlichen andere Motivationen und auch Ideale wecken als die Lernschule, ist das Geheimnis ihres Erfolgs. Kurz gesagt: Was wir in Deutschland brauchen, sind Bildungseinrichtungen, die Schülern der Oberstufe, aber auch Studenten Möglichkeiten der Charakterbildung bieten. Es gibt Beispiele solcher Einrichtungen, leider nur im Ausland, etwa die United World Colleges. Es handelt sich um Oberstufeninternate, die von Mädchen und Jungen in den letzten zwei Jahren ihrer Schulkarriere besucht werden, die neben einem akademischen Programm (International Baccalaureate) Übernahme von Verantwortung in der Gemeinschaft fordern, regelmäßig verpflichtenden Dienst am Nächsten in festgelegten Institutionen und Teilnahme an Chor, Orchester, Theater, Sport und anderen Aktivitäten nach freier Wahl.

Vor allem die Übernahme von Verantwortung und der Dienst am anderen Menschen (Feuerwehr, Seenotrettung, Altenbetreuung, Betreuung von behinderten Kindern, von Ausländerkindern, von Sozialfällen aller Art) führen junge Menschen zu neuen Einsichten und stärken ihren Sinn für das Gemeinwohl. Die beglückende Erfahrung, ein oder zwei Jahre einem Menschen geholfen zu haben oder an verantwortlicher Stelle in der Gemeinschaft gedient zu haben, weckt die idealistischen Kräfte in den Jugendlichen.

Dieser Beitrag ist ein Plädoyer zur Einrichtung von Oberstufeninternaten für Schüler und Akademien für Studenten, die Charakterbildung auf ihre Fahnen schreiben. Solche Schulen müssen den jungen Menschen »Welt« bieten, in der sich ihr Charakter bilden kann. »Welt« heißt, die artifizielle Veranstaltung »Schule« muß sich anderen, nicht akademischen Erfahrungsräumen öffnen, sei es der Schulgemeinschaft als politischer Gemeinschaft oder dem weiteren sozialen Umfeld, aber auch kreativen Aktivitäten, die sich nicht in meßbarer Leistung niederschlagen.

Diese Einrichtungen müssen die charakterliche Entwicklung ebenso honorieren wie akademische Leistung. Wer zu sich selbst stehen kann, Zivilcourage zeigt, Verantwortung übernimmt und Gemeinsinn entwickelt hat, müßte eine Auszeichnung erhalten, die ihn für seine weitere berufliche Karriere empfiehlt.

Solche Tugenden müßten unter die Schlüsselqualifikationen aufgenommen werden, die Firmen als Voraussetzung bei der Besetzung einer Spitzenposition einfordern. Es bedeutet natürlich eine Überschätzung von Bildungseinrichtungen, wenn man annimmt, sie könnten das Defizit an Charakter der heutigen Eliten durch Erziehung korrigieren. Die Neubesinnung der Eliten auf ihre Verantwortung und ihre moralische Rolle ist letztlich unerläßlich, wenn Charakterbildung gelingen soll. Denn auch heute orientiert sich die Jugend an den Leitfiguren der Gesellschaft.

Peter Jonas

Elitäre Kultur für die ganze Öffentlichkeit

Große Opernhäuser haben noble und imposante Fassaden, die jedoch viele Menschen eher abschrecken als einladen. Die klassischen Säulen des Münchner Nationaltheaters oder des Royal Opera House in London verbreiten eine Aura gesellschaftlicher Exklusivität. Der kaiserliche und königliche Pomp der Wiener Staatsoper widerspiegelt den Glauben der Habsburger, die von Wien dominierte mitteleuropäische Kultur sei die kraftvollste Metapher für den Ausdruck ihrer Macht. Das Palais Garnier in Paris entfaltet opulenten Luxus und protzt nach der Art des Maxim mit seiner Beau-monde-Elitisierung.

Es ist kein Zufall, daß die Direktionen dieser Opernhäuser in der letzten Dekade des 20. Jahrhunderts versucht haben, die Mauern ihrer Theatergebäude aufzubrechen und die Oper als prickelndes, aufregendes Erlebnis einem Massenpublikum zu präsentieren, das in dieser Überzahl in den Zuschauerräumen niemals Platz gefunden hätte. Dies geschah auf den Plätzen vor dem Haupteingang, zumeist bei freiem Eintritt, auch wenn man dabei abhängig war von neuen Übertragungstechnologien sowie vom Segen eines gutgelaunten Wettergottes und eines aufgeklärten Sponsors. »Oper für alle« ist vielleicht eine neue Initiative, aber sie ist auf jeden Fall mehr als nur eine Antwort auf die parallele Entwicklung von Arenakonzerten mit (fast immer) drei in die Jahre kommenden Tenören von unterschiedlichem Körperumfang. Sie ist vielmehr die Folge der längst überfälligen Erkenntnis, daß Opernhäuser oft eine Hemmschwelle für die Menschen bedeuten, von deren Steuergeldern sie subventioniert werden.

Die Kulturpolitik der meisten westeuropäischen Regierungen der Nachkriegszeit stand unter dem Motto »Das Beste für die Meisten«. In Deutschland wurden die Opernhäuser wieder aufgebaut und eröffnet; in Großbritannien gründete man das Arts Council, das den schönen Künsten in England, Wales und Schottland – unabhängig von der Regierung – staatliche finanzielle Unterstützung gewährt; in Frankreich wurde das Kulturministerium reorganisiert, das Jahre später den Höhepunkt seines Wirkens mit der Errichtung des Centre Pompidou und der Opéra Bastille, allen Schwierigkeiten zum Trotz, erreichte. Dies sind nur drei Beispiele.

Opernhäuser reflektieren das Bedürfnis der Gesellschaft, sich mit diesen Tempeln der Hochkultur zu schmücken; das zeigen der Wiederaufbau des Münchner Nationaltheaters, der Neubau des Opernhauses in Sydney, das offenbar nicht enden wollende Gezerre um die Zukunft des Royal Opera House Covent Garden in London, die Errichtung des »neuen« Metropolitan Opera House im Lincoln Center in New York sowie zahllose andere Häuser, die nach 1945 erbaut worden sind. Opernhäuser bieten einer Gemeinschaft die Gelegenheit, architektonische Visionen zur Heimstatt für die Kunstform zu machen, die uns von der Sprache auferlegte

Grenzen überschreitet und durch die Verbindung von Wort und Musik unserem natürlichen Verlangen nach Gefühlen und nach Kommunikation mehr als lediglich entgegenkommt. Die Errichtung dieser Kathedralen der Hochkultur ist die Konsequenz unserer Sehnsucht nach dem weltlichen kollektiven Ritual des Musiktheaters. Ihre Bestimmung ist die intellektuelle und wirtschaftliche Zugänglichkeit für ein möglichst breites Spektrum der Gesellschaft. Diese Zielsetzung ist nicht neu und beschränkt sich keineswegs auf den Bereich der Opernkultur. Auch die Erfindung und die Entwicklung des Automobils erforderten eine Allianz von Kunst, Design, Technik, Wissenschaft und Marketing. Wir wissen, daß vor 400 Jahren das Erlebnis Oper ein Privileg der Fürsten war; erst später durfte auch das einfache Volk die Früchte der Entwicklung dieser Kunstform genießen. Der Wendepunkt in der Geschichte des Autos waren die Konstruktion von Henry Fords »Model T« und später die Geburt des Volkswagens; sie waren die Vorreiter eines Lebensgefühls, für das Slogans stehen wie BMWs »Freude am Fahren« (Qualität ist gleich Leistung ist gleich Erlebnis ist gleich Glück; und mehr noch: Alle können daran teilhaben) oder Audis »Vorsprung durch Technik« (auch du kannst Teil der weltweiten Entwicklung von Technik sein, selbst wenn du niemals wirklich verstehen wirst, was unter der Motorhaube abläuft). Heute, nach gerade mal gut 100 Jahren, verkauft die Autoindustrie das Konzept »persönliche Freiheit«, in technologische Mythen gehüllt und in manipulatives Design verpackt, zum Wohl der Aktionäre und der Industrie.

Die Oper dagegen hat als Dramaturg der Gesellschaft eine kritischere Rolle zu spielen. Ein Opernensemble investiert harte Arbeit und intensive Disziplin in die Interpretation von Werken, die, so modern sie bisweilen auch anmuten, ihre Wurzeln in der höfischen Unterhaltung des 16. Jahrhunderts ebenso haben wie in den alten Ritualen von Tragödie, Komödie und Maskenspiel. Die Oper muß provozieren, herausfordern, unterhalten und dem Menschen zu der Katharsis verhelfen, nach der er sich sehnt, seitdem er gelernt hat, Zorn, Gier, Liebe, Verrat und Angst auszudrücken. Zugleich muß ein Opernhaus einen Dienst an der Gesellschaft leisten und seine Kulturpolitik in einer Art durchführen, durch die das Publikum und seine potentiellen Nachfolger konsequent regeneriert werden. Es muß neue Zuschauer gewinnen und dabei oft Proteste der bereits vorhandenen Zuschauer hinnehmen, welche das bekannte Repertoire und einen vertrauten Aufführungsstil bevorzugen. Jede Kulturinstitution muß sich selbst erneuern, zugleich aber auch seine Geldgeber (den subventionierenden Staat bzw. die subventionierende Stadt), sein Publikum und seine Sponsoren zufriedenstellen. Auch muß es seine traditionellen künstlerischen Mittel und seine technischen Fähigkeiten bewahren und weiterentwickeln. Die unterschiedlich strukturierte Klientel, die ein Opernhaus bedienen muß, macht die Institution Oper politisch zu einem heißen Eisen, das dadurch, einfach ausgedrückt, schwierig zu leiten ist.

Und das war schon immer so. Die teilweise legendären Impresarios des 19. und frühen 20. Jahrhunderts mußten mit ähnlich unmöglichen Gleichungen künstlerischer, gesellschaftlicher und finanzieller Natur fertig werden. Sie alle glaubten – oder mußten glauben –, daß künstlerische Elitisierung kein Schimpfwort ist. Im Gegenteil: Ihrer Meinung nach war Elitisierung etwas für alle Erstrebenswertes. Sie waren ebenso wie ihre subventionierten Nachfolger heute davon überzeugt, daß Elitisierung nicht nur mit Demokratie kompatibel, sondern sogar deren Grundlage ist; denn ihr Ziel besteht darin, so vielen Menschen wie möglich zu einer höheren Stufe des Verständnisses zu verhelfen. Wer die Chance ergreift, die Schwelle zu überschreiten und sich der Elite anzuschließen, wird teilhaben an dem, was ein Impresario um die Jahrhundertwende das »Großartige und Göttliche« genannt hat.

Im Dritten Reich haben Hitler, Goebbels und Speer in verbrecherischer Weise Kultur als Propagandamittel für und gegen das eigene Volk eingesetzt und damit gezeigt, wohin die Perversion der künstlerischen Werte und ihr Gebrauch als Instrument für gesellschaftliche Veränderungen führen können. Daß das Dritte Reich nur ein Hundertstel jener von Adolf Hitler prophezeiten 1000 Jahre andauerte, war für all diejenigen, die nach dem Zweiten Weltkrieg am Wiederaufbau Europas beteiligt waren, ein zusätzliches Argument dafür, daß eine derartige Manipulation der ästhetischen Werte nie wieder geschehen dürfte.

Aus dieser Überzeugung resultiert die Idee, Kultur für alle zugänglich zu machen, unterstützt von der Gesellschaft durch ihre demokratisch gewählten Regierungen, jedoch frei von jedem konzeptionellen Eingriff durch die Politiker. Seit 1945 bemüht man sich in Europa – mit unterschiedlichem Erfolg –, Goethes Behauptung, die Wahrheit sei immer nur mit den Wenigen gewesen, in ihr Gegenteil zu verkehren. Als Resultat kann man eine Erweiterung der Allgemeinbildung verzeichnen sowie eine kontinuierliche Erhöhung der finanziellen Mittel, die in die wirtschaftliche Zugänglichkeit von Wissen und Kultur investiert werden.

Mit einigen wenigen Ausnahmen (das gilt vor allem für die Berliner Krolloper in den 1920er Jahren sowie für die Old Vic Opera and Theatre Company in London um die Jahrhundertwende) kann die Oper auf eine wechselvolle gesellschaftliche Geschichte zurückblicken. Die irrationalste Kunstform, wie sie manchmal genannt wurde, galt als intellektuell und wirtschaftlich elitär, konnte aber zugleich unglaublich populär sein, vor allem in Form ausgewählter Ausschnitte. Zu Beginn des 20. Jahrhunderts konnte jeder Straßenjunge in Neapel eine Verdi-Melodie pfeifen, und in jüngster Zeit wurde Luciano Pavarottis »Nessun-dorma«-Interpretation ein unverzichtbarer Bestandteil der quasireligiösen Fußballweltmeisterschaftsrituale, setzte jeder Zeitlupenwiederholung eines Golden Goal noch ein Glanzlicht auf. Egal, was wir davon halten, daß eine einzige Arie aus Puccinis *Turandot* für viele Menschen zum Inbegriff der Oper geworden ist: Diese wenigen Takte haben der musikalischen Seite des Mediums Oper mehr Anhänger zugeführt, als man vor 100 Jahren für möglich gehalten hätte, auch wenn nur ein geringfügiger Prozentsatz der

»Nessun-dorma«-Fans weiß, woher diese Arie stammt und was sie aussagt. Die Zahl derer, die »Nessun dorma« im Zusammenhang mit Fußball gehört haben, ist größer als die Zahl der Opernhausbesucher seit der Erfindung dieser Kunstform.

Dennoch glauben Politiker, Sponsoren und Publikum nach wie vor, daß Subventionen für Oper und Opernhäuser ein in ihren Augen sozusagen politisch unkorrektes, schlappes Defizit an Selbständigkeit und die Abhängigkeit von veralteten Arbeitspraktiken ausgleichen sollen. Sie wollen nicht begreifen, daß die für die Oper beschlossenen Subventionen nicht der Kunstform oder den Künstlern gelten, sondern daß sie der Preis dafür sind, daß heute jedermann am Reichtum dieser Kunstform teilhaben kann.

Subventionen ermöglichen zugleich »Risiken« in der Arbeit eines Opernhauses. Das Mißverständnis, nicht die Opernvorstellung, sondern der Eintrittspreis und jenes Element des konzeptionellen Risikos würden subventioniert, macht die darstellenden Künste verwundbar gegenüber den politischen Zeloten von rechts wie von links: Sie würden in Zeiten wirtschaftlicher Knappheit am liebsten das gesamte Konzept der subventionierten Kultur in unserer Gesellschaft abschaffen.

Diese Anti-Subventions-Zeloten vergessen dabei eines: Während es niemand gewagt hätte, die Entscheidung des Salzburger Erzbischofs in Frage zu stellen, einen jungen Komponisten namens Wolfgang Amadeus Mozart zu unterstützen, müssen die demokratischen Medicis unserer Zeit – also unsere gewählten Regierungen – gegenüber ihren Wählern und der Opposition ihre Investitionen in Opernhäuser, Kunstgalerien, Museen, Symphonieorchester und Theater ebenso rechtfertigen wie für Krankenhausbetten oder für den Eurofighter. Die Argumente, deren man sich dabei bedient, stehen bisweilen auf sehr wackeligen Füßen. Es ist immer leicht, eine subventionierte Dienstleistung an der Gesellschaft schlechtzumachen, wenn sie nur von einem geringen Prozentsatz der Bevölkerung genutzt wird. Aber um bei dem Beispiel der Krankenhausbetten zu bleiben: Auch sie werden nur von einem Teil der Bevölkerung in Anspruch genommen, und niemand hat etwas dagegen, daß sie allen zur Verfügung stehen. Das beste Argument für eine Finanzierung der Zugänglichkeit von Kunst ist für Kritiker am Genre Oper am schwierigsten zu akzeptieren: Die einzigartige Fähigkeit der Oper nämlich, die großartigsten und alles umfassenden Expressionen der menschlichen Kreativität verkörpern zu können, sollte, auch wenn sie nicht von allen geschätzt und verstanden wird, zumindest wirtschaftlich und intellektuell allen zugute kommen.

Keine Überprüfung der Rolle, die das Musiktheater im heutigen Leben spielt, und ihrer Fähigkeit, die negative Seite der Elitisierung zu überwinden, ist vollkommen, wenn man nicht auch das gesteigerte Bewußtsein unserer ästhetischen Empfindungen als ein Ergebnis der – durch die elektronischen Medien vorangetriebenen – kollektiven Wissensrevolution untersucht. Dieser Revolution gingen drei Schlüsselereignisse in unserer Kulturgeschichte der letzten 500 Jahre voraus: die Erfindung des Buchdrucks im 15. Jahrhundert, Joseph Niepces Erfindung der Fotografie und Thomas Alva Edisons erster Phonograph mit Handkurbel. Die mechanisierte Art der Erinnerung, der diese Erfindungen den Weg geebnet haben, gehört zu den Ursachen des kulturellen Dilemmas von heute.

Das kulturelle Erbe kann als Erinnerung an Vergangenes und als konstante Wiederaufarbeitung dieser Erinnerung interpretiert werden. Ein Journalist erzählte mir eine Geschichte, die sich bei der Oscar-Preisverleihung in Hollywood zugetragen hat, als der Sensationsfilm *Titanic* mit Auszeichnungen geradezu überhäuft wurde. Dieser erfolgreichste Streifen der Filmgeschichte verband Fakten mit Fantasie und verunglimpfte (oder glorifizierte, je nach Standpunkt des Betrachters) die eigentliche Katastrophe. Als James Cameron, der Regisseur dieses Films, bei der Oscar-Zeremonie um eine Schweigeminute für die Todesopfer des Titanic-Untergangs bat, konnte man eine Stimme flüstern hören: »Heißt das, daß das ein richtiges Schiff war?« Die alles umfassende Macht heutiger Medien erschwert es zusehends, zwischen Fantasie (zumal wenn sie geschickt verpackt ist) und Wirklichkeit zu unterscheiden. Die Erinnerungen aus dem Film *Titanic* sind falsche Erinnerungen, und sie sind für die Bereicherung unserer Emotionen viel weniger wertvoll als die historisch bewußt unkorrekten Geschichten von Shakespeare und Verdi.

Mit der Entwicklung von Film, Fernsehen, Schallplatte, CD, Video und Internet sind die zugängliche kollektive Erinnerung der Menschheit und der gesamte

Katalog künstlerischer Leistungen radikal expandiert. Zum ersten Mal in der Geschichte ist die Anzahl derer, die Oper nur im Radio oder auf CD anhören, ins Unermeßliche gestiegen im Vergleich zu denen, die Musik und Oper live genießen. All unserem Optimismus für Theater live zum Trotz müssen wir zur Kenntnis nehmen, daß in den vergangenen 50 Jahren, seitdem der Bequemlichkeit des Fernsehens so viel Repertoire geopfert wurde, überall auf der Welt immer wieder Theater schließen müssen. Die Besucherstatistiken verdeutlichen, daß jede Form von kollektivem Ritual, für das Menschen sich zu einer bestimmten Zeit versammeln müssen – Gottesdienste, politische Versammlungen, Konzerte –, zum Niedergang verurteilt ist. Steigende Zuschauerzahlen verzeichnet einzig das quasireligiöse Ritual des Sports dank seiner Verbreitung durch das Fernsehen, das von den mächtigsten Medienmogulen der Welt munter manipuliert wird. Während bei Amtsenthebungsverfahren gegen einen US-Präsidenten oder bei der Wahl eines neuen Kanzlers oder Premierministers Millionen von Fernsehzuschauern stundenlange Live-Debatten auf dem Bildschirm verfolgen, kann Musiktheater nur in der Gemeinschaft mit anderen erfahren werden, wenn nämlich die kollektive subjektive Interpretation eine individuelle Erinnerung und emotionale Reaktion auf das sich entfaltende musikalische Drama auslöst.

Eine solche Interaktion kann nur in einem Theater stattfinden und nur live; alles andere ist reine Simulation. Die Stärke einer Live-Vorstellung besteht darin, daß sie es dem Auditorium ermöglicht, Teil des künstlerischen

Prozesses zu sein, in dessen Mittelpunkt die Begegnung des Menschen mit seiner Erinnerung steht. Eine Live-Aufführung stellt bestimmte Forderungen an Konzentration und individuelles Erinnerungsvermögen des Publikums, und dessen Rezeption beeinflußt wiederum die Darsteller und löst dadurch einen interaktiven Prozeß aus. So wie ein Liebesakt zwischen zwei Menschen zunächst manchmal zögerlich verläuft und immer eine ziemlich riskante Sache bedeutet, so verhält es sich auch mit Zuschauern und Darstellern – und den individuellen Umständen, unter denen sie sich begegnen.

Eine solche Interaktion existiert nicht bei Büchern und Filmen. Zwar üben auch sie Macht auf unsere Emotionen aus, aber sie reagieren nicht auf die Gedanken, die sie in uns auslösen. In einer Live-Vorstellung dagegen werden Zuschauer zu Besitzern, wenn nicht des Werkes selbst, so doch ihrer individuellen Erinnerung an dessen Interpretation. Unser eigenes Gedächtnis läßt sich nicht reproduzieren (außer in unserer Psyche, wo es zu Hause ist), und wenn jemand die Vorstellung verpaßt hat, dann bleibt die Erinnerung leer, und eine Rezeption findet nicht statt.

Dies bedeutet die Essenz an Macht, über die eine Live-Aufführung verfügt. Bei mechanisch reproduzierten Kunstformen – Film, Video, CD – erlebt man die festgefügte Erinnerung eines anderen, die man nach Belieben ein- und ausschalten, vor- und zurückspulen kann. Daß die Erfahrung nur pseudodefinitiv ist und alle Fehler zuvor sorgsam eliminiert wurden, vergrößert die Gefahr. Es ist ein Geschäft ohne Risiko, das ein anderes –

und oft wesentlich weniger aufregendes – Gefühl von Katharsis auslöst. Für Zuschauer wie für Darsteller sind Live-Vorstellungen grundlegend subjektiv. Die Übereinkunft zwischen allen Mitwirkenden, ob aktiv oder passiv, ist ein Teil des lebenswichtigen Vertrauens in den gesellschaftlichen und künstlerischen Wert und dessen Wirksamkeit. Gelingt das, ist es ein großartiges Erlebnis; alles andere bietet nur einen traurigen Anblick.

Es ist bedauerlich, aber wahr: Trotz aller Bemühungen, künstlerisch »das Beste den Meisten« zu bieten, können kurz vor dem Eintritt in das neue Millennium über 90 Prozent der Bevölkerung mehr oder weniger zufrieden durchs Leben gehen, ohne auch nur im mindesten an einem Live-Erlebnis von Mozarts *Figaro* interessiert zu sein (von Janáceks *Katja Kabanova* ganz zu schweigen). Aber die Heldentaten unserer zeitgenössischen Gladiatoren bei der nächsten Fußballweltmeisterschaft werden wieder Millionen in ihren Bann ziehen; neue Rockgruppen werden auch im nächsten Jahrhundert Zuschauermengen faszinieren, wie das keinem Streichquartett des großen Beethoven gelingen wird. Die menschliche Aufnahmefähigkeit funktioniert höchst unterschiedlich: Die meisten werden immer einen Hollywoodfilm Goethes *Faust* vorziehen oder den Streifen *Titanic* Schönbergs Oper *Moses und Aron*. Die Entscheidungsfreiheit (auch wenn sie durch die wirtschaftliche Mediendominanz vorprogrammiert ist) entspricht den Grundbedürfnissen der Demokratie. Das bedingt, daß wir in den Künsten daran arbeiten müssen, den Geschmack des Publikums zu lenken, anstatt ihm zu folgen.

Niemand bringt dies besser auf den Punkt als George Steiner: »Ein optimales sozialpolitisches Regime erkennt so früh wie möglich die Anfänge intellektueller, wissenschaftlicher und künstlerischer Kreativität, vor welchem ethnisch-wirtschaftlichen Hintergrund diese auch immer entstanden sind; es pflegt diese Kreativität mit allen zur Verfügung stehenden erzieherischen Mitteln; und danach garantiert es dem Denker oder Künstler oder Wissenschaftler oder Schriftsteller – egal wie anarchisch seine Haltung, egal wie kritisch seine Meinung ist – psychologische und materielle Räume, in denen er oder sie seine bzw. ihre Talente praktizieren kann ... Kurz: Sein Ziel wird sein, eine Leistungsgesellschaft der Unberechenbaren zu entwickeln und zu kultivieren, basierend auf der Überzeugung, daß die ›dignitas‹, also das, was unsere Spezies auf diesem Planeten auszeichnet, in den objektiven Fortschritten besteht, die der kreative Geist des Menschen bei seiner Entwicklung aus seinem ursprünglichen Dasein als Tier heraus macht.«

Den Zugang zu Steiners Leistungsgesellschaft zu ebnen muß für uns alle, die wir in der künstlerischen Gemeinschaft tätig sind, oberste Priorität bedeuten. Auch für Regierungen und Privatsponsoren gilt dieser Prioritätsanspruch. Für diejenigen von uns, die das Schicksal der großen Flaggschiffe »Kulturelle Institutionen« (wie zum Beispiel staatliche Opernhäuser mit Repertoireprogramm) lenken, bedeutet dies u.a., eine Lösung zu finden für die nicht immer problemlose Koexistenz des Publikums von gestern mit dem Publikum von morgen. Dazu brauchen wir Bildung als Werkzeug sowie aufgeklärte Regierungen und selbstlose Sponsoren als Mentoren, die wirtschaftliche Zugänglichkeit finanzieren können.

Aber auch wenn wir Erfolg haben, werden wir akzeptieren müssen, daß es immer nur wenige sein werden, die sich der Herausforderung von Verdis *Falstaff*, Tschaikowskys *Pique Dame* und Wagners *Parsifal* (zu schweigen von Beethovens Streichquartetten und Shakespeares Sonetten) stellen können und wollen, obwohl diese wie auch andere Werke Höhepunkte menschlicher Expression repräsentieren. Diese Wenigen jedoch bilden eine Elite, und es muß unser Bestreben sein, deren Anzahl von Mitgliedern zu vergrößern, auch wenn uns oft der Mut zu dieser Aufgabe verläßt. Diese Elite darf kein exklusiver Club sein, sondern sie bedeutet die Belohnung für alle, die es schaffen, etwas kennen- und liebenzulernen, das sie zuvor außerhalb ihrer Reichweite wähnten.

Es liegt an dieser Elite, soziale Barrieren niederzureißen, die manchmal zwischen einer Kunstform wie der Oper und einem größeren Publikum aufgerichtet scheinen. Wer hat nicht irgendwann einmal erlebt, daß höhnische Opernkritik den Neuling zurückschreckt? Wer hat nicht die hitzigen Debatten des in feinsten Zwirn gewandeten »Kulturclubs« bei einer Premiere miterlebt und dabei das Gefühl bekommen, daß es diesen Menschen nur um modische Selbstdarstellung und um Gesellschaftsklatsch in den Pausen geht? Wer hat nicht schon einmal den Wunsch eines etablierten Auditoriums gespürt, eine Repräsentation oder wenigstens eine repräsentative Veranstaltung erleben zu wollen anstelle einer provokanten, womöglich sogar radikalen Interpretation eines traditionellen Werks?

Auch wir, die wir im Theater arbeiten, fürchten die Augenblicke einer Konfrontation mit der Sturheit jener, die sich weigern, ihre elitäre Opernwelt für andere zu öffnen. Sie betrachten unsere Welt lieber als behagliche Erweiterung jener ehemaligen Salons der gehobenen Bourgeoisie, die in den meisten Städten jedoch ziemlich überaltert sind. Sie verbergen ihre Unsicherheit unter dem Mantel einer Pseudoexklusivität.

Die Ansicht, daß die komplexeste und alles umfassende Kunstform der Menschheit denen vorbehalten sein sollte, die meinen, sie gehöre ihnen, ist moralisch ungerechtfertigt, vor allem am Vorabend eines neuen Millenniums. Um in der Gesellschaft von heute und morgen unsere moralische Akzeptanz zu bewahren, müssen wir für eine Leistungsgesellschaft der Unvorhersehbarkeit eintreten: für eine stetig anwachsende Gemeinschaft von Menschen mit neugierigem Geist und offenem Herzen. Dies kann nur erreicht werden, wenn allen die Gelegenheit gegeben wird, unsere Kunstform zu erfahren, individuell zu fühlen und zu verstehen.

Daran sollten sich Regierungen, Industrie und Steuerzahler erinnern, wenn die unvermeidliche Debatte darüber ausbricht, wie die Ressourcen öffentlicher Kassen zum Wohle der Gesellschaft in Zukunft verteilt werden sollen. Wenn diese Zukunft einmal hinter uns liegt, werden wir nicht nach unseren industriellen Errungenschaften und Umsätzen beurteilt werden und ganz sicher nicht nach unseren politischen Versprechungen, sondern nach unserem kulturellen Erbe, durch das jede Generation sich selbst definiert. Die Kunstwerke, die wir erschaffen, ausführen und interpretieren, sind der Fingerabdruck unserer Zivilisation. Sie gehören allen, und sie müssen allen zugänglich sein. Nach ihnen wird man uns beurteilen.

Johann Georg Prinz von Hohenzollern

Kunst in München – ein Blick aus dem Fenster

Den Blick südwärts gerichtet, gewähren die zartblau getönten Fenster eine grandiose Aussicht über München mit seinen markanten Türmen und Gebäuden hinweg bis hin zur Alpenkette. Der Betrachter kann von seinem Standpunkt im obersten Geschoß des kühnen, 100 Meter hohen Verwaltungsbaus der BMW AG das Beharrliche und das Fortschrittliche dieser Stadt mit einem Blick erfassen. Er sieht die Frauenkirche mit ihren merkwürdigen Türmen – es kommt ihm dabei vielleicht in den Sinn, wie wenige vollendete und gelungene mittelalterliche Doppelturmfassaden es gibt; die Theatinerkirche hat eine solche, allerdings aus der Barockzeit. Er sieht die anderen Kirchtürme und ahnt dazwischen die ehemalige königliche Residenz, das Bayerische Nationalmuseum mit seinem hohen kupfergrünen Turm und die Pinakotheken, Schatzhäuser von Weltruhm.

Kein Hochhaus stört dieses Bild des Stadtkerns. Die höheren modernen Bauten sind an der Peripherie gelegen. Zwei setzen besondere Akzente: das BMW Haus, erbaut 1970 bis 1972 von Karl Schwanzer, und das von Walther und Bea Betz 1975 bis 1981 erbaute Hypo-Bank-Zentrum an der Richard-Strauß-Straße. Beide Bauten sind zeitlos, städtebauliche und architektonische Meisterleistungen. Sie werden auch in Zukunft modern sein, also nicht altern oder demodé sein. Der BMW »Vierzylinder« ist kompakt, ein Wahrzeichen von eminenter Aussage- und Werbekraft und zusammen mit der kühnen Schüssel des BMW Museums und den olympischen Sportstätten in der Nachbarschaft eine stets von neuem verblüffende Leistung der Architektur dieses Jahrhunderts. Der Betrachter wird aber auch den Blick kritisch auf das Geschehen zu seinen Füßen, auf Fehlentwicklungen in der Vergangenheit und zukunftsweisende Errungenschaften richten. München hatte schon immer Phasen der wirtschaftlichen und künstlerischen Blüte und solche der Stagnation und des Niedergangs. Unter den Herzögen Wilhelm IV. und Albrecht V. von Bayern entfaltete sich die Residenzstadt der Wittelsbacher, wurde der Grundstein für die weltberühmten Kunstsammlungen gelegt, war München ein Zentrum zeitgenössischer Musik. Nach dem Desaster des 30jährigen Krieges und einer langen wirtschaftlichen Erholungsphase waren es erst die Kurfürsten Max Emanuel und dessen Sohn Karl Albrecht, die die Künste wieder erblühen ließen. Die heute in der Alten Pinakothek verwahrten Gemäldesammlungen erhielten ihren Weltrang und die Residenzen der Wittelsbacher im Zentrum, in Nymphenburg und in Schleißheim, die unser Betrachter allesamt vom BMW Haus aus sehen kann, ihre barocken Dimensionen. Ludwig I. hat München zur Großstadt hin geöffnet, weit in die Felder um das Dorf Schwabing die Ludwigstraße mit ihren klassizistischen Bauten konzipiert, Industrien angesiedelt und die Glyptothek sowie die Alte und die Neue Pinakothek erbauen lassen.

Die wie in kaum einer anderen deutschen Stadt in solcher Qualität und Menge angehäuften Kunstschätze, die seit dem 19. Jahrhundert der Öffentlichkeit zugänglich wurden, haben das zeitgenössische Kunstschaffen beeinflußt, das seinen Höhepunkt mit der »Münchner Schule« in der zweiten Hälfte des 19. Jahrhunderts hatte. München war damals ein in viele europäische Länder, sogar bis nach Amerika ausstrahlendes Kunstzentrum. Daß ihm zur Jahrhundertwende mit der jungen Reichshauptstadt Berlin ein ernsthafter Rivale erwuchs, hat München allerdings nicht wahrgenommen. »Alles, was wirkliche Großstadtatmosphäre erleben wollte, sich von Weltstadtflair umgeben wissen wollte, zog nach Berlin, die Spätimpressionisten, die Brückemaler, Max Beckmann«, oder zog weg, wie die Architekten Dülfer und Riemerschmid. »München blieb eine geruhsame Residenzstadt, die in ihren Bauten und den Sammlungen den höchsten Begriff von Kunst als einem Reich des Idealen unverrückbar vor Augen hatte« (K.-P. Schuster).

Trotz dieser Behäbigkeit, dieses Traditionalismus und einer in großen Teilen kunstdesinteressierten Bevölkerung fand mit dem Blauen Reiter ein Aufbruch zur Moderne statt, wurde der von Berlin verjagte Museumsmann und Sammler Hugo von Tschudi in München anfangs mit offenen Armen aufgenommen. Mit seinen grandiosen, doch auch in München auf allgemeine Ablehnung stoßenden Erwerbungen französischer Impressionisten, den ersten van Goghs und Matisses für Deutschland, die er dank einer noch nach seinem Tode anhaltenden Spendenaktion ohne staatliche Mittel für

München tätigen konnte, hat der viel zu früh Verstorbene Marksteine für eine Sammlung der Moderne gesetzt.

Von alldem, von der Abstraktion eines Kandinsky oder von den in München gewonnenen Erkenntnissen Marcel Duchamps, war nach dem Ersten Weltkrieg kaum mehr etwas spürbar. Plänen für ein Museum der Moderne erging es ähnlich. In den zwanziger Jahren wurde zeitgenössische Kunst kaum mehr gesammelt, das wenige von den Nationalsozialisten als entartet entfernt. Nicht mehr als sechs Bilder und Skulpturen vom heutigen Bestand der Staatsgalerie moderner Kunst bildeten 1945 den Grundstock für diese Sammlung, die heute zu den zehn bedeutendsten weltweit gehört. Das Interesse und die Empfänglichkeit der Bevölkerung und das der Regierenden für zeitgenössische Tendenzen in der Kunst und für die Notwendigkeit eines Zeichen setzenden Museums der Moderne – das letzte, die Neue Pinakothek, wurde 1854 von Ludwig I. für seine Privatsammlung gebaut – konnten in München erst mit der Wiedervereinigung Deutschlands und der damit wieder auflebenden Rivalität Berlins als künftige Bundes- und Kulturhauptstadt geweckt werden.

Es war jedoch ein weiter Weg vom geäußerten Wohlwollen der Politiker für das ambitiöse Projekt einer Pinakothek der Moderne bis zur Verwirklichung. Selbst als das Gelände der ehemaligen Türkenkaserne neben den Pinakotheken für den Neubau freigegeben und der Realisierungswettbewerb zugunsten von Stephan Braunfels entschieden war und mit der Planung begonnen wurde, hat ein Regierungswechsel das gesamte Projekt gestoppt.

Es ist einer Initiative und in Deutschland bislang beispiellosen Spendenaktion der Industrie, der Banken, Versicherungen, der Medien und vor allem vieler privater Mäzene sowie nahezu aller Bevölkerungsschichten zu verdanken, daß die Pinakothek der Moderne – die Staatsgalerie moderner Kunst, das Neue Museum angewandter Kunst, das Architekturmuseum der Technischen Universität und die staatliche Graphische Sammlung – zu Beginn des neuen Jahrtausends eröffnet werden kann. BMW zum Beispiel hat wesentlich dazu beigetragen, indem es die für das Gelände der ehemaligen Türkenkaserne vorgesehenen Institute der Technischen Universität außerhalb der Stadt erbaute.

Kehren wir zu dem Betrachter im BMW Haus zurück. Vielleicht kommen ihm die Stadtmodelle Münchens im Bayerischen Nationalmuseum in den Sinn, dessen eines aus dem 16. Jahrhundert die noch kleine Residenzstadt München, das andere ihre Erweiterungen im 19. Jahrhundert zeigt. Die ersten Industrieansiedlungen erscheinen am Stadtrand. Heute ist München Standort der modernsten Industrien, ein Zentrum des High-Tech und der naturwissenschaftlichen Forschung, Arbeitsplatz für unzählige junge Techniker, Manager und Wissenschaftler. Deren Freizeit gilt es sinnvoll zu nutzen. Die ewig Behäbigen und Traditionsgebundenen lehnten jahrzehntelang erfolgreich ein Museum der Moderne mit dem Argument ab, daß die Musik- und Theaterstadt München bereits bedeutendste Museen alter Kunst, das größte technische Museum der Welt und ein ausreichendes Provisorium für die Staatsgalerie moderner

Kunst im – sogar von Joseph Beuys akzeptierten – Haus der Kunst besitze. Für die Freizeit der Tätigen sei neben den nahen Bergen und Seen ohnehin genügend in dieser Stadt geboten. Und doch konnte durch die Initiative der Förderer schließlich die Mehrheit von dem Projekt überzeugt werden.

Die Erwartungshaltung an dieses Museum ist entsprechend groß. Wie wird es im Inneren aussehen, was wird ausgestellt werden, wie werden sich die verschiedenen Sammlungen präsentieren, wie kann dieses Museum lebendig bleiben, Spannung erzeugen, Diskussionen anregen, sich verändern und sich den neuen Tendenzen in der Kunst anpassen?

Gelangweilte Besucher wären katastrophal. Darunter leiden viele Museen moderner Kunst in Deutschland, Europa und auch in den Vereinigten Staaten. Der Besucher begegnet immer wieder den gleichen Künstlern mit ähnlichen Bildern, Werkkomplexen oder Installationen, mit denen er schon zuvor auf internationalen Kunstmessen oder bei Galeristen konfrontiert wurde. Nicht die Präsenz von allen Strömungen der zeitgenössischen Kunst und ihrer Künstler, ein möglichst lückenloser Parforceritt durch die Moderne also, wird ein solches Museum der Moderne besuchenswert und spannend machen, sondern die Schaffung von überzeugenden Werkgruppen und die Konzentration auf eine Reihe herausragender Künstler, wie sie in dieser Qualität und Anzahl an anderen Orten nicht zu sehen sind.

Die historischen Sammlungen alter Meister sind zumeist so beschaffen, das heißt, sie verfügen über Schwerpunkte, große Sammlungskomplexe einzelner Schulen oder Meister, wobei eingeräumt werden muß, daß hier oft Zufälligkeiten eine Rolle spielten. Die Alte Pinakothek etwa, die ehrwürdige und vorbildhafte Nachbarin des neuen Museums, verfügt über einen einzigartigen Bestand an altdeutscher und flämischer Malerei, den wir den Wittelsbachern und der Säkularisation verdanken, wohingegen in den holländischen, italienischen und auch in anderen Schulen durchaus Lücken vorhanden sind.

In den Schwerpunkten, aber auch durch Meisterwerke einzelner Künstler ist die Alte Pinakothek allerdings unerreicht. Ähnlich verhält es sich in Dresden, dessen Gemäldesammlung durch zwei sammelbesessene und äußerst kunstsinnige Herrscher, August den Starken und dessen Sohn August III., in nicht mehr als 30 Jahren zusammengetragen wurde. Annähernd das gleiche gilt für die Gemäldegalerien in Karlsruhe, Kassel, außerhalb Deutschlands auch für das Kunsthistorische Museum in Wien, für den Prado in Madrid, den Louvre in Paris und für die Eremitage in St. Petersburg.

Andere weltberühmte Sammlungen alter Meister wie die Gemäldegalerien in Berlin, London, New York oder Washington fußen nicht oder nur geringfügig auf dynastisch entstandenen Sammlungen. Sie sind zumeist im Laufe des 19. und frühen 20. Jahrhunderts nach kunsthistorischen Gesichtspunkten zusammengetragen worden, das heißt, sie verfügen über Gemälde aus allen Schulen und fast aller bedeutender Künstler der abendländischen Malerei. Die Sammlungen der Staatsgalerie moderner Kunst sind ähnlich aufgebaut wie die der Alten

Pinakothek. Große Schwerpunkte bilden der Expressionismus, der bekanntlich u. a. die Maler der Brücke und des Blauen Reiters vereint, eine einzigartige Sammlung an Werken von Max Beckmann und Paul Klee sowie der durch die Theo-Wormland-Stiftung eingebrachte Bestand an Meisterwerken des Surrealismus. Wenn die finanziellen Möglichkeiten es zulassen, sollte dieser Bereich der klassischen Moderne gezielt durch Ankäufe verstärkt werden, nach dem Vorbild jener Erwerbung, durch die vor zwei Jahren mit Hilfe der Kulturstiftung der Länder und des Ernst-von-Siemens-Kunstfonds der großen Rubenssammlung der Alten Pinakothek eine weitere Ölskizze dieses großen flämischen Meisters hinzugefügt wurde. In der Abteilung der zeitgenössischen Kunst bildet die Sammlung des Prinzen Franz von Bayern einen weiteren Schwerpunkt; mehr noch: Ansporn, auf diesem Gebiet mit allen Kräften weiter zu sammeln. Diese Sammlung, wiederum von einem kunstsinnigen und engagierten Wittelsbacher zusammengetragen, umfaßt die deutsche Kunst seit 1960 mit den großen Leitfiguren Georg Baselitz, Joseph Beuys, Jörg Immendorff, Anselm Kiefer, Imi Knoebel, Markus Lüpertz, Blinky Palermo, A.R. Penck, Sigmar Polke, Arnulf Rainer, Gerhard Richter, Eugen Schönebeck und anderen, also die beiden Kunstzentren Düsseldorf und Berlin. Sie macht deutlich, daß München in den sechziger und siebziger Jahren, in denen die deutsche Kunst international eine führende Rolle spielte, in Deutschland wieder einmal das Schlußlicht war. Aufstrebende Talente und auch die sich mit zeitgenössischer Kunst befassenden Galeristen wanderten teilweise ins Rheinland ab, wo fortan auch die großen Kunstmessen abgehalten wurden.

Dieser Tendenz konnte durch Aktivitäten im Ausstellungswesen sowie gewagte und heftig diskutierte Ankäufe – zum Beispiel *Zeige mir deine Wunde* (Lenbachgalerie) oder *Das Ende des 20. Jahrhunderts* (Staatsgalerie moderner Kunst) von Joseph Beuys – entgegengewirkt werden. Das positivste Zeichen für München als eine wieder akzeptierte Kunststadt wurde jedoch mit dem Bau der Pinakothek der Moderne gesetzt. Die Galeristen kehrten zurück, und bedeutende Sammler zeitgenössischer Kunst signalisierten Bereitschaft, nach Fertigstellung des Museumsbaus ihre Bestände München zu stiften.

In den letzten Jahren wurde daher verstärkt und gezielt deutsche Kunst der letzten 30 Jahre gesammelt. In keinem anderen Museum der Moderne wird Georg Baselitz besser vertreten sein. In der Reihe der bedeutenden zeitgenössischen deutschen Maler spielt Baselitz eine Sonderrolle. »Bis auf die für viele noch immer irritierende Umkehrung der Bildmotive … verkörpert er in sich und seinem Werk all jene Vorstellungen, die sich gemeinhin an die Figur des anerkannten Künstlers knüpfen: Bindung an die traditionellen Gattungen Malerei und Plastik, virtuose Handhabung der technisch-formalen Bildmittel, malerische Überzeugungskraft und Brillanz, die scheinbar kein Problem der Bildgestaltung kennt« (C. Schulz-Hoffmann).

Im Widerstreit zwischen dem Ideal einer reinen Malerei und der Bindung an existentiell gewichtige Inhalte, der für Baselitz wie auch für Max Beckmann bestimmend blieb, entsteht eine innere Nähe zwischen den beiden Künstlern. Den Grundstock der heute 29 Gemälde und eine Holzskulptur umfassenden Sammlung Baselitz bilden sieben Leihgaben aus der Sammlung Prinz Franz, zu denen eine Reihe von Köpfen aus dem Frühwerk aus Privatbesitz und bedeutende Erwerbungen des Staates, wie zum Beispiel *Die Meißener Waldarbeiter* von 1967 oder der durch den Galerie-Verein akquirierte *Trommler* von 1982, kamen. Auch Sigmar Polke ist hervorragend vertreten, u.a. durch die 1992 vom Galerie-Verein erworbenen acht monumentalen Schleifenbilder – vergrößerte Repliken aus Dürers Triumphwagen Kaiser Maximilians –, die nicht nur einen sinnfälligen Bogen zur Dürersammlung der Alten Pinakothek, sondern auch einen neuen Schwerpunkt für München bilden.

Der heutige Sammlungsbestand der Staatsgalerie moderner Kunst ist in weiten Bereichen großartig, weist aber auch kaum zu verbergende Lücken auf, zum Beispiel beim Fauvismus, dem gänzlich fehlenden Dadaismus, aber auch bei dem nur mager vertretenen amerikanischen Abstrakten Expressionismus und der Pop-art. Aufgrund der überheizten Marktsituation und des angebotenen Materials, ganz zu schweigen von den erreichbaren Mitteln, ist eine Vervollständigung weder möglich noch wünschenswert. Es kann, wie schon gesagt, nicht Sinn und Aufgabe sein, ein enzyklopädisches Museum in größtmöglicher Vollständigkeit zu erreichen.

Größtes Augenmerk muß auf die sogenannten neuen Medien gelegt werden, auf die Fotografie, auf Videos und

Videoinstallationen. Daß erstere eine revolutionäre Erfindung gewesen ist, die die herkömmliche Kunst gezwungen hat, abstrakt zu werden, muß dem Besucher im neuen Museum deutlich vor Augen geführt werden. Von Bruce Naumann, eine der international wichtigsten Künstlerpersönlichkeiten der Gegenwart, der wie kaum ein anderer die Probleme und Widersprüche unserer Zeit durch unterschiedliche Medien und Ausdrucksmöglichkeiten dokumentiert, wurde die raumbestimmende Videoinstallation *World Peace* erworben. Sie setzt sich ebenso vorsichtig wie beharrlich mit dem Thema zwischenmenschlicher Kommunikation auseinander und wird zu den Arbeiten im neuen Museum gehören, die Diskussionsstoff liefern werden. Videoinstallationen, zu denen noch Arbeiten von Bill Viola, Garry Hill oder James Turrell angekauft werden sollten, ergeben aus technischen, aber auch aus Gründen der Zumutbarkeit von selbst einen häufigen Wechsel der Exponate.

Kaum eröffnet wird diese Pinakothek der Moderne schon wieder zu klein sein, um für die Kunst des beginnenden 21. Jahrhunderts und die sich häufenden Rauminstallationen Platz zu haben. Wird man also gezwungen sein, die Trennung der Epochen zwischen den drei Pinakotheken zu verändern – zum Beispiel das späte 18. Jahrhundert und die englische Malerei zurück in die Alte Pinakothek, die klassische Moderne bis zum Ende des Zweiten Weltkriegs in die Neue Pinakothek – oder schon bald, abgesehen vom unabdingbaren zweiten Bauabschnitt der Pinakothek der Moderne, ein weiteres zeitgenössisches Museum zu fordern?

Wenden wir uns dem Inhaltlichen des Neubaus zu: Das Neuartige wird das Nebeneinander der verschiedenen Sammlungen sein, insbesondere das der Staatsgalerie mit der Neuen Sammlung angewandter Kunst. Industrial Design und Technik, einer der Schwerpunkte der Neuen Sammlung angewandter Kunst, werden mit den Werken der klassischen Moderne und der zeitgenössischen Kunst konfrontiert werden und den Betrachter über den immer wieder propagierten Tod der Künste im technischen Zeitalter meditieren lassen. »Heute erkennen wir, daß die Konkurrenz der Maschinen die Künste keineswegs verdrängt hat, sondern im Gegenteil zu einer Besinnung auf ihre ureigenste spirituelle Aufgabe stimulierte. Sie gewannen eine neue geistige Aussagekraft, nachdem sie von der traditionellen Rolle der Naturwiedergabe und der Widerspiegelung entlastet waren. Nicht mehr gebunden an das Patronat der Altäre und Paläste, nicht mehr gefesselt durch Normen und Regeln, traten die Künste in die Abenteuer schrankenloser Innovation und nie endender Avantgarden ein. In der neuen Autonomie wurden ihre Potenzen größer denn je, und das 20. Jahrhundert wurde zu der aufregendsten Wegstrecke der Kunstgeschichte« (W. Sauerländer).

Die Grenze zwischen Kunst und trivialem Gegenstand des Alltags scheint sich in manchen Bereichen endgültig verwischt zu haben. Die Neue Sammlung verwahrt neben Kochgeschirr, Töpfen und Küchengeräten technische Apparate und Instrumente, Stühle, Möbel, Radiogeräte, Schreibmaschinen, Autos und Motorräder, aber auch Kunst des Jugendstils, Plakate und vieles andere mehr, u. a. auch Chips, Symbol für die auf Bruchteile von Millimetern geschrumpfte Mikroelektronik. Die Kunst sucht sich immer mehr neue Bildträger. Die Frage, ob etwa Oldtimer und das Auto überhaupt, für die überall Museen gebaut wurden und werden, im Designbereich Kunstwerke sind oder erst dazu mutieren, wenn sich Künstler wie Rauschenberg, Penck, Warhol oder Lichtenstein Automobilkarosserien als Bildträger erwählen, ist diskutabel, aber in wenigen Sätzen nicht zu klären. Ein von einem namhaften Künstler bemaltes Automobil gehört wohl in den Grenzbereich zwischen Galerie der Moderne und Design-Museum.

Um den Besucher neugierig zu machen und zu erneuten Besuchen des Museums zu verleiten, wird in den Räumen der Neuen Sammlung, aber auch der Staatsgalerie moderner Kunst ein häufiger Wechsel der Exponate nötig sein. Der Gedanke, die beiden Sammlungen, wo es möglich ist, zusammenfließen zu lassen, ist reizvoll, aber konzeptionell nicht einfach zu verwirklichen.

Die junge Generation für die im neuen Jahrtausend eröffnete Pinakothek der Moderne zu begeistern wird anfangs nicht schwierig sein. Häufig wechselnde Präsentationen zumindest in Teilbereichen, überraschende Experimente, aber auch die Analyse und die Erläuterung von deren Komplexität sind die zu stellenden Forderungen an die Verantwortlichen.

Der südwärts gerichtete Blick des Betrachters aus dem BMW Haus sollte zufrieden auf das neue Museum der Moderne zwischen den schon bestehenden Pinakotheken fallen.

Richard von Weizsäcker

Gedanken in einer freien Gesellschaft

In unserer jüngsten deutschen Geschichte haben wir etwas Entscheidendes erlebt. In der Schlußphase der DDR gingen immer mehr Menschen auf die Straße und schrieben auf ihre Transparente: »Wir sind das Volk.«

Mit diesen vier einfachen und großen Worten wurde ein ganzes System erschüttert und zu Fall gebracht. In ihnen verkörperte sich deutlich der Wille der Menschen, das Gemeinwesen, die res publica, selbst in die Hand zu nehmen. Die friedliche Revolution wurde wahrhaft republikanisch.

Nun leben wir vereint in der Verantwortung für unsere freie Gesellschaft. Am Anfang seiner Präsidentschaft hat Vaclav Havel einen Beitrag dazu geleistet, was dies bedeutet. In einer Rede über die Freiheit sprach er von der mythischen Gestalt des Griechen Sisyphos, der täglich einen mächtigen Felsblock den Berg hinaufwälzen muß, welcher ihm dann aber immer wieder in den Abgrund entgleitet. So ähnlich habe er, Havel, das Leben in der Unfreiheit ständig empfunden. Doch siehe da, eines Morgens sei der riesige Stein auf einmal oben liegen geblieben. Der verstörte Held fragt: »Was machen wir nun?« Und dann folgten Havels Gedanken, wie wir es schaffen, zu bestehen in der geschenkten Freiheit mit allen ihren Ablenkungen und Verführungen.

Noch ist kein Jahrzehnt seit dem Ende der Diktaturen auf unserem Kontinent vergangen, da melden sich immer wieder sorgenvolle Stimmen, es könne sich als leichter erweisen, ein autoritäres Regime zu Fall zu bringen, als ein liberales System vor seiner eigenen inneren Zerrüttung zu bewahren. Dies ist eine alte Sorge. Schon Platon hat uns die Gefahren der Unersättlichkeit freier Menschen und ihres Unwillens gegenüber dem Verlangen nach der geringsten Dienstbarkeit deutlich genug beschrieben. Dabei ging es in Athen anders zu als bei uns. Bei den Griechen wurde dem Privatmann das Recht zur Beteiligung am Staat eingeräumt. Er sollte etwas zum Gemeinwesen beitragen können.

Unsere heutige Demokratie erweckt immer mehr den Anschein umgekehrter Prioritäten. Dem Staat wird das Recht zum Eingriff ins Privatleben versagt. Seine Aufgabe ist es, das Wohlbefinden des Bürgers zu fördern. Dieser Bürger versteht sich immer weniger als Träger, wohl aber als Konsument der Politik. Er organisiert seine Interessen und meldet sie an. Er kontrolliert ihre Befriedigung. Er verhält sich ähnlich wie an einem normalen Markt. Er kauft mit seinem Stimmzettel, oder er kauft nicht. Was er politisiert, sind primär seine privaten Interessen.

Nun geschieht dies im Rahmen unserer Verfassung, die die demokratischen Spielregeln für unser Zusammenleben festlegt, insbesondere indem sie die Verteilung und Kontrolle der Macht bestimmt. Über Inhalt und Ziele bei der Ausübung dieser Macht enthält sie freilich nur spärliche Andeutungen. Auch kann sie nicht vorgeben, auf welche Weise das Machtgefüge der konstitutionellen Verkehrsregeln von demokratischer Aktivität getragen wird, auf die es doch für die Lebendigkeit in der freien Gesellschaft so sehr ankommt. Die Verfassung tut sich schwer, den magistralen Grundrechtekatalog durch einen Grundpflichtenkatalog zu ergänzen. Der Staat kann weder verordnen noch durchsetzen, worum es dabei geht. Die Verfassung der freien Gesellschaft bezieht also ihre Vitalität von Voraussetzungen, die sie selbst nicht schaffen kann, die sie dringend braucht und die von der Mentalität der Zeit und der Bereitschaft der Menschen abhängen.

Wo kommt die Vitalität her? Laut Leopold von Ranke sollte unser Zusammenleben in erster Linie von großen Gefühlen bestimmt sein. Davon sind wir heute ziemlich weit entfernt. Demokratie und Marktwirtschaft sind die beherrschenden Systeme. Beide beruhen auf der Freiheit. In der offenen Gesellschaft herrscht der Wettbewerb politischer, materieller und geistiger Angebote mit ihren Kosten und Preisen. Die Angebote befähigen uns, auszuwählen, dazuzulernen, Konflikte auszutragen und gewaltfrei zu lösen. Es sind kluge, rationale – und vergleichsweise nüchterne Empfindungen. Das Herz erwärmen sie spärlich.

Dennoch kann die Freiheit auf die Dauer nicht allein vom Wettbewerb mit Angebot und Nachfrage überleben. Ein Grundbestand an gemeinsamen Überzeugungen und Zielen ist unerläßlich. Am Ende geht es nicht gut, wenn jeder nur versucht, mehr mitzunehmen, als er einbringt. Der Staat ist mehr als eine Dienstleistungszentrale, die

Ansprüche zu erfüllen, Besitzstände abzusichern und für Ruhe und Ordnung zu sorgen hat. Er ist nicht Garant unserer Sättigung und nicht Adressat unserer Unersättlichkeit.

Der freie Staat, das sind wir selber. Das sind die Familien, die Lehrer und die Ausbilder, die, wie wir alle, nicht darum herumkommen, die Jugend zu erziehen. Aber was heißt erziehen? Erziehung ist mehr als politische Bildung. Erziehung ist, wie Pestalozzi sagt, Vorbild und Liebe.

Die freiheitliche Ordnung zeichnet sich dadurch aus, daß vieles nicht durch den Staat, sondern durch die Bürgergesellschaft vorangebracht wird. Diese leidet allenfalls daran, daß sich zu viele zu oft und zu schnell an vorherrschende Verhältnisse anpassen und schweigen. Dagegen leidet die freiheitliche Ordnung nicht, wenn es zu temperamentvollen Auseinandersetzungen kommt, wie zum Beispiel in der Jugendrevolte vom Ende der sechziger Jahre. Wir verdanken dem damaligen Generationenkonflikt gewiß keine historisch und ethisch vorbildliche Verarbeitung der Vergangenheit. Dennoch entwickelte sich aus dem unerbittlichen Umgang miteinander eine bleibende Veränderung unserer politischen Öffentlichkeit. Eine demokratische Bürgergesellschaft entstand mit ihren Initiativen und Bewegungen, ihren neuen Themen und großen Volksaussprachen – jenseits der herkömmlichen Denkweise und Sprache von Parteizentralen und Verwaltungen. Politisches Engagement drang über staatliche Organe hinaus in die Gesellschaft vor. Das ist unbequem und fruchtbar zugleich.

Inmitten fundamentaler Widersprüche, strikter Verweigerungen und massiver Konfrontationen stellte sich allmählich die Notwendigkeit heraus, zu begreifen, daß es natürlich in der freien Gesellschaft um Interessen geht, daß aber Interessen und Moral zusammengehören. In der Praxis einer freien Gesellschaft sind sie aufeinander angewiesen. Wer für seine Interessen ohne erkennbare moralische Grundlagen eintritt, der wird auf die Dauer nur die Verständlichkeit und Durchsetzbarkeit der Interessen erschweren. Wer umgekehrt die moralischen Grundsätze ohne ihre praktische Bewährung im Entscheidungsprozeß der Interessenkonflikte propagiert, der wird zum Ideologen. Er erspart sich den notwendigen Schritt von der reinen zur praktischen Vernunft. Interessen ohne Moral untergraben menschliches Zusammenleben, Moral ohne Bezug auf die Interessen ist Schwärmerei. Beides ist unpolitisch.

Interessenausgleich auf ethischer Grundlage ist die Bestimmung der Politik. Die Neigung vieler Bürger zur Privatisierung und mancher Intellektueller zur Ideologie leistet der Tendenz Vorschub, Politik auf den bloßen Machtwettkampf zu reduzieren. Mit dieser Schwäche gilt es fertig zu werden.

Alle Kräfte der freien Gesellschaft nehmen an dieser Aufgabe teil, nicht zuletzt die Wirtschaft, die die materiellen Grundlagen für die Gesellschaft erarbeiten soll. Zwischen ihr und der Politik geht es arbeitsteilig zu, wie es schon der Stammvater unserer Marktwirtschaft, Adam Smith, beschrieben hat. Im Zusammenspiel der vielen Marktteilnehmer mit ihren privaten Interessen soll ein Optimum der Güterversorgung erreicht werden. Der frei wählende Egoismus erzielt weit größere Erfolge für alle als jede politische Planung und Beherrschung des Marktes. Funktionieren kann diese freie Wirtschaft aber nur im Rahmen eines Gemeinwesens, welches alle die Aufgaben wahrnimmt, die die Menschen zum Leben brauchen, die aber keinen materiellen Gewinn abwerfen – also Schutz nach außen und innen, Erziehung, Infrastruktur und nicht zuletzt auch soziale Gerechtigkeit.

Kein Markt kann auf die Dauer in Freiheit ohne ein solches Gemeinwesen überleben, welches das Interesse des Ganzen wahrnimmt. Der wirtschaftliche Erfolg in der alten Bundesrepublik beruhte gerade darauf, Adam Smith' Postulat eines freien Marktes in einem Staat sozialer Gerechtigkeit ernst zu nehmen. Einsicht und Vernunft von allen Seiten sind auch in Zukunft vonnöten, ein wechselseitiges Verständnis zwischen Wirtschaft und Politik bleibt unentbehrlich. Eine Politik, die den Wettbewerb aushebeln und das Gewinnstreben auf den Märkten verdächtigen wollte, würde auf die Dauer nur die öffentliche Leistungsfähigkeit und die Versorgung für die Bürger unterminieren. Eine Wirtschaft, die um der Preise und Gewinne willen gegenüber dem sozialen Gefüge gleichgültig bliebe, würde schließlich den eigenen Erfolg gefährden. Der Unternehmer handelt in eigener Sache klug, wenn er sich für die Fragen des Gemeinwohls engagiert. Der ehrbare Kaufmann ist kein ethischer Sonderling, sondern einer, der seine Interessen vernünftig versteht. Unsere Zivilisation läßt sich nicht auf einen Sozialdarwinismus abmagern. In dieser Erkenntnis muß sich das menschliche Antlitz der Freiheit bewähren.

Freiheit ist Verantwortung. Das ist keine Einschränkung von Freiheit, sondern Voraussetzung dafür, sie nicht erneut aufs Spiel zu setzen. Verantwortliche Unternehmer wissen dies sehr wohl.

Innovation und Orientierung

Das wichtigste Kapital unserer Unternehmen ist der Rohstoff »Geist«. Ihm verdanken wir zu guten Teilen unsere Position in der Welt – und damit die Stärke des Standortes Deutschland. Er wird im Zeitalter der Globalisierung nur dann bestehen können, wenn wir überlegene, wirklich innovative Produkte anbieten. Diese erreichen wir nicht mit Mittelmaß, nicht mit der Nivellierung von Bildungschancen. Herausragende Produkte setzen vielmehr hervorragend ausgebildete Menschen voraus, die technische Exzellenz und wirtschaftliche Leistung verbinden. Ich meine unsere Eliten der Zukunft mit Wissen, Mut und Verantwortung. Denn unsere Gesellschaft erstrebt auch in Zukunft ein angemessenes, ja hohes Lebensniveau. Es muß erwirtschaftet werden.

Bei der Frage des Wie fordert man besonders technische Innovation. Innovation geht aber weit über neue Techniken hinaus. Sie muß Märkte erschließen, Organisationen verändern, Prozesse gestalten. Wirkliche Innovation ist jedes »Andersmachen« im Bereich der Wirtschaft, welches von Kunden honoriert wird – Kunden in aller Welt.

Immer deutlicher erweist sich Wissen als zentraler Standortfaktor unseres Landes. Darüber hinaus muß

Bildung ein Hauptanliegen unserer Gesellschaft sein; denn nur Bildung vermittelt Orientierung.

Der Mangel an Orientierung ist Folge der Unsicherheit über tragende Werte – aber auch Folge der Explosion unseres Wissens. Wir denken und handeln nicht mehr gesamthaft. Wir gestalten mit wachsender Tendenz zur Perfektionierung Glieder komplexer Prozeßketten; im besten Fall gestaltet jeder für sich eine einzelne Kette.

In der Sprache der Wirtschaft sagt man: Wir werden betriebsblind und laufen Gefahr, daß die Wirtschaft die Chancen innovativer Produkte auf den Weltmärkten nicht ausreichend nutzt – und daß die Forschung sich in den Elfenbeinturm zurückzieht. Darum ist technische Kreativität weiterhin in jedem Sinne zu fördern. Sie muß aber auch wirtschaftlich umgesetzt werden, um nicht zu »versickern«.

Gesamthaftes Denken und Handeln ist also erforderlich. Dieses Denken wollen wir unseren jungen Eliten vermitteln. Es gilt, mehrere Ketten in ihrer ganzen, komplexen Länge zu gestalten, nicht nur einzelne Glieder. Es gilt zu berücksichtigen, daß diese Ketten verbunden, daß sie vernetzt sind, also nicht isoliert nebeneinander verlaufen.

Wissenschaft, Wirtschaft und Politik, drei leider oft getrennte Säulen unserer Gesellschaft, sind gemeinsam in der Pflicht. Sie alle müssen gewohnte Pfade verlassen, um ein gemeinsames Ziel zu erreichen.

Grundlagenforschung ist unverzichtbar für konkurrenzfähige Produkte auf den Weltmärkten. Sie muß darum gepflegt und ausgebaut werden. Anderenfalls wird Forschung in kurzfristiger Ausrichtung auf die Anwendung zur verlängerten Werkbank der Unternehmen degradiert. Der Ehrgeiz beim Forschen wird ergänzt durch die Freude an der Gestaltung der Realität. Nur wer sein Wissen vermittelt, wird erwarten können, daß es auch angewandt wird.

Die Kette der Ausbildung beginnt mit Grundlagenfächern, etwa höherer Mathematik oder Mechanik; und auch die Kette der Forschung folgt diesem Prinzip von den Grundlagen bis zur Anwendung. Am Ziel soll, ja muß die Fähigkeit stehen, konkrete Praxisaufgaben zu lösen – bis zur Umsetzung in marktfähige Produkte, die Kundenanforderungen gerecht werden.

Wir unterstützen deshalb das klassische deutsche Universitätsideal der Einheit von Forschung und Lehre. Gerade weil die Wirtschaft den Universitäten das Kapital unserer Zukunft verdankt, gilt ihnen unser Bekenntnis.

Eberhard v. Kuenheim

Hans-Werner Sinn

Die Rolle des Unternehmers in der Marktwirtschaft

Wohl kein Berufsstand ist so extremen Wechselbädern der öffentlichen Meinung unterworfen wie der des Unternehmers. Für die einen ist der Unternehmer der geldgierige Kapitalist, der die Arbeiterklasse schamlos ausbeutet; für die anderen der gütige Patriarch, der das Wohl seiner Belegschaft zu fördern trachtet. Wenn die Wirtschaft gut läuft, sind die Unternehmer die heldenhaften Pioniere des Fortschritts, und wenn die Wirtschaft stagniert, werden sie als »Nieten in Nadelstreifen« beschimpft. Neid und Bewunderung halten sich in der an materiellen Werten orientierten, doch im Kern egalitären Gesellschaft der Deutschen die Waage.

Das Bild des Unternehmers in der Öffentlichkeit hat sich verbessert, seit die Angriffe der Linken nachgelassen haben. Noch in der Mitte der siebziger Jahre meinten fast zwei Drittel der befragten Bundesbürger, die Unternehmer lebten von der Arbeit anderer, und bald ein Drittel der Unternehmer glaubte, von der Bevölkerung für eine überflüssige gesellschaftliche Gruppe gehalten zu werden, was keine unrealistische Einschätzung der existierenden Meinungen war. Die Studentenrevolte von 1968 und die außerparlamentarische Opposition hatten tiefe Spuren im Denken der Menschen hinterlassen. Inzwischen ist viel geschehen. Die Mordanschläge der

Rote-Armee-Fraktion haben zu einem Stimmungsumschwung zugunsten der Unternehmer genauso beigetragen wie der klägliche Untergang der kommunistischen Systeme. Nach einer Umfrage des Allensbacher Instituts reihten im Jahr 1995 nicht weniger als 30 Prozent der Bundesbürger den Beruf des Unternehmers unter die Schar der am meisten geachteten Berufe ein. Noch 1991 lag der entsprechende Anteilswert bei nur 19 Prozent. Hinter dem Arzt, dem Pfarrer, dem Anwalt, dem Professor und dem Diplomaten rangiert der Unternehmer immerhin bereits an der sechsten Stelle der Prestigeskala aller Berufe. Deutschland wird heute von 68ern regiert, die ihren Frieden mit den Unternehmern gemacht haben und sich, wenngleich nicht frei von Illusionen, um ein gutes Verhältnis bemühen.

Nicht weniger als 70 Prozent der befragten Deutschen halten die Unternehmer für energisch, 63 Prozent halten sie für tüchtig, 61 Prozent meinen, sie seien gute Organisatoren, und 50 Prozent sehen sie als starke Persönlichkeiten, die in der Lage sind, andere mitzureißen und zu motivieren. Auch die Jugend steht dem Unternehmertum heute offen gegenüber. Junge Menschen wären mehrheitlich am liebsten ihr eigener Chef, und nur jeder fünfte träumt von einem sicheren Beamtenjob.

Die Einschätzungen in der Öffentlichkeit sind ein Reflex der bedeutenden Rolle der Unternehmer in der Wirtschaft. Die wirkliche Rolle ist allerdings subtiler, anders und wichtiger, als es gemeinhin vermutet wird. Dem Unternehmer kommt eine Schlüsselstellung in der Marktwirtschaft zu.

Das Erfolgsgeheimnis der Marktwirtschaft ist der Kompensationstest. Eine Ware sollte nur dann produziert werden, wenn der Nutzen der Verbraucher größer ist als die Summe der Nachteile, die im Zuge der Produktion der Ware entstehen, also nur dann, wenn die Verbraucher in der Lage sind, die bei der Produktion entstehenden Nachteile zu kompensieren. Der Unternehmer führt diesen Kompensationstest durch. Er prüft, ob die Vorteile die Nachteile überwiegen.

Die wichtigsten der bei der Produktion entstehenden Nachteile erleiden die Arbeitnehmer, denn sie verlieren sehr viel Freizeit oder Arbeitszeit, die sie anderweitig hätten einsetzen können. Der Nachteil ist so erheblich, daß sie die Beschäftigung nur gegen die Zahlung eines erklecklichen Lohnes akzeptieren. Andere Nachteile liegen bei den Kreditgebern und Sparern, die für den Aufschub ihres Konsums mit einem Zins belohnt werden, und bei den Lieferanten der verwendeten natürlichen Ressourcen, die mit dem Kaufpreis dafür entschädigt werden, daß sie ihre Ressourcen anderen rivalisierenden Verwendungen vorenthalten.

Die Summe aller Nachteile, die mit der Produktion einer Ware verbunden sind, kommt in den Kosten der Unternehmen zum Ausdruck. Der Nutzen der Verbraucher spiegelt sich demgegenüber in der Zahlungsbereitschaft der Konsumenten und damit in den Umsatzerlösen der Unternehmen. Nur dann, wenn die Erlöse die Kosten übersteigen, entsteht bei der Produktion einer Ware ein Nettogewinn für die Gesellschaft, nur dann sollte sie produziert werden, und nur dann wird sie in einer Marktwirtschaft produziert. Die Differenz zwischen Erlösen und Kosten ist ja der Gewinn der Unternehmen, und natürlich wird ein Unternehmen nur dann zur Produktion der Ware bereit sein, wenn dieser Gewinn positiv ist.

Eine gut funktionierende Marktwirtschaft produziert genau jene Waren, die den Kompensationstest bestehen, und produziert auch nur genauso viele Mengeneinheiten, daß eine jede Einheit für sich genommen diesen Test besteht. Waren, deren Nutznießer nicht in der Lage sind, die Geschädigten zu kompensieren, werden nicht hergestellt. Die dafür benötigten Produktionsfaktoren werden statt dessen dort eingesetzt, wo der Kompensationstest bestanden wird. Die Menge der Waren, die die Ingenieure zu produzieren in der Lage sind, ist schier grenzenlos, aber nur ein kleiner Bruchteil von ihnen verdient es, realisiert zu werden. Die Leistungsfähigkeit der Marktwirtschaft zeigt sich paradoxerweise gerade auch darin, daß die meisten Waren nicht produziert werden.

Das Kompensationsprinzip erinnert an das Entschädigungsprinzip des Zivilrechts. Wer einem anderen einen Schaden zufügt, muß dafür aufkommen. Das Entschädigungsprinzip wird häufig als Gerechtigkeitspostulat verkannt. Seine wahre Bedeutung liegt indes in den Anreizwirkungen, die von ihm ausgehen. Wer eine Handlung wählt, die andere schädigt oder schädigen kann, weiß, daß er den Schaden selbst tragen muß, und wird die Handlung deshalb nur dann ergreifen, wenn sein eigener Vorteil größer ist als der Schaden, den er anderen zufügt. Genau so ist es richtig, denn nur, wenn der eigene Vorteil den Schaden der anderen übersteigt, führt die Handlung zu einem Nettovorteil für die Gesellschaft.

Märkte arbeiten nach genau demselben Prinzip. Der Unterschied ist nur, daß die Entschädigung bereits ex ante zwischen Verursacher und Geschädigten als Faktorlohn vereinbart wird, während sie beim Zivilrecht erst nach der Realisation des Schadens festgelegt wird. In beiden Fällen sichert ein Kompensationsprinzip, daß die Vorteile die Nachteile überwiegen.

Im Zivilrecht wird der Kompensationstest vom Richter überwacht. Auf den Märkten wird er vom Unternehmer überwacht, aber der Unternehmer tut sehr viel mehr als der Richter, denn er ist es selbst, der die Handlungen ergreift. Der Unternehmer heuert die Produktionsfaktoren an, kompensiert die Eigentümer dieser Faktoren und verkauft die produzierten Waren auf eigene Rechnung. Der Gewinn gehört ihm und veranlaßt ihn, stets nach neuen Produkten, Absatzfeldern und Produktionsmethoden zu suchen, die den Nettovorteil der Gesellschaft erhöhen, und umgekehrt solche Aktivitäten zu unterlassen und einzustellen, die volkswirtschaftliche Nettoverluste bedeuten. Der Unternehmer steht an den Schalthebeln des marktwirtschaftlichen Produktionsprozesses. Vor allen anderen ist er es, dem der Erfolg der marktwirtschaftlichen Systeme zu verdanken ist und auf den der Sieg des Kapitalismus über den Kommunismus zurückzuführen ist.

Was den Unternehmer zu seinem Tun veranlaßt, ist nicht der Altruismus, so nützlich dieses Tun auch immer sein mag, sondern das Streben nach privaten Vorteilen.

Dieses Streben ist genauso gesund und legitim, wie das Streben eines jeden anderen Menschen nach Glück und Zufriedenheit es ist. Wären die Unternehmer Altruisten, so ließe sich der Kompensationstest nicht auf der Basis marktwirtschaftlicher Prinzipien organisieren, und wahrscheinlich gäbe es überhaupt keine Organisationsform der Wirtschaft, die Millionen von wirtschaftlichen Einzelentscheidungen in ähnlich effizienter Weise koordiniert, wie das in der von Unternehmern geleiteten Marktwirtschaft der Fall ist.

Der Unternehmer ist auch Innovator. In einer statischen Wirtschaft werden Unternehmer gebraucht, um die Kontrolle eines unveränderten Produktionsprozesses zu gewährleisten. In einer dynamischen Wirtschaft reicht die Kontrollfunktion nicht. Allein schon der Prozeß der Kapitalakkumulation, der mit der Industrialisierung begonnen hat und dessen Ende überhaupt nicht absehbar ist, verlangt eine stete Reorganisation des Produktionsprozesses. Während die Ersparnis aus dem laufenden Einkommen eine fortwährende Ansammlung von Kapital bedeutet, ist das Arbeitskräftepotential mehr oder weniger konstant. Die Kapitalintensität der Produktion muß deshalb im Laufe der Zeit immer mehr ansteigen. Dies verlangt den Übergang zu stets neuen Produktionsverfahren, die mit immer weniger Arbeitskräften auskommen und es so ermöglichen, den wachsenden Kapitalvorrat sinnvoll zu verwenden. Manche nennen diesen Prozeß »technischen Fortschritt«, doch die Ökonomen sprechen bescheidener von »technischen Substitutionsprozessen«, bei denen im Entwurf bereits bekannte Produktionsprozesse erstmalig realisiert werden. Die Realisation ist freilich schwierig genug, denn ein langer Weg liegt zwischen der Erfindung und der Marktreife neuer Maschinen und Produktionsanlagen, die durch eine höhere Kapitalintensität der Produktion gekennzeichnet sind. Der Unternehmer ist der Innovator, der die technische Substitution ermöglicht und durchsetzt.

Die technische Substitution in Richtung einer höheren Kapitalintensität der Produktion wird maßgeblich durch die Lohnentwicklung getrieben, die selbst das Ergebnis der Kapitalakkumulation und der so induzierten Verknappung der Arbeit ist. Von gänzlich anderer Natur ist jene Innovation, die auch bei gegebenen Faktorpreisen und gegebener gesamtwirtschaftlicher Kapitalausstattung stattfinden würde. Diese Innovation ist dem steten Bestreben der Unternehmer zu verdanken, Sondergewinne zu Lasten ihrer Konkurrenten zu erzielen, indem neue Produkte auf den Markt geworfen werden und kostengünstigere Produktionsverfahren gefunden werden, die es erlauben, die Preise der Wettbewerber zu unterbieten. Sie kann nur dann und in dem Maße realisiert werden, wie die Ingenieure und Wissenschaftler Neues erfinden.

Der Unternehmer sorgt für die praktische Umsetzung der Erfindungen. Er ist auf der steten Suche nach neuen Produktionsmöglichkeiten, untersucht die gefundenen Alternativen, testet sie aus und realisiert sie im großen Stil, wenn er Gewinnmöglichkeiten erwartet. Anderen Unternehmern, die mit älteren Verfahren arbeiten, gräbt er so das Wasser ab und zwingt sie zur Nachahmung. Bis die Nachahmer erfolgreich haben reagieren können, entsteht ein Pioniergewinn, der die treibende Kraft des Prozesses ist.

Der Unternehmer schafft nicht nur Gewinne, sondern er vernichtet sie auch, jedenfalls dann, wenn er im Wettbewerb mit anderen steht, was die Grundvoraussetzung für das Funktionieren der Marktwirtschaft ist. Die Nutznießer des Wettbewerbs sind die Verbraucher, denn ihnen stehen neue und billigere Güter zur Verfügung, die ihren Wohlstand erhöhen.

Die Innovation entsteht aus der Suche nach neuen Wegen, den Kompensationstest zu bestehen. Wenn die Suche Erfolg hat, werden die Anforderungen an den Kompensationstest bei anderen Produktionsprozessen gesteigert, weil die Absatzpreise der Konkurrenzprodukte fallen und die Faktorpreise durch die steigende Faktornachfrage in den neuen Firmen und Produktzweigen steigen. Das Bessere ist der Feind des Guten.

Der Unternehmer ist zugleich Zerstörer. Die Suche nach neuen Möglichkeiten, den Kompensationstest zu bestehen, ist die Funktion des Unternehmers, die die größte gesellschaftliche Anerkennung findet. Nicht minder wichtig ist freilich die Zerstörung der obsolet werdenden Produktionsprozesse, denn ohne diese Zerstörung könnten sich neue Aktivitäten überhaupt nicht ausbreiten, weil die dafür nötigen Produktionsfaktoren nicht verfügbar wären. Der Abbau von Produktionsprozessen, die durch die veränderten Marktverhältnisse überflüssig geworden sind, ist eine für die Volkswirtschaft ebenso wichtige Leistung wie die Einrichtung neuer Prozesse. Ohne den simultanen Aufbau von Neuem und den Untergang des Alten ist weder ein Strukturwandel noch ein wirtschaftliches Wachstum möglich.

Bekanntlich hat Schumpeter den Begriff der »schöpferischen Zerstörung« geprägt. In der Tat müssen alte Strukturen zerstört werden, wenn neue heranwachsen sollen. Vor 150 Jahren war die Hälfte der deutschen Erwerbstätigen in der Landwirtschaft beschäftigt, heute sind es gerade noch drei Prozent. Hätte man den Verlust an Arbeitsplätzen nicht akzeptiert, hätte die stürmische wirtschaftliche Entwicklung seit dieser Zeit nicht stattfinden können.

Daß eine Branche, eine Firma oder ein Arbeitsplatz einmal rentabel war, legitimiert die Weiterexistenz nicht. Was heute den Kompensationstest nicht erfüllt, darf nicht länger bestehen. Es gehört zur übergroßen Menge des technisch Machbaren, das nicht verdient, realisiert zu werden.

Das Verständnis für die zerstörerische Rolle des Unternehmers fehlt zumeist in der Öffentlichkeit, weil die Stimmen der wenigen, die ihren Arbeitsplatz verlieren, lauter sind als die Stimmen der vielen Konsumenten, die die Vorteile aus dem Strukturwandel ziehen. Die Folge ist häufig eine politische Einflußnahme zum Zweck des Erhalts von Arbeitsplätzen. Problematisch wird eine solche Einflußnahme, wenn sie die Zerstörung des Alten durch Subventionen künstlich verhindert oder auch nur hinauszögert. Der Unternehmer wird dann durch den Politiker ersetzt, und der Kompensationstest wird verfälscht. Politiker sind im Gegensatz zu Unternehmern keine guten Kompensationstester, weil ihre Zielsetzung nicht die Maximierung des volkswirtschaftlichen Nettovorteils ist. Sie haben ja im Gegensatz zu den Unternehmern keinen Anspruch auf das Residuum zwischen den volkswirtschaftlichen Vorteilen und Nachteilen, den wir Gewinn nennen, und sind deshalb auch nicht bestrebt, dieses Residuum zu mehren. Statt dessen beugen sie sich dem Druck der politisch besser organisierten Interessen, was in der Regel ein Nachgeben gegenüber Produzenteninteressen zum Nachteil der Verbraucherinteressen bedeutet. Daß Unternehmen Instrumente zur Befriedigung der Verbraucherwünsche sind, die die Zeit der dort beschäftigten Menschen anderweitigen Verwendungen entziehen, wird bei dem Bemühen der Politiker um den Erhalt von Arbeitsplätzen völlig übersehen.

Der Unternehmer ist Gewinnbezieher. Da der Gewinn Indikator eines volkswirtschaftlichen Nettonutzens ist und das erfolgreiche Bestehen des Kompensationstests anzeigt, muß man es hinnehmen, daß der Gewinn dem Unternehmer gehört. Sicher, der Gewinn ist häufig sehr groß und steht in gar keinem Verhältnis zu den wirklichen Mühen, die der Unternehmer gehabt habt. Gerecht ist das vielleicht nicht.

Aber Gerechtigkeit durch die Beschneidung von Gewinnen erzielen zu wollen ist die größte Dummheit, die sich eine Gesellschaft leisten kann. Wenn das Gewinnmotiv wegfällt, versagt der Kompensationstest, und die Wirtschaft versinkt in die tiefe, dumpfe Ineffizienz, die einen Teil unseres Landes 40 Jahre gelähmt hatte. Die Gewinne der Unternehmer und die Akkumulation der daraus gespeisten Ersparnisse müssen wohl oder übel akzeptiert werden. Einen »dritten Weg« zwischen Kommunismus und Marktwirtschaft, bei dem Arbeiterführer in einem konkurrenzsozialistischen System an die Stelle der Unternehmer treten, gibt es nicht. Die Dispositionsbefugnis im Unternehmen kann nur bei demjenigen liegen, der sich als Lohn mit dem Residuum zwischen Erlösen und Kosten begnügt und der auch dann nicht kneifen kann, wenn dieses Residuum negativ ist, weil er Fehlentscheidungen getroffen hat. Das aber ist nun einmal der Unternehmer, denn nur er verfügt über das notwendige Haftungskapital, um ein negatives Residuum nicht auf den Schultern anderer Leute abladen zu müssen.

Sicherlich ist ein negatives Residuum die Ausnahme. In aller Regel werden positive Gewinne erzielt. Solche Gewinne sind notwendig, um die Wirtschaft am Laufen zu halten und ihre stete Weiterentwicklung zu ermöglichen. Der Unternehmensgewinn hat viele Ursachen, und die meisten von ihnen muß man akzeptieren. Pioniergewinne sind nötig, um Pioniertaten anzuregen. Über sie sollte man sich am wenigsten ärgern, denn sie verschwinden unter dem Druck der Nachahmungskonkurrenz von ganz allein. Ein Gewinn kann auch der Lohn für eine Managementaufgabe sein, wie sie im Prinzip auch von einem eingestellten Manager geleistet werden kann. Wer sich über diese Gewinnkomponente aufregt, sollte nicht die Unternehmer, sondern die Manager schelten, aber bevor er dies tut und etwa Gleichmacherei durch das Steuersystem fordert, sollte er sich fragen, ob er dann nicht die Investition in das nötige Humankapital behindert. Ein dritter Teil des Gewinns ist eine Risikoprämie für diejenigen, die es gewagt haben, ihr Vermögen aufs Spiel zu setzen. Diese Risikoprämie muß nicht in jedem Einzelfall erzielt werden, doch im Mittel über alle Unternehmen ist sie erforderlich. Wenn man sie eliminiert, schwindet der Wagemut, von dem die Innovation angetrieben wird. Ein vierter Teil des Gewinns ist die Verzinsung auf das von Unternehmern eingesetzte Eigenkapital. Wenn man den Unternehmern diese Verzinsung streitig machen wollte, müßte man das bei allen Zinseinnahmen tun. Vorsicht ist aber geboten, denn die Besteuerung von Zinseinnahmen führt zu einer Verringerung der Anreize zur Kapitalbildung und damit zu einer nachhaltigen Verlangsamung des wirtschaftlichen Wachstums, unter der jedermann zu leiden hat.

Bis auf den Pioniergewinn sind alle genannten Gewinnanteile in Wahrheit als kalkulatorische Kosten zu interpretieren, denn sie sind notwendige Kompensationszahlungen an die Unternehmer, die Nachteile oder entgangene Vorteile aus einem anderweitigen Einsatz der entsprechenden Funktionen und Fähigkeiten ausgleichen. Sie bleiben im härtesten Wettbewerb bestehen und stellen sicher, daß der Kompensationstest alle Kosten der Produktion erfaßt.

Von gänzlich anderer Natur ist nur der Sondergewinn, den Monopole oder Oligopole dadurch erzielen, daß sie Preisabsprachen treffen, die durch die Vereinbarung verringerter Absatzmengen gestützt werden. Dieser Gewinn ist keineswegs als Indikator eines volkswirtschaftlichen Nettovorteils anzusehen, sondern im Gegenteil der Indikator eines Nettoverlustes. Der durch Preisabsprachen erzielte Extragewinn ist kleiner als der Verlust, der den Verbrauchern zugefügt wird, und muß deshalb durch eine strikte Kartellaufsicht eliminiert werden.

Wo bleiben die Unternehmer? Wenn junge Deutsche die Unternehmertätigkeit dem Beamtenstatus vorziehen, so klaffen Wunsch und Wirklichkeit weit auseinander, denn der Anteil der Selbständigen an den Beschäftigten hat seit Bestehen der Bundesrepublik ständig abgenommen. Vor dem Ersten Weltkrieg und nach dem Zweiten Weltkrieg war Deutschland das Land der Unternehmer, die Leistungen von Weltgeltung zustande gebracht haben. Doch heute schaut man nach Amerika, wenn man mit bewunderndem Staunen von dem kometenhaften Aufstieg neuer Produkte und Unternehmen hört. Das Silicon Valley liegt nicht in Deutschland, auch wenn gerade Bayern besondere Anstrengungen unternimmt, seinen Traum, es an den Isarstrand zu verlegen, wahr werden zu lassen.

Das deutsche Problem ist, daß die jungen Gründer auf staatliches Beteiligungskapital angewiesen sind und sich nicht, wie das in Amerika der Fall ist, auf einem wohlentwickelten Venture Capital Market mit dem nötigen Startkapital bedienen können. In Deutschland muß ein junger Unternehmer sich entweder an den Staat wenden oder Bankkredite in Anspruch nehmen, was ihm aber Sicherheiten abverlangt, die er normalerweise nicht bieten kann. Auch fehlt in Deutschland trotz des erfolgreichen Starts der Neuen Börse immer noch ein funktionsfähiger Aktienmarkt, von dem starke Gründungsanreize ausgehen, weil die erfolgreichen jungen Unternehmer dort einen Teil ihrer Unternehmensanteile schon nach wenigen Jahren lukrativ verkaufen können.

Besonders groß ist das Defizit an Unternehmern in den neuen Bundesländern. Leider gingen sowohl das Treuhandkapital als auch das Restitutionskapital vorwiegend in den Westen, und die volkseigenen Wohnungsbestände liegen immer noch in staatlicher Hand. Das für Gründungen dringend benötigte Startkapital ist deshalb nicht vorhanden mit der Folge, daß ein originäres Unternehmertum sich nicht hat entwickeln können.

Ein Teil der Defizite, die im Westen wie im Osten zu verzeichnen sind, läßt sich durch die Regulierungswut des Staates erklären, die gerade den jungen und noch unerfahrenen Unternehmern zu schaffen macht. Was die staatliche Förderung auf der einen Seite anregt, macht eine lähmende Regulierung auf der anderen Seite wieder kaputt.

Damit sich das alles ändert, reicht es nicht, daß die deutsche Bevölkerung wachsende Sympathie für die Unternehmer zeigt. Vielmehr muß die Politik die Rahmenbedingungen für unternehmerische Tätigkeit in einer solchen Weise lockern, daß den jungen Unternehmern mehr Spielraum für eigenverantwortliche Entscheidungen gegeben wird. Man muß die Unternehmer schon lassen, wenn man will, daß sie etwas unternehmen.

Carroll A. Campbell

Created in Germany – a Current of Thought

Nothing is so hard to change as an accepted point of view. The modern world is a difficult environment simply to understand, much less influence or control. Our individual lives are filled with a multitude of choices inconceivable only a generation ago; public policy decisions, as determined by elected officials, financial experts or members of the business community, are influenced by a bewildering array of factors. Overwhelmed, many conclude that it is easier, and in the short run, safer, to accept conventional wisdom, adopt the prevalent perspective and hope they will carry them safely through the future.

But, as the English philosopher Alfred North Whitehead reminds us, »It is the business of the future to be dangerous.« To confront those dangers, and to seize the opportunities they often contain, we can and should carry much of the experience and lessons of the past with us; but those experiences and lessons must be intelligently considered and appropriately applied to provide us a new, more accurate and more useful point of view.

That judicious combination of learning from the lessons of the past and seizing the opportunities of the future is precisely the achievement Eberhard v. Kuenheim attained throughout his extraordinary career. To my mind nowhere was this better illustrated than in his masterful, even visionary leadership that brought BMW to North America as part of a truly global strategy. It meant more than selecting the site for a new manufacturing facility; BMW fundamentally reshaped a key paradigm of international business and industry. The German company crafted a new point of view that is successfully transporting it into a new millennium.

On the surface, BMW chose to locate its North American manufacturing facility in South Carolina for several respectable, if conventional, reasons. Although a small state by many standards, South Carolina offered abundant resources, especially in transportation and logistics. South Carolina's excellent highways and railways, its historic yet thoroughly modernized deep water port of Charleston and the outstanding airport facilities in the Upstate were cause enough for the company to consider the state for its first North American production facility.

Add to that the legitimate incentives state government was committed to providing, the natural beauty of the environment and the genuine neighborly hospitality of the people, and an excellent case could be made that South Carolina, more than anywhere else, was the place BMW should call its American home.

Yet, even as we negotiated with BMW's unfailingly patient, ever courteous Chairman, I sensed that he was looking for something more. I had my first intuition that he had, in his characteristic fashion of deep reflection and strategic thinking, seen beyond immediate advantages and contemporary choices. In a time when so much business planning reaches only to the next day, Eberhard v. Kuenheim once remarked that he knew at the outset of his planning what this plant would be doing, in general terms, twenty years in the future. That, in itself, is remarkable.

But he also knew, and this to me is the more remarkable feat, exactly what it would take to bring that new plant, and its people, into that future. It would require nothing less than a transfer of educational and cultural expectations and standards between Germany and the United States. It would require sharing not merely a respect for craftsmanship and engineering excellence, but an agreement in how to achieve and maintain those goals. It would mean importing not only German technology but German ideals of education, training and vocational excellence.

In retrospect, I know clearly now what I only glimpsed then: when BMW considered South Carolina as the site for a new plant, the chief concern was not with geography or logistics, taxes or hydrology. Rather, the company wanted to know if we could share their vision and passion for human advancement through vocational education and technical training.

That is the paradigm change, the shift in perspective and point of view, to which I have referred. That vision was expressed over two millennia ago by Aristotle, when he wrote, »for it is by doing what we ought to do when we study the arts that we learn the arts themselves – we become builders by building and harpists by playing the harp.« What Aristotle was speaking about was permanent learning, the sort of education that provides an endlessly upward and outward process rather than ending in a static, unchanging product.

It is the sort of education that BMW's management knew, from personal experience, was found most notably in the German model of quality training in crafts trades. This training successfully builds on a 600-year tradition that, over the centuries, has refined the process of steadily and conscientiously advancing workers through apprenticeship, journeyman status and eventually, where earned and deserved, to master craftsman. As Aristotle noted, »we become builders by building«, so we become craftsmen by crafting, whether it is furniture, homes or automobiles. With the force of experience and his acute intellect, Eberhard v. Kuenheim had spoken out in many public arenas for enhanced apprenticeships and excellence in workplace education. Beyond that, BMW had put these goals into practice in its family of companies, raising an already high standard of quality and craftsmanship to an unparalleled level.

The German management team deciding on the investment implicitly asked South Carolina a question: Could this vision of training and education be replicated in South Carolina? Not merely copied or slavishly imitated, but learned, absorbed and recreated. In other words, could this intellectual current flow from Germany to South Carolina in a fashion to establish not merely one more automobile manufacturing plant – however excellent – but an entirely new outlook on work and training, a new paradigm for the next century?

In answer to this question, South Carolina replied not in words but in the record of its deeds, specifically the Special Schools of our state's Technical and Comprehensive Education System. Time after time, officials from that system demonstrated the effectiveness of our state's Special Schools. The internationally recognized programs of those schools design and provide workplace training and education specifically tailored to the needs of participating organizations. In many ways, the techniques of the Special Schools are similar to those of German crafts training, and while the two traditions might have differed in technique, they certainly shared much of the same philosophy of vocational training and on-the-job education.

When we in South Carolina provided BMW with our detailed plans for vocational education of new production associates, when we offered step-by-step cross-training ideas and most of all when we prepared and outlined an unprecedented amount of team-building training, we demonstrated that we were attuned to the flow of this thinking. In a sense, the ideas presented by BMW served as a catalyst that excited us about this new perspective: how knowledge could be transferred, education stimulated and training raised to unprecedented levels. We understood that our discussions were about more than jobs and money. They were about a level of impact of an entirely different order of magnitude.

The Chairman of BMW had made it clear: the company could easily locate its resources and equipment anywhere. Given modern technology, transportation and communications, we have indeed entered the »global village« many predicted a generation ago – although few understand that term as clearly and precisely as BMW does.

The company knows that when it comes to the global economy, geography is not the issue; people are. What is important to a company's international success is not that people now live closer together but that they share common values. In this specific case, BMW sought a home for its plant that was capable of sustaining the need for skilled craftsmen.

More than that, it needed a home where the importance of that need was not only accepted, but embraced. The German management team understood that hiring experienced autoworkers was not as important as employing a flexible, motivated and trainable workforce that could succeed as a team. With its Special Schools, commitment to workplace training and record of vocational education, South Carolina clearly indicated that it could be that home for BMW's newest facility. The philosophical current that flowed from Germany's centuries-old training programs had found a willing receptacle in the United States, and the »shock of recognition« is now being felt throughout the world. The »global village«, properly understood, has profound and lasting implications for BMW, South Carolina, Germany and the world.

Eberhard v. Kuenheim has understood that concept. He has changed our point of view in regarding it. He has done it in his typical fashion: quietly, unostentatiously and effectively. What he has already accomplished, others will do well to regard and repeat.

I can think of no better or more fitting fashion in which to conclude this essay than by saluting him for his abilities and achievements – as a business leader, inspired teacher and personal friend. Perhaps his most enduring legacy is a team of inspired global players, the BMW business community which has both challenged and changed our accepted points of view on a number of important issues. They taught us that we can indeed cross-pollinate from culture to culture and from discipline to discipline, and that this vital current of thought, created in Germany, has profound and lasting impact around the world.

Wolfgang A. Herrmann

Orientierung im globalisierten Dorf

Das deutsche Bildungswesen hat seine Wurzeln in der Aufklärung, ist neuhumanistisch geprägt und hat sich vom Gedanken des mittelalterlichen Zunfthandwerks weitestgehend entfernt. Während es bezeichnenderweise die Humboldtsche Universität 100 Jahre nach ihrer Gründung geschafft hatte, naturwissenschaftlich-technische Fächer in ihrer handwerklichen Ausprägung zu integrieren und genau mit dieser Entwicklung der Freiheitsidee von Forschung und Lehre weltweit zu Erfolg und Geltung zu verhelfen, befindet sich das deutsche Bildungswesen heute in einer merkwürdigen Schieflage: Die handwerkliche Basis wird entvölkert, die Hauptschulen verkommen zu den Abstellgleisen für die Vergessenen, gleichzeitig sinkt im bundesdeutschen Querschnitt das Niveau der Gymnasien, und viele Universitäten verdienen diesen Namen nicht mehr.

»Wer die Welt mit der Hand begreift«, so Bundespräsident Roman Herzog in seiner Berliner »Bildungsrede« vom 5. November 1997, der müsse genausoviel gelten wie der scharfe Denker. Doch die Realität sieht anders aus. Die von Georg Picht in den sechziger Jahren diagnostizierte »deutsche Bildungskatastrophe« hat in der politischen Konsequenz zur Schleusenöffnung der Universitäten geführt, die sich nach der Fehlentwicklung im Nationalsozialismus recht gut erholt hatten und zu Zielen aufgebrochen waren, die wir heute wieder anpeilen: Internationalisierung, Wettbewerb, Elitenbildung, Selbstverantwortung. Statt dessen wurde die Ordinarienuniversität durch die Gruppen- und Gremienuniversität ersetzt, zu deren erster Bürgerpflicht der politische Kompromiß wurde, nicht mehr der beste wissenschaftliche Standard. Die Spielregeln kommunaler Parlamente sollten fortan eine Institution steuern, die hierfür nicht geschaffen war. Denn das Prinzip der Universität ist die kompromißlose Wahrheit der Wissenschaft. Anstatt sich auf die Auswahl und Förderung der jungen Talente zu konzentrieren und aus den Guten die Besten zu machen, ließ sich die Universität der siebziger Jahre immer mehr wissenschaftsferne Funktionen verordnen. Mittlerweile nimmt sie teilweise auch sozialpolitische Aufgaben wahr. Wir sind weit davon entfernt, so Thomas Nipperdey 1983, daß »die Universität im geistigen Haushalt der Nation nicht eine Provinz, sondern eine zentrale Instanz« ist. Oder daß sie, wie Karl Jaspers 1946 anmerkte, die Stätte ist, »an der Gesellschaft und Staat das hellste Bewußtsein des Zeitalters sich entfalten lassen«.

Daß sich Deutschland Massenuniversitäten leistet, weil man Begabungen nicht zu sortieren wagt, ist eine schlimme Fehlsteuerung der jugendlichen Ressourcen mit negativen Auswirkungen auf die Zukunft. Wir Deutschen haben es nicht geschafft, uns zu unterschiedlichen Begabungen zu bekennen und diese zu achten, um sie zu fördern. Wir wollen nicht begreifen, daß ungleichartige Begabungen in einer so hoch arbeitsteiligen Gesellschaft gleichwertig sind, daß die exzellente handwerkliche Leistung ebenso wichtig ist wie ein genialer Algorithmus.

Bildung und Beruf wurden früher im Zusammenhang gesehen. Für Johann Heinrich Pestalozzi (1746–1827) war die Berufsbildung »die Pforte zur Menschenbildung«. Erziehung soll über den Beruf zu innerer Würde führen. Nach einem Gleichgewicht von Theorie und Praxis, von Bildung und Beruf strebte der große Goethe in seinem *Wilhelm Meister* – der Name als Programm! In unserem Jahrhundert integrierte dann Georg Kerschensteiner (1854–1932) Bildung, Arbeit und Beruf in eine zeitgerechte Pädagogik. Den »Belehrungsbetrieb« der allgemeinbildenden Schulen mit ihren unverdaubaren Wissensaggregaten kritisierte er in seiner *Selbstdarstellung* (1926): »Die mit Wissensstoffen schön patinierten 13jährigen Kinderköpfe erschienen bei der Revision am Ende des 16. Lebensjahres wie blankpolierte hohle Kupferkessel. Die Patina war eine unechte, und drei Jahre Wind und Wetter des praktischen Lebens genügten, sie zu zerstören.«

Die berufliche Bildung ist hinter dem stürmischen Ausbau der allgemeinbildenden Schulen seit Kriegsende zurückgeblieben, gegen den Bedarf der modernen Technik, mehr noch: Sie hat dadurch ihre pädagogische Prägekraft verloren. Bildung wurde mit fortschreitender Arbeitsteilung und Spezialisierung zum Symbol für humane Selbsterfüllung: Selbstbestimmung, Selbstverwirklichung, Emanzipation, säkularisierter Individualismus. Die Bildung unserer Tage ist, frei nach Goethe, »gebildet, aber bildlos« geworden. Wir haben vergessen,

Pestalozzi und Kerschensteiner neben Fichte und Humboldt zu stellen. Jedoch beginnen wir wieder, vom »lebenslangen Lernen« zu sprechen, vom praxisbegleiteten Studium, von Fort- und Weiterbildung als den neuen Märkten der Universität. Handwerkliche und theoretische Begabungen sind Grundlage aller Technologie, der alltäglichen wie der Spitzentechnologie.

Altbundeskanzler Helmut Schmidt hat recht mit der Erkenntnis, daß »die Gesamtverfassung des Hochschulwesens ... unzweckmäßig und unwirtschaftlich« ist und daß die bisweilen gepriesene Selbstverwaltung oder Autonomie der Hochschulen größtenteils nur eine Selbsttäuschung sei. Der Qualitätsverlust der deutschen Universitäten ist seiner Meinung nach überwiegend durch Politik und Bürokratie verursacht, nicht zuletzt durch die »weitgehende Vereinheitlichung des Hochschulwesens«. Tatsächlich ist die »Vereinheitlichung« das Kernproblem, angefangen bei der Hochschulzulassung über die Professorenbesoldung bis hin zur Hochschulfinanzierung. Differenzierung ist eben nur aus der Leistungsmessung heraus möglich, doch die ist auf dem Kompromißweg nicht zu haben; sie setzt das Bekenntnis zur Leistung voraus.

Man erkennt zunehmend, daß die ungehemmte Akademisierung das Begabungspotential des Landes nicht ausschöpft. Die neue Bildungspolitik muß sich einerseits von den ideologischen Zwängen freimachen, die ihr seit nunmehr 30 Jahren Schaden zufügen, darf aber andererseits nicht einem einseitig technokratischen Weltbild verfallen. In der Mitte der neuen Bildungsidee muß die

Herstellung von Wertebezügen liegen, die Hinkehr zu religiösen Verbindlichkeiten und die Abwendung vom unverbindlichen Individualismus. Pestalozzi und Humboldt sind gleichermaßen gefragt. Selbst für uns Techniker ereignet sich die Welt heute auf Märkten mit eigenkulturellen Hintergründen, die wir kennen und achten müssen, um erfolgreich zu sein. »Globalisierung«, die uns treibt, heißt nämlich auch »Lokalisierung«, das ist fachliche und kulturelle Vor-Ort-Kompetenz. Die fernen Kulturen Indiens und Ostasiens, der künftigen Bevölkerungsgiganten im Vergleich zum »europäischen Zwerg«, werden uns Wirtschaftsräume in globalen Netzwerken nur dann eröffnen, wenn wir auch das Brauchtum und die geistigen Bindungen dieser Menschen zu würdigen wissen. Weltoffenheit ist angesagt, und sie beginnt in unseren Werkstätten und Schulen.

Die Erneuerung des Bildungswesens läßt sich auf wenige, in der politischen Umsetzung jedoch keineswegs triviale Forderungen konzentrieren:

1. Das Bildungssystem muß in seiner Differenzierung genutzt und durchlässiger werden. Wie nirgends in der Welt haben wir ein nach Neigungen und Begabungen differenziertes Bildungssystem. Wir nutzen es aber nicht hinreichend. Die Begabungen unserer jungen Menschen – als »natürliche Verteilungen« auf einer Gauß-Kurve – werden auf dieses Bildungssystem nicht kongruent abgebildet. Blanke Zahlen belegen dies: 1,3 Millionen Universitäts-Studenten, 550 000 Fachhochschul-Studenten, Fach- und Berufsakademien fallen nicht ins Gewicht. Um so schlimmer, daß das System nicht hin-

reichend durchlässig ist. Fachhochschulen gelten den Universitäten gegenüber als minderwertig, wozu freilich das ständige Aufbegehren der Fachhochschulen nach mehr Wissenschaftlichkeit seinen Beitrag ebenso leistet wie die unterschiedlichen Eingangsbesoldungen der Fachhochschul- und Universitäts-Absolventen im öffentlichen Dienst.

Bei den Universitäten und Fachhochschulen bedürfen die Fächerallokation und -differenzierung einer pragmatischen Neuordnung. Eine Reihe klassischer Universitäts-Studiengänge sind bedarfsgerecht zu reformieren und ganz oder teilweise an den Fachhochschulen zu etablieren. Das Schlüsselkriterium muß dabei die Wissenschaftlichkeit der Ausbildung sein. So plädieren Spiros Simitis und Michael Stolleis, zwei renommierte Rechtswissenschaftler, für eine zielgruppenorientierte Fachhochschul-Ausbildung – eben für das Erlernen eines respektablen »Rechtshandwerks«, das die Praxis doch vorrangig braucht. (Was tun die Repetitoren seit eh und je gegen – nie angefochtene – »Studiengebühren« denn anderes, als kompaktes »Verfügungswissen« zu vermitteln?) Ähnlich kann man auch für ganze Studienfächer argumentieren, zum Beispiel das Grund- und Realschullehramt, und für einige medizinische sowie pharmazeutische Fachrichtungen. Das große Thema der »public health« wäre ein Beispiel für strukturierte Gemeinschaftsaktionen quer durch unser Bildungssystem!

2. Das deutsche Gymnasium muß Ausbildungsstätte für Bildung bleiben. Eine komplexer werdende Welt braucht den ordnenden Geist. Erst dann zahlt sich Spe-

zialistentum aus, das bei aller Wichtigkeit doch häufig Cura posterior bleibt. Das preußische Abitur des Jahres 1812 dürfte als bundesweit festgeschriebener Interventionspunkt des Bildungswesens nicht zu halten sein. Kulturföderalistische Kräfte lassen das gar nicht zu, mögen sich die Kultusminister noch so anstrengen. Schon deshalb ist klar, daß die Hochschulen an der Auswahl ihrer Studenten zu beteiligen sind, ganz abgesehen davon, daß Wettbewerb schlichtweg mit Auswahl beginnt. Dann wird der Markt entscheiden, ob es dabei bleibt, daß in Brandenburg 36 Prozent eines Altersjahrgangs durch das Abitur kommen, in Bayern nur 17 Prozent. Es ist ja nicht a priori anzunehmen, daß die bayerischen Landsleute doppelt so blöd sind (oder halb so gescheit?). Die Hochschulen selbst müßten es sein, die das Niveau des Eingangszertifikats definieren, wobei man sich freilich auf den »Indikatorsatz« der fünf Abiturfächer Deutsch, Geschichte, Mathematik, (eine) Naturwissenschaft und (eine) Fremdsprache gut einigen könnte und in dieser Form das Schul*leistungs*zeugnis als Hochschul*befähigungs*nachweis anerkennen würde. An der Technischen Universität München wären damit die 80 Prozent der aus bayerischen Schulen kommenden Studenten erfaßt; die anderen würden sich teilweise, je nach Herkunft und Fachrichtung, einer zusätzlichen Prüfung unterziehen, in welcher Form auch immer. Nur so, nicht aber durch kultusministerielle Rechenexempel und Kompromißformeln würde das Eingangsniveau selbstregulierend ansteigen und zur Wettbewerbskomponente im Bildungswesen aufsteigen. In der Mathematik gibt es Prognosekriterien ebenso wie – übrigens zu keiner Zeit bestritten – in Sport, Kunst und Musik.

Leitlinie der Gymnasialbildung sollte die Persönlichkeitsbildung sein. Allgemeinbildung hat auch in den technischen Disziplinen Vorrang vor verfrühtem Spezialistentum. Gleichzeitig wird das Gymnasium neben der Vorbereitung auf ein Hochschulstudium zunehmend für das praktische Leben ertüchtigen müssen. Aktuell nehmen nämlich nur drei Viertel der deutschen Abiturienten ein Hochschulstudium auf, die übrigen gehen unmittelbar in die Berufspraxis. Dieser Trend wird sich verstärken. Mehr als früher wird das Gymnasium zur unmittelbaren Schule fürs Leben, ein Leben kultureller und wirtschaftlicher Internationalität. Die Schuldauer – zwölf versus 13 Jahre – ist unter solchen Gesichtspunkten nicht das Kernthema der Bildungspolitik, obwohl vieles für zwölf Schuljahre (bei neuen Lehrmethoden und gestrafften Lerninhalten) und eine frühere Einschulungsoption spricht.

3. Das deutsche Bildungssystem, namentlich die Universität, braucht den Wettbewerb. Der Wettbewerbsgedanke würde zuallererst den Universitäten zugute kommen, denn sie stehen aufgrund ihrer Doppelfunktion in Forschung und Lehre unmittelbar im internationalen Leistungsvergleich. Globalisierung bedeutet ja Öffnung der Märkte für Ideen und Innovationen im Dienstleistungs- und Produktbereich über die Schranken der angestammten Wirtschaftsräume hinweg. Den Wettbewerb werden wir als kleines Land langfristig nur bestehen, wenn wir uns die besten Universitäten mit Studenten lei-

sten, die einen breiten Bildungshorizont mitbringen. Die leistungsfähigste Antriebsturbine »Made in Germany« bringen wir in Asien und anderen Aufbruchsregionen der Welt nur dann an den Mann, wenn wir zusätzlich zur technischen Exzellenz ein kulturelles Resonanzempfinden für fremde Heimaten mitbringen. So gesehen ist unser Bildungswesen der Exportfaktor mit der größten Nachhaltigkeit.

Unsere Leistungskraft in der Wissenschaft ist schon heute vom Wettbewerbsgedanken geprägt. Es ist deshalb nicht schwer, eine Rangliste der deutschen Chemiker, Physiker oder Wirtschaftswissenschaftler innerhalb ihrer Fachdisziplinen aufzustellen. Inoffiziell gibt es diese Listen. Was die Hochschulen jedoch nicht herausgebildet haben, sind spezifische korporative Profiltiefen in Forschung und Lehre. Die Gründe hierfür sind vielfältig. Ein gewichtiger Grund liegt in der Vorstellung, daß alle Universitäten eine möglichst gleichwertige, da staatlich garantierte Ausbildung leisten sollen. Es ist u. a. auf diese fehlende Differenzierung zurückzuführen, wenn die Bevölkerung, ja selbst die Studenten sich sowenig mit ihren Universitäten identifizieren. In dieser Landschaft will der Mensch aber Gipfel und Täler sehen, um sich zu orientieren. Die deutsche Universität hat keine »corporate identity« und schon gar kein »corporate image«. Im Korsett einer kameralistischen Staatsanstalt kommen die Universitäten als nachgeordnete Behörden nicht weiter. Wir brauchen den körperschaftlichen Handlungsspielraum, verbunden mit allen resultierenden Pflichten. Nur so kann Autonomie entstehen. Autonomie ist nur korporativ wirksam. Sie ist mehr als die Summe individueller Rechte aus dem vielzitierten Art. 5 Abs. 3 GG, einem Erbe Humboldts.

4. Das deutsche Bildungswesen bedarf der Internationalisierung. Die deutschen Universitäten, zunehmend wohl auch die Fachhochschulen, müssen die entstehenden »Bildungsmärkte« im Ausland erschließen. Das Beispiel Indonesien genügt, um Versäumnisse zu verdeutlichen: Mit 200 Millionen Menschen die viertgrößte Nation der Erde, entsendet Indonesien jeweils 17 000 Studenten in die Vereinigten Staaten und, neuerdings, nach Australien. Gegen eine ansehnliche Kostenbeteiligung werden dort die jungen Indonesier nicht nur wissenschaftlich ausgebildet, sondern gleichzeitig zu den besten Botschaftern der Ausbildungsländer. Deutschland hingegen ist nach einer erfolgreichen Auftaktphase (ohne viel eigenes Zutun, nämlich nach dem Weggang der Niederländer im Jahr 1945) auf gerade 1 200 indonesische Studenten heruntergekommen, obwohl im Regierungskabinett in Jakarta vier Minister deutsche Ingenieursdiplome besitzen. Erheblichen Nachholbedarf haben wir auch in anderen Erdteilen. Der Deutsche Akademische Austauschdienst und die Alexander-von-Humboldt-Stiftung sind einsame Leuchttürme, unterstützt durch eine viel zu kurze Reihe weiterer Stiftungen.

Obwohl deutsche Institute und Laboratorien für Forscher aus aller Herren Länder attraktiv sind, fehlen uns die ausländischen Studenten. Ein Anteil von derzeit vier Prozent ist schandhaft niedrig, fordert die Hochschulen zur Internationalisierung ihrer Studiengänge auf und die

Politik zur Revision der Rahmenbedingungen, allen voran des Ausländerrechts. Dabei verlangt keiner, etwas kostenlos zu bekommen: Die Wertschätzung einer deutschen Hochschulausbildung wird sich in einer bereitwilligen Kostenbeteiligung niederschlagen, wenn wir unseren deutschen Dünkel ablegen und Ausbildung professionell als Dienstleistung verkaufen, und zwar im kompletten »package« inklusive Wohnplatz, Sprachausbildung und Krankenversicherung. Die Technische Universität München realisiert dieses Angebot neuerdings in einer eigenen Gesellschaft (TUMTECH GmbH). Es ist ein Fehler zu glauben, daß Unentgeltlichkeit Leistungen attraktiv macht. Besser eine erstklassige Ausbildung mit durchkalkulierter Kostenbeteiligung als Zweitklassigkeit umsonst! Auch für Bildungsangebote gelten die Regeln des Marktes mehr als die hehren Sprüche des Egalitarismus. Ausländer müssen aber auch das Gefühl haben, daß wir ihnen Ausbildungsleistungen gerne verkaufen. Das setzt Wertschätzung für unsere Gäste voraus!

5. Leistungen in Lehre und Forschung sind näherungsweise saldierbar. Wissenschaftliche Leistung ist bei Berücksichtigung fächerkultureller Eigenheiten meßbar. Bei der Deutschen Forschungsgemeinschaft weiß man das schon lange, an den Universitäten beginnt sich die leistungsbezogene Mittelallokation in der Forschung durchzusetzen, ebenso die belastungsbezogene Honorierung der Unterrichtsleistung. Oft auf Jahrzehnte verbürgte »Berufungszusagen« in der Personal- und Sachmittelausstattung sind nicht zeitgemäß, zumal sie eine lebendige Hochschulentwicklung von innen heraus

behindern. Amerikanische Spitzenuniversitäten sind nicht etwa deshalb so gut, weil sie die Besten mit einer üppigen Ausstattungsgarantie belohnen. Garantiert werden vielmehr »opportunities«, nämlich die beständige Chance, durch immer wieder nachzuweisende Leistung die besten Arbeitsbedingungen zu erobern. Dazu gehören auch die besten Studenten, und die bekommt man durch gute Betreuung, intensiven Unterricht und exzellente Wissenschaft. Ein realistisches Kostenbewußtsein hat noch keinen Forscher von Höchstleistungen abgehalten. In der selbstverantworteten Flexibilisierung der Universitätshaushalte sehe ich einen wirkungsvollen Lösungsschritt. Unsere Universitäten sind zwar unterfinanziert, schlimmer aber ist die Strukturkrise, in die wir über die Jahr(zehnt)e hineingeraten sind. Der Reparaturaufwand ist groß, aus der Massenhaftigkeit heraus aber ganz gewiß nicht zu bewältigen. Zuerst sind die Webfehler des Systems zu beseitigen. Und dafür brauchen wir dringend eine neue Hochschulkonstitution wie die auf Personenverantwortung und Subsidiarität setzende Neuordnung der TU München mit ihrem starken Hochschulrat.

6. Das Hochschulstudium ist eine Lebensinvestition. Es ist schon lange bekannt, daß der Universitätsabsolvent ein viel höheres Lebensarbeitseinkommen als die nichtakademischen Ausbildungsberufe erzielt. Auch riskiert er eine geringere Arbeitslosigkeit und sichert sich ein höheres Sozialprestige. Rechnerisch beträgt die »Humankapitalrendite« bei männlichen Universitäts-Absolventen 19 Prozent (Rückflußdauer 5,4 Jahre), bei Fach-

hochschul-Absolventen 28 Prozent, bei Handwerkern nur 16 Prozent. So gesehen ist die Finanzierung des Hochschulstudiums ohne Kostenbeteiligung unsozial: Nach gängigem Wissen finanzieren die niedrigen Einkommen das Studium von Kindern aus Familien mit mittleren und höheren Einkommen mit. Der Nettoleistungstransfer von unten nach oben ist erheblich. Dabei blieb unbemerkt, daß die Mobilisierung von Bildungsreserven sozial schwächerer Familien nicht gelungen ist, im Gegenteil: Seit 1982 ist der Studentenanteil aus Familien bis 4000 DM Monatsgehalt (kaufkraftbereinigt) von 57 auf heute 42 Prozent gesunken.

Gerecht wird die Finanzierung des Studiums erst bei einer angemessenen Kostenbeteiligung. Hier wird zu prüfen sein, wie hoch der Staat den öffentlichen gegen den individuellen Wert des Studiums ansetzt. Eine hochschulabhängige, abgestufte Kostenbeteiligung und bedarfsgerechte Stipendien bzw. Darlehen wären ein gleichermaßen sozialer wie zielführender Weg zur individuellen Begabungs- und Leistungsförderung. Nebeneffekte sind verkürzte, vor allem ehrliche Studienzeiten, Zurückdrängung übermäßiger Erwerbstätigkeit sowie die Förderung der Einsicht, daß ein Leistungsangebot auch seinen Preis hat. Wer zum Studium befähigt ist, darf daran aus finanziellen Gründen nicht gehindert werden, die Kostenfrage aber steht jetzt an. Die Universität selbst könnte hier zur Solidargemeinschaft werden. Stanford bezahlt mehr als 60 Prozent seiner Studierenden die Gebühren, als Teil des »financial agreement«, das es für jeden einzelnen gibt. Bezeichnenderweise spricht sich die

Hans-Böckler-Stiftung, die Denkvorhut der Gewerkschaftsbewegung, für Schulgeld und Studiengebühren jenseits des 16. Lebensjahres aus und schlägt dafür ein »Bildungskonto-Modell« vor.

Nehmen wir doch vor allem in der »higher education« Abschied von der Gleichheitsfiktion, die uns international ins Hintertreffen gebracht hat. Es bringt nichts, wenn gleiche Lehrer gleiche Schüler mit den gleichen Methoden darauf vorbereiten, an gleichen Universitäten das gleiche zu lernen. Die Gleichheitsfiktion hat sich als niveauschädigend erwiesen und durch ein unsoziales Finanzierungssystem nicht einmal die soziale Integration geschafft. Es hat also zweimal versagt. Gerecht ist vielmehr, wenn unterschiedliche Begabungen auf unser Ausbildungs- und Bildungswesen abgebildet und gefördert werden. Ein Bildungsangebot zu unterbreiten heißt Unterschiede zuzulassen.

7. Wir sollen uns Eliten leisten. Im Bildungswesen darf nicht das Mittelmaß das Maß aller Dinge sein; auch die Leistungseliten haben das Recht zur Entfaltung. Dabei geht es nicht nur um die Förderung der akademischen Eliten. Zur Elite gehört auch der Handwerksmeister, der seine Werte überzeugend seinem Wirkungsumfeld vermittelt. Eliten – das sind die Gestalter des Wandels in allen Bereichen der Gesellschaft, verantwortungs- und leistungsbewußte Persönlichkeiten, die kritische Distanz zum Zeitgeist halten und bei Bedarf auch gegen den Strom schwimmen. Eliten gibt es überall in unserer Gesellschaft, an der Werkbank ebenso wie im Forschungslabor und in der Politik. Elite ist kein ver-

erbbarer Zustand, sondern individuelle Qualität, die sich stets neu zu bewähren hat. »Egalité« und »élite« sind kein Widerspruch. Wenn wir Eliten nicht fördern, dann kommt es zur Abwanderung. Abwanderung aber ist die anarchische Form der Elitenbildung, denn sie ist auf den zahlungskräftigen einzelnen und die teuren ausländischen Universitäten beschränkt. Eliten, das sind nicht nur die Spitzenforscher und Opernprimadonnen. Elitebildung heißt Förderung von Kreativität, Belastbarkeit, Ausdauer und Verantwortung. »Gerechtigkeit besteht nicht darin, daß man alle auf dasselbe Niveau drückt«, sagt Heinz Maier-Leibnitz, und sein Schüler Rudolf Mößbauer fügt hinzu: »Eine Gesellschaft, die es sich leistet, neben einer Förderung der Breitenausbildung die Förderung ihrer Spitzenbegabungen zu vernachlässigen, handelt zwangsläufig zum Schaden aller.«

Was müssen wir besser machen, wenn wir die Welt zukunftsoffen mitgestalten wollen?

Die Politik muß den Fokus auf eine Bildungspolitik setzen, die leistungsorientiert ist. Sie muß bereit sein, die Irrlehre zu begraben, daß die Begabungen und Interessen der jungen Menschen im wesentlichen gleich sind.

Von der Politik erwarten wir, daß sie den Menschen Mut und nicht Angst macht. In seinen Lebenserinnerungen beklagt Altbundeskanzler Helmut Schmidt den »deutschen Zustand«, wenn er sagt, daß in Deutschland alles Neue mit der Angst beginnt. Dies sei der Grund dafür, daß wir in vielen Zukunftstechnologien hinterherhinken, was aufgrund der historischen Entwicklung für die Deutschen keinesfalls naturgegeben sei. Er faßt zusammen: »Wenn wir uns als unfähig erweisen sollten, diese in der Welt einmalige Angst-Psychose zu überwinden, so wird die deutsche Arbeitslosigkeit weiter steigen.«

Die Politik ist zuständig für die Rahmenbedingungen, die der Wettbewerb der Begabungen braucht, ohne daß irgendeine Begabungsart diskriminiert wird. Die vernachlässigte berufliche Bildung im dualen System verdient verstärkte Aufmerksamkeit. Wir müssen das Bewußtsein fördern, daß Ausbildung, Bildung und Beruf zusammengehören. Schule und Hochschule sollen zum Beruf führen. Schule ist keine Spaßschule, sondern Lernschule. Schule ohne Leistung ist undemokratisch.

Die Universitäten müssen sich rückbesinnen auf die Wissenschaft als ihre zentrale Aufgabe, aus deren Erfüllung die akademische Lehre erst ihren Sinn schöpft. Die Wissenschaft ist – ganz im Humboldtschen Sinne – »als etwas noch nicht ganz Gefundenes und nie ganz Aufzufindendes« zu verstehen. Gesucht ist der richtige Weg zwischen dem uneinlösbaren Wesen der Universität und der Schulwerdung der neuen Universität. Die Universitätsforschung hat den Auftrag, die wissenschaftliche Wahrheit zu finden und sie zu verkünden, wenn sie gefunden ist. Vermehrt kommt es auf die Sprechfähigkeit der Wissenschaft in die Gesellschaft hinein an, denn in Zukunft wird vermehrt der öffentliche Konsens über den Auf- und Abbau ganzer Forschungsfelder entscheiden. Sprechen ist Bringschuld. Wissenschaft muß sich artikulieren, und zwar verständlich. Verständlichkeit und Dahinterschauen sind Teil der Akzeptanz. An der Chemie- und Gentechnikdiskussion der vergangenen Jahrzehnte ist uns dieses Phänomen bewußt geworden, wir hatten seine Bewußtseinsbrisanz klar unterschätzt.

Die Universität hat die Aufgabe, die an Wissenschaft interessierte Jugend am wissenschaftlichen Gegenstand auszubilden, möglichst an der Spitze des wissenschaftlichen Fortschritts. Exemplarisch ein tiefes wissenschaftliches Loch bohren, das muß moderne Universitätsausbildung leisten. Die Fachhochschulen vermitteln unmittelbar praxistaugliches Wissen, das einer raschen Umsetzung zugeführt wird. Berufsfähig die einen, berufsfertig die anderen; Methodentiefe die einen, Verfügungswissen die anderen – auf diese vereinfachte Faustformel könnte man den Auftrag bringen.

Universitäten sollen Nobelpreiswissen erfinden, aber auch die Übersetzertalente ausbilden, die dieses Nobelpreiswissen in funktionierende Produkte, Verfahren und Dienstleistungen übersetzen. Mutig müssen wir unsere Position zwischen dem Elfenbeinturm der Wissenschaft und der verlängerten Werkbank der Industrie finden und immer wieder neu einstellen und behaupten, ohne den Bezug zu den wissenschaftlich-technischen Herausforderungen unserer Wirtschaft zu verlieren. Nur wirtschaftliche Wohlfahrt sichert auch die Arbeitsplätze in der Wissenschaft. Inhaltlich und strukturell sollten die Universitäten verstärkt auf Wettbewerb, Selbstverantwortung und Internationalität setzen. Leistungen in Forschung und Lehre sind saldierbar; die Kriterien hierfür sind in erster Näherung bekannt. Gefragt ist eine Bundesliga Hochschule mit Auf- und Absteigern. Dann erst werden Profile sichtbar, die Vergleiche ermöglichen und den Wettbewerb beflügeln.

Die Wirtschaft sollte die Allianz mit dem neuen Wissen als ihre größte Chance begreifen. Neues Wissen aber ist eine Sache der Jugend: Nach Expertenschätzung entstehen die Schlüsselergebnisse der Grundlagenforschung weit überwiegend (über 90 Prozent) durch die Arbeit der Nachwuchswissenschaftler, die jünger als 33 Jahre sind, hauptsächlich also in den Universitäten und sonstigen Forschungseinrichtungen des Landes. Forschung ist nicht wie eine Glühlampe, die man nach Bedarf ein- und ausschaltet. Forschung bedeutet Kontinuität des Wissenschaftssystems. Ohne Forschungskultur keine Forschungsergebnisse an der Spitze der Wissenschaft!

Naturwissenschaftlich-technische Forschung ist heute organisierte Wahrheitssuche, die große, komplexe Apparate und Apparatismen voraussetzt, also »kritische Masse«. Nur so ist diese Forschung auch nachhaltig im volkswirtschaftlichen Sinne. Die Wirtschaft muß Zukunftstechnologien beherzt aufgreifen und die Erfindungsschmieden der Hochschulen fördern. Abwartende Haltung ist in einer Zeit internationaler Wissensvernetzung schädlich. Weil ich weiß, daß das deutsche Steuerrecht die erheblichen Sparvermögen fleißiger Nachkriegsgenerationen für Stiftungen nicht zu aktivieren vermag, brauchen wir gerade in der Wissenschaft Mäzene, die beides haben: Geld und Vertrauen, Geld für und Vertrauen in die wissenschaftliche Jugend. Es entsteht neues Wissen nirgends mit geringeren Kosten als in den Köpfen unserer jungen Menschen. Daß die Wirtschaft Fehler macht, wenn sie nicht jeden nur möglichen Ausbildungsplatz einrichtet, muß nicht gesagt werden. Selbst die TU München hat in den letzten Jahren 150 Lehrlingsausbildungsplätze in den verschiedensten modernen Disziplinen geschaffen. Bei uns begegnen sich Handwerk und Wissenschaft, weil sie in den technischen Fächern zusammengehören.

Die Medien müssen positiv und aufrichtig der Zukunft gegenüberstehen. Sie müssen sich als Multiplikatoren des Mutes verstehen und die guten Nachrichten höher schätzen als die schlechten.

Die Menschen schließlich müssen an die Zukunft ihres Landes glauben und sich gestatten, Patrioten im globalisierten Dorf zu sein.

Hermann Franz

Gewußt wie@wo – Orientierung in der virtuellen Welt

Als in der Mitte des letzten Jahrhunderts die ersten elektronischen Signale über größere Entfernungen übertragen wurden, ahnte niemand, daß damit ein neues Zeitalter begonnen hatte und eine Revolution im Zusammenleben der Menschen ausgelöst worden war. Mühsam wurden aus elektrischen Impulsen Worte zusammengesetzt; und um Elektronen in menschliche Sprache zu übersetzen, bedurfte es spezieller Fähigkeiten, mit dem Morsealphabet umzugehen. Wenn auch die Erfinder dieser Zeit, Samuel Morse, Werner von Siemens oder Philip Reis, die stürmische Entwicklung ihrer Entdeckungen zum Teil miterleben konnten, reichte die menschliche Fantasie nicht aus, sich vorzustellen, daß 150 Jahre später ein weltumspannendes Kommunikationsnetz alle Menschen weltweit miteinander verbindet und ihnen die Möglichkeit gibt, miteinander zu reden und ohne Zeitverzug zu korrespondieren. Graham Alexander Bell, der Erfinder des elektromagnetischen Telefons, hatte schon sehr hoch gegriffen, als er sagte, in fernerer Zukunft würden in jeder größeren Stadt 1 000 Telefonapparate installiert sein.

Ähnlich ging es den Wissenschaftlern, die Ende 1961 eine Verbindung zwischen den Computern der University of California und der Stanford University in Betrieb nahmen. Obwohl damit eine neue Dimension eröffnet wurde, blieb diese sensationelle Entwicklung in der breiten Öffentlichkeit weitgehend unbemerkt. Nicht mehr Menschen kommunizierten nun miteinander, sondern Computer sprachen mit Computern – ein Entwicklungsschritt, der vergleichbar ist mit der Gutenbergschen Erfindung der Buchdruckerkunst.

Den Wissenschaftlern machte es Freude, online miteinander verbunden zu sein, ihr Wissen gegenseitig auszutauschen und damit die Effizienz ihrer Arbeit zu erhöhen. Über eine kommerzielle Nutzung hat zu der Zeit noch niemand nachgedacht. Erst nach und nach schlossen sich andere Universitäten an das entstehende Netz an, das den Namen ARPANET (Advanced Research Project Agency) bekam. Die unterschiedlichen Computersysteme mit verschiedenen Betriebssystemen stellten noch eine Kommunikationshürde dar, die erst überwunden werden mußte. Zehn Jahre später, also 1971, waren erst 24 Universitäten mit ihren Rechnern angeschlossen; aber als das Netz auch international genutzt wurde und Universitäten außerhalb der Vereinigten Staaten integriert wurden, begann der Durchbruch.

Die Möglichkeiten des ARPANET wurden allerdings schon früh von den Militärs erkannt. Denn ein Netzwerk ohne zentralen Computer mit der Fähigkeit, alle im Netz miteinander verbundenen Computer auch dann zu nutzen, wenn Teile des Netzwerkes ausgefallen sind, war in der Zeit nuklearer Bedrohung ein Sicherheitsfaktor, dessen Bedeutung nicht hoch genug eingeschätzt werden konnte. Viele der weiteren technischen Entwicklungen sind auf den Einsatz im militärischen Bereich zurückzuführen, so daß bei der Freigabe des Netzes für die private Nutzung Anfang der neunziger Jahre die Voraussetzungen für die sichere Übertragung von Daten weitgehend geschaffen waren.

1991 wurde die Commercial Internet eXchange (CIX) gegründet und damit das Feld für die private Nutzung geöffnet. Im gleichen Jahr hat Tim Berners-Lee, ein Wissenschaftler des Europäischen Forschungszentrums für Kernphysik (CERN), das World Wide Web (www) geschaffen und damit die Multimediaanwendungen ermöglicht. Das Internet begann seinen Siegeszug.

Physisch besteht das Internet aus dem Zusammenschluß von mehreren tausend Netzen, die in der ganzen Welt von allen möglichen Institutionen betrieben werden. Alle Netze müssen das »Internet Protocol« unterstützen. Eine Nachricht über das Internet geht also nicht den direkten Weg von Ort A nach Ort B, sondern sucht sich den Weg, der gerade frei ist. Das kann durchaus dazu führen, daß eine Mitteilung an einen Adressaten im gleichen Ort einen Umweg von Tausenden von Kilometern macht.

Die Wachstumsraten des Internet überschreiten jedes Vorstellungsvermögen. Waren 1994 noch rund 50 000 Computer als Server im Internet angeschlossen, so sind es heute bereits 15 Millionen. Seit 1988 verdoppelt sich die Zahl der Nutzer alle zwei Jahre und liegt heute bei 150 Millionen gegenüber rund 60 Millionen zwei Jahre zuvor. Bis zum Jahr 2005 werden eine Milliarde Menschen über das Internet erreichbar sein und mit dem

Internet arbeiten. Bis dahin wird es ebenso verbreitet sein wie heute das Telefonnetz. Sprach- und Datennetze werden zusammenwachsen.

Im wahrsten Sinne des Wortes ist die Tür in eine neue Welt aufgestoßen worden. Unser Nachbar wohnt nicht nur nebenan, sondern in irgendeinem Winkel der Welt. Er kommt per Mausclick in unser Wohnzimmer, wann immer wir es wollen.

Technisch gesehen befindet sich das Internet trotz dieser rasanten Verbreitungsgeschwindigkeit noch in den Kinderschuhen. Jeder, der vor einem Computer sitzt und versucht, ein Bild oder eine Graphik auf den Schirm zu holen, muß geduldig darauf warten, bis sich das Bild aufgebaut hat. Die Menschen sind im Zeitalter der Millisekunden ungeduldig geworden. Eine Wartezeit von 15 bis 30 Sekunden bedeutet eine Ewigkeit; man erwartet, daß mit dem Tastendruck das Bild erscheint. Das ISDN-Netz hat zu einer Verbesserung geführt, und mit höheren Übertragungsgeschwindigkeiten wird versucht, Engpässe zu eliminieren. Aber dabei handelt es sich nur um eine graduelle Verbesserung.

Wir sprechen von weltumspannenden Datenautobahnen. Sie bestehen aber immer nur als Punkt-zu-Punkt-Verbindungen zwischen großen Zentren. Die breiten Autobahnen münden in kümmerlich schmale Ackerwege, wenn es darum geht, in die Wohnungen und Büros der meisten Nutzer zu kommen. Der endgültige Durchbruch in der effizienten Nutzung des Internet kommt mit der Breitbandverkabelung über Glasfaserleitungen und der lasergesteuerten Datenübertragung.

Die erste 2,5-Gigabit-Leitung der Welt ging 1998 zwischen den Universitäten München und Erlangen in Betrieb; sie dient der Erprobung künftiger Netztechnologien und ist inzwischen bis Berlin ausgedehnt worden. Bis zum Jahr 2000 soll der Ring deutschlandweit geschlossen sein, so daß dann ein hochleistungsfähiger Datenverbund zwischen den deutschen Forschungsstätten zur Verfügung steht. Was eine solche Erhöhung der Leitungskapazität im Vergleich zu den bestehenden Kupferkabeln bedeutet, macht folgendes Beispiel klar: Ein Folienvortrag von 20 Minuten Dauer entspricht einer Datenmenge von sechs Megabyte. Mit dem bisherigen 14,4-Kilobit-Modem kann man diesen Vortrag in einer Stunde über das Internet herunterladen. Mit ISDN geht das in zehn Minuten, und mit dem 2,5-Giga-Netz dauert es nur noch 20 Millisekunden. Der Inhalt eines 20bändigen Lexikons ließe sich in Sekundenschnelle übertragen.

Vor allem in den Vereinigten Staaten wird fieberhaft daran gearbeitet, die Kapazität der Übertragungsleitungen zu erhöhen. Mit einem Regierungsprogramm, das von Präsident Clinton initiiert worden ist, wird das »Next Generation Internet« (NGI) entwickelt und jährlich mit 100 Millionen Dollar unterstützt. Ziel dieser Initiative ist es, die Universitäten und Forschungsstätten noch enger zusammenzuschließen, um wichtige nationale Vorhaben noch schneller zu realisieren.

Nun könnte man meinen, daß ein solcher Stand der Entwicklung für eine Reihe von Jahren ausreicht, um alle Bedürfnisse zu befriedigen. Weit gefehlt: Schon heute gibt es Anforderungen der Mediziner auf hochauflösende 3D-Bildübertragung in Realtime aus den Operationssälen ebenso wie den Wunsch der Unterhaltungsindustrie, beispielsweise den Dateninhalt eines Spielfilms innerhalb einer Sekunde zu übertragen – und das sind immerhin schon vier Gigabyte. In den letzten Jahren hat sich die Übertragungsleistung jährlich verdoppelt; und man kann davon ausgehen, daß es auf absehbare Zeit keinen Stillstand in der technischen Entwicklung geben wird. Schon heute arbeitet man an Glasfasersystemen, die 100 Gigabit übertragen können. Die US-Firma Qwest plant ein Glasfasernetz, dessen Bandbreite von 2 000 Gigabit (zwei Terabit) ausreichen wird, um die Bestände der riesigen Kongreßbibliothek in 20 Sekunden quer durch die Vereinigten Staaten zu übertragen.

In den Industrieländern ist längst erkannt worden, daß es die Netzwerke sind, die in der Zukunft die Wettbewerbsfähigkeit einer Volkswirtschaft bestimmen. Während noch vor einigen Jahren die Zahl der PC pro Einwohner als Meßgröße für die Stärke und Effizienz einer Volkswirtschaft galt, sind es heute die Zahl der vernetzten PC sowie die Kapazität der Verbindungen.

Parallel zur Erhöhung der Übertragungsleistungen verläuft die Entwicklung der Rechner, vor allem der PC. Man nimmt es als selbstverständlich hin, daß mit jeder neuen Rechnergeneration die Leistungsfähigkeit vervielfacht wird; man wird sich dabei nicht bewußt, daß die heute gängigen PC, die auf unserem Schreibtisch stehen, schon die 100fache Leistung der Rechner haben, die der NASA in ihrem Kontrollzentrum in Houston zur Verfügung standen, als sie die erste Mondlandung zu bewerkstelligen hatte. Bis zum Jahr 2005 werden wir die Rechenleistung eines Supercomputers (CRAY 2) auf einem Chip unterbringen können.

Aber auch in der Entwicklung digitaler flacher Bildschirme tut sich einiges. In wenigen Jahren werden Menschen, mit denen wir kommunizieren wollen, in Lebensgröße in unserem Wohnzimmer erscheinen. Zweifellos wird dies zu einer völlig anderen Art der Kommunikation führen als heute über das Telefon: Man begegnet sich so, als wenn man sich besucht. Als Folge dieser neuen technischen Möglichkeiten werden PC und Fernseher miteinander verbunden zu einem multimedialen Gerät.

Ursächlich für das Tempo, in dem die Innovationen bei den Geräten und Systemen realisiert werden, ist die Entwicklung der Mikroelektronik. Alle 1,5 Jahre verdoppelt sich die Integrationsdichte der Mikrobausteine bei ständig fallenden Preisen. Mit dem heute gängigen 64-Megabit-Chip lassen sich 4000 DIN-A4-Seiten speichern. Etwa im Jahr 2010 wird die Information eines menschlichen Genoms, gleichbedeutend mit einer Bibliothek von 1000 Bänden, auf einen 64-Gigabit-Chip passen. Nicht nur in dem Punkt wird sich der Kreis zwischen Biologie und Informatik schließen, denn bei immer weitergehender Verdichtung der Speicherbausteine führt der Weg zwangsweise in die Bereiche der Molekularbiologie und Quantenmechanik.

Mit den ersten Petroglyphen haben unsere Urahnen in der Steinzeit Informationen an ihre Stammesverwandten und an ihre Nachkommen weitergegeben. Es hat dann einige tausend Jahre gedauert, bis aus den Zeichnungen Zeichen wurden, mit denen die Menschen ihre Sprache von der Hörbarkeit in die Sichtbarkeit umsetzten. Mit diesem Entwicklungsschritt war verbunden, daß Informationen nicht nur vor Ort, sondern auch über Entfernungen weitergegeben werden konnten und daß sie die Lebenszeit desjenigen überdauerten, der etwas niederschreiben konnte.

Die Perfektion der Drucktechnik hat es möglich gemacht, Informationen jeder Art aus aller Welt verfügbar zu haben, allerdings mit einem Zeitverzug und verbunden mit der Schwierigkeit des Auffindens vorhandener Informationen. Jeder, der schon einmal nach Quellen gesucht hat, weiß um diese Schwierigkeit. Schon heute ist die Informationsflut kaum beherrschbar. Nach einer Untersuchung von 1987 lag der »information overload« der Medien zwischen 92 und 99 Prozent, das heißt, wir nehmen nur ein bis acht Prozent der Informationen auf, die uns durch die Medien angeboten werden. Den günstigsten Wert erreicht dabei das klassische Medium Zeitung mit 92 Prozent, der Rundfunk schneidet mit 99 Prozent am schlechtesten ab. Sicher sind die Relationen in den letzten Jahren nicht besser geworden. Es gilt das US-Sprichwort: »Tell me, I forget. Show me, I remember. Involve me, I understand.«

Genau dieses ist nun die neue Dimension des Internet. Mit der Zahl der Internetnutzer steigt die Menge der verfügbaren Informationen. Inzwischen sind über 150 Millionen Seiten im Internet hinterlegt, und täglich kommen 200 000 dazu. Das in Jahrtausenden gewachsene

Wissen der Menschen wird in absehbarer Zeit im Internet abrufbar sein, und immer neues Wissen kommt dazu.

Das Wissen der Menschheit umfaßt derzeit 2×10^{18} Byte, zu deren Speicherung 200 Millionen Festplatten mit je zehn Gigabyte erforderlich wären. Um diese zu betreiben, wären etwa zehn große Kraftwerke à 1 300 Megawatt erforderlich. Allein auf dem Gebiet der Naturwissenschaften erscheinen jährlich 400 000 Patentschriften, 300 000 neue oder neu aufgelegte Bücher, vier Millionen Artikel in Fachzeitschriften und eine Million Dissertationen und Forschungsberichte. Damit verdoppelt sich das Wissen der Menschen alle fünf Jahre.

Das Suchproblem wird nicht einfacher, könnte man meinen. Aber heute schon existieren leistungsfähige Suchmaschinen, die auf Stichworte reagieren und die gesuchten Quellen aufzeigen. Allein die Internetsuchmaschine »Alta Vista« erhält täglich 40 Millionen Suchanfragen. Nichtsdestoweniger bleibt die Auswahl der richtigen Informationen ein mühsamer Prozeß und wird zu einem entscheidenden Kriterium der Zukunft. Der rationelle Umgang mit Informationen will gelernt sein und muß gelehrt werden; denn wer aus der angebotenen Vielfalt von Informationen den Kern der brauchbaren Informationen herausschälen kann, ohne sich mit den unbrauchbaren zu belasten, erarbeitet sich Wettbewerbsvorteile.

In vielen Büchern, die heute auf den Markt kommen, wird eine elektronische Welt beschrieben, die mehr Ängste hervorruft als Begeisterung für eine Zukunftstechnologie. Was ist bisher passiert? Das Internet wird bis heute vorwiegend passiv zur Informationsvermittlung genutzt. Behörden und Institutionen geben Informationen in das Internet, mit denen das Produkt- und Leistungsangebot erläutert wird und mit denen Sachverhalte zur Kenntnis gegeben werden. Beispielsweise haben nahezu alle Städte eine Homepage im Internet, in der die Dienststellen mit ihren Organisationsformen und Aufgabenstellungen einschließlich der verantwortlichen Personen beschrieben werden und in denen auf aktuelle Ereignisse in kulturellen und sportlichen Bereichen hingewiesen wird. Alle Universitäten und Hochschulen stellen sich mit ihren Instituten und ihren Arbeitsschwerpunkten dar. Fast alle Studenten machen heute vor Aufnahme ihres Studiums Gebrauch von den angebotenen Informationsmöglichkeiten. Aufmerksam beobachten alle Institutionen, wie oft sie angeklickt werden, weil damit ein Hinweis auf die Wirksamkeit, aber auch auf die Attraktivität der eigenen Homepage gegeben wird.

Unternehmen geben inzwischen fast alle Informationen, die bisher in gedruckter Form veröffentlicht werden, zusätzlich ins Internet, vom Geschäftsbericht über die Firmenzeitschrift bis zu den Produktinformationen. Daneben bekommt das sogenannte Intranet, in dem firmenspezifische, interne Informationen weitergegeben werden, eine immer größere Bedeutung. Insbesondere bei großen Unternehmen beklagen sich die Mitarbeiter immer wieder darüber, daß ihnen Informationen über Sachverhalte, die sie interessieren und für ihre Arbeit brauchen, nicht rechtzeitig und mit dem notwendigen

Tiefgang zugeleitet werden. Dieser Mangel konnte mit dem Intranet weitgehend behoben werden.

Ein Feld, das zunehmend an Bedeutung gewinnt, ist das sogenannte Edutainment, die Kombination von Wissensvermittlung und Unterhaltung. Spielerisch lernen schon die Fünfjährigen, mit einem Computer umzugehen; sie werden so in die Cyberwelt eingeführt. In den weiterführenden Schulen fehlt es bisher noch an genügend ausgebildeten Lehrern und an der Verfügbarkeit von Rechnern. Vor allem aber mangelt es an geeigneter Software. Hier öffnet sich ein weites Arbeitsgebiet für Pädagogen, die in der Lage sind, ihr didaktisches Wissen in Programme umzusetzen, mit denen die Lernfreude der Schüler angeregt wird.

Mehr und mehr erfolgt beim Telelearning der Übergang von der passiven Aufnahme von Informationen zum interaktiven Handeln. Aufgaben müssen gelöst und die Lösungen in den Rechner eingegeben werden. Der Nachteil ist dabei, daß der Rechner bisher nur erkennen kann, ob eine Aufgabe richtig gelöst wurde; die Annäherung an eine Lösung oder eine andere Lösungsvariante wird nicht erkannt. Hier wird die Zukunft nicht nur in der Verfeinerung der Software liegen, sondern auch in der Mensch-Maschine-Kombination. Lehrer und Schüler kommunizieren über den Computer miteinander und sichern so einen optimierten Lernerfolg. Dabei wird es immer mehr darauf ankommen, Fähigkeiten zu vermitteln, Kreativität zu wecken, systematisches Denken zu fördern und das Lernen zu lehren. Es stellt sich die Frage, was zukünftig eigentlich noch notwendiges

Wissen ist, wenn man einmal vom Lesen, Schreiben und Rechnen absieht, und wie die Lehrpläne auszusehen haben, wenn man lebenstüchtige Menschen für das Berufsleben vorbereitet.

In der Erwachsenenweiterbildung hat das Telelearning heute schon einen festen Platz. Viele Unternehmen haben ihre Produkt- und Serviceinformationen in Lehrprogrammen aufgebaut, die jederzeit abrufbar sind. Auch hier zeichnet sich ein Paradigmenwechsel ab, denn die Mitarbeiter sind selbst dafür verantwortlich, ihren Wissensstand immer wieder zu aktualisieren.

Die Entwicklung der eigentlichen interaktiven Nutzung des Internet beispielsweise für Telearbeit läuft außerordentlich schleppend. Maßgeblich dafür sind speziell in Deutschland tarifliche und arbeitsrechtliche Hindernisse, aber auch die fehlende Akzeptanz bei den Mitarbeitern. Es mangelt auch an den notwendigen organisatorischen Voraussetzungen. In unseren tradierten Strukturen sind wir gewohnt, die Mitarbeiter um uns herumzuscharen, um sie auch kontrollieren zu können. Die relativ hohen Telekommunikationskosten sind ein weiterer Grund für die langsame Entwicklung dieses Segmentes, das in vielerlei Hinsicht auch zur Arbeitsbeschaffung beitragen könnte. Entsprechend dem in unserem Land zu beobachtenden Ordnungs- und Regulierungsdrang liegen wir bei der Einführung von Telearbeit gegenüber unseren Nachbarn weit zurück.

In die Entwicklung der Telemedizin sind große Hoffnungen gesetzt worden. Damit könnten Diagnosen, Patientenbetreuung und Verwaltung optimiert werden. Die kostengünstige Hinzuziehung von Spezialisten per Internet würde beispielsweise die Qualität der Diagnose verbessern und durch Früherkennung von Krankheiten die Gesundheitskosten verringern. Es mangelt aber noch an den Möglichkeiten der Übertragungskapazität und an den notwendigen technischen Ausrüstungen, vor allem aber an den ordnungspolitischen Voraussetzungen wie an der Abrechenbarkeit telemedizinischer Leistungen und Haftungsfragen.

Es gibt aber einige Bereiche, die sozusagen Schrittmacherfunktion übernommen haben. Dazu gehört beispielsweise der überwältigende Erfolg, den der Internetbuchhandel erzielt hat und der inzwischen dazu führte, daß der Versandbuchhandel sich weitgehend auf dieses Medium umgestellt hat. Gleiches gilt für die Touristikbranche, die nicht nur Katalogwerbung betreibt, sondern in zunehmendem Maße auch elektronische Buchungen vornimmt.

Computerhersteller wie Dell haben das Internet als ihren Vertriebsweg gewählt und sich damit gegenüber ihren Konkurrenten Kostenvorteile erarbeitet, die ihnen ein beachtliches Umsatzwachstum sichern. Auch das Telebanking gewinnt zunehmend neue Kunden, insbesondere unter der jüngeren Generation. Dabei geht es zunächst um das Abfragen von Aktienkursen und Kontoständen, in zunehmendem Maße aber auch um aktives Bankgeschäft, wie Überweisungen und Börsentransaktionen. Die meisten Banken haben sich inzwischen darauf eingestellt und betreiben das Telebanking professionell, allerdings ohne bisher nennenswerte Erträge zu erzielen. Die großen Versandhäuser haben ihre Kataloge inzwischen im Internet hinterlegt und fördern das Teleshopping. Verglichen allerdings mit den konventionellen Verkäufen, hält sich das elektronisch abgewickelte Geschäft bisher in bescheidenem Rahmen, in der Tendenz nimmt es jedoch zu.

Der ganz große Durchbruch im aktiven Internetgeschäft ist also heute noch nicht zu beobachten. Bis zum jetzigen Zeitpunkt läuft die Entwicklung in Spezialsegmenten, die einen besonders aufgeschlossenen Kundenstamm bedienen, wie zum Beispiel das Computergeschäft oder auch der Buchhandel.

Aber die Tendenz ist eindeutig. Sie wird dazu führen, daß viele Zwischenstufen des Handels und der Vermittlung in Zukunft entfallen. Das gilt vor allem für wenig erklärungsbedürftige Produkte und Leistungen und für Geschäftssegmente, die es mit einem informierten Kundenstamm zu tun haben. Kostenaufwendige Vertriebsorganisationen sind folglich gefährdet.

Schon seit Mitte der neunziger Jahre ist die Informations- und Kommunikationsbranche der bedeutendste Wirtschaftszweig in den Vereinigten Staaten mit der höchsten Zuwachsrate an Umsatz und an Arbeitsplätzen. Entlang der neuentstandenen Wertschöpfungskette bildet sich eine neue Industriestruktur:

Da sind die Hersteller von Hardware-Systemkomponenten, wie beispielsweise PC und Endgeräten, die ihre traditionelle Rolle beibehalten.

Da sind andererseits die Betreiber der Infrastruktur; teilweise sind das traditionelle Telefongesellschaften.

Da sind die Anbieter von Inhalten und von Diensten, beispielsweise Unternehmen der Unterhaltungsbranche, aber auch Banken und Datenbankbetreiber.

Da sind die Systemintegratoren, die in der Lage sind, anforderungsgerechte Systeme aufzubauen und miteinander zu verknüpfen.

Im Hinblick auf die zukünftigen Entwicklungen werden seit Jahren entlang dieser Kette alle möglichen Allianzen geschmiedet, die mehr oder weniger erfolgreich sind, weil dabei bisher völlig getrennt agierende Partner zusammenkommen, die nicht nur andere Kulturen mitbringen, sondern auch unterschiedliche Kundenkreise bedient haben.

Es ist inzwischen ein Gemeinplatz geworden, wenn man sagt, daß die geschilderten Entwicklungen nicht ohne Auswirkungen auf unser gesamtes gesellschaftliches und soziales Umfeld bleiben werden. Trotz dieser gesicherten Erkenntnis wird in weiten Kreisen immer wieder versucht, sich an den Konsequenzen und den zu treffenden Maßnahmen vorbeizumogeln. Statt die Notwendigkeit von Veränderungen mutig anzugehen und etwas Positives daraus zu machen, versteckt man sich allzu häufig hinter den gewachsenen Strukturen und glaubt, diese wären ein Bollwerk, hinter dem man sich sicher fühlen kann.

In den Vereinigten Staaten ist die Dynamik der technischen Entwicklungen mit ebensolcher Dynamik aufgenommen und in konkretes Handeln umgesetzt worden. Das allseits bewunderte Silicon Valley ist ein gutes Beispiel, mit dem vorgeführt werden kann, welche Möglichkeiten sich bieten, wenn neue Technologien schnell und unkonventionell umgesetzt werden. Das Silicon Valley ist ein 80 Kilometer langer Korridor von San Jose bis San Francisco, in dem circa 20 Millionen Menschen leben. Einer der wichtigsten Erfolgsfaktoren ist die enge Verknüpfung der Unternehmen mit den Universitäten Stanford und Berkeley. Weitere Faktoren sind der Glaube an neue Technologien, die Bereitschaft, Risiken einzugehen und dabei auch Mißerfolge zu akzeptieren, und natürlich auch die Beteiligung der Mitarbeiter am Erfolg durch Aktienoptionen.

Im Jahr 1996 ging im Silicon Valley alle fünf Tage ein Unternehmen an die Börse, wurden jeden Tag 62 Menschen zu Millionären, wurden mehr als 50 000 neue Arbeitsplätze geschaffen, stiegen die Gehälter fünfmal so schnell wie im US-Durchschnitt, lagen Produktivität und Wachstum in Spitzenpositionen.

Im Jahr 1997 wurden dort pro Woche elf Unternehmen neu gegründet, wurden circa 7 000 neue Elektronik- und Softwarefirmen angesiedelt, belief sich der Marktwert aller Unternehmen auf 452 Milliarden US-Dollar, betrug der Anteil am US-High-Tech-Markt 37 Prozent.

Man fragt sich, was eigentlich dagegen spricht, daß wir einen solchen Erfolg bei uns nachvollziehen. Wir haben die besten Voraussetzungen dazu. Wir leben in einem hochtechnisierten Umfeld, haben hervorragend ausgebildete Menschen, ausgezeichnete Forschungsinstitute und eine Infrastruktur, um die uns die ganze Welt beneidet. Trotzdem bringen wir es nicht fertig, alle diese idealen Voraussetzungen zur Wirkung zu bringen.

Die Verbreitung des Internet wird sich mit der gleichen Dynamik fortsetzen, in der sie bisher verlaufen ist. Die technischen Grundlagen sind geschaffen, Probleme bei der Weiterentwicklung der Übertragungskapazität sowie der Endgeräte sind beherrschbar und zum großen Teil gelöst. Bei der wachsenden Zahl von Anwendern ist davon auszugehen, daß die Geräte, aber auch die Nutzerkosten weiter heruntergehen, so daß auch breite Bevölkerungsschichten an dieser Technologie teilnehmen können. Voraussetzung dazu ist allerdings, daß die Verantwortlichen in Politik und Wirtschaft ein Klima schaffen, das die Verbreitung fördert und nicht hemmt. In den Vereinigten Staaten verlief der boomartige Ausbau des Internet deshalb so reibungslos, weil die Regierung nicht regulierend eingegriffen hat.

Die Weiterentwicklung von Sicherheitsmechanismen für den Zahlungsverkehr wird neue Impulse für die interaktive Nutzung des Internet bringen. Daraus werden sich nachhaltige Veränderungen in der Geschäftsstruktur verschiedener Branchen ergeben. Da aber die Entwicklung nicht sprunghaft verlaufen wird, können die notwendigen Anpassungsprozesse schonend durchgeführt werden. Eine Reihe von neuen Berufsbildern wird entstehen, durch die der Fortfall der Zwischenstufen kompensiert werden kann.

Es wird bis zur Mitte des nächsten Jahrzehnts dauern, bis der Massenmarkt erschlossen wird. Dann allerdings muß mit entscheidenden gesellschaftlichen Veränderungen gerechnet werden. Das Teleworking wird eher die Regel als die Ausnahme sein. Kleinere Unternehmen werden mit einer Aufgabenspezialisierung wie Pilze aus dem Boden schießen und sich in Netzwerken bewegen, in denen ihr Spezial-Know-how projektbezogen eingesetzt wird. Großstrukturen in den Unternehmen, aber auch in den Behörden werden sich nach und nach auflösen und durch virtuelle Organisationen ersetzt.

Für den einzelnen ergeben sich bei diesem Szenario größere Freiräume; er ist nicht mehr eingebunden in feste Regelwerke, die einen großen Teil seines Lebens bestimmen. Mit seinem Wissen verfügt er selbst über die Produktionsmittel und kann selbst bestimmen, wie er sie optimal einsetzt. Gleichzeitig wächst aber auch die Eigenverantwortung, denn größere Freiheit ist immer mit größerer Verantwortung gepaart.

Dies sind keine Zukunftsvisionen, sondern überschaubare Entwicklungen. Es ist notwendig, die Gesellschaft darauf vorzubereiten und über neue Regeln nachzudenken, die geeignet sind, trotz veränderter Bedingungen des Umfeldes unser wirtschaftliches und soziales System in der Balance zu halten und darauf zu achten, daß Chancengleichheit bestehen bleibt, daß niemand ausgegrenzt wird, daß soziale Isolierungen vermieden werden und keine Polarisierung der Gesellschaft eintritt. Alle gesellschaftlichen Kräfte sind gefordert, sich an dem notwendigen Dialog zu beteiligen. Auf keinen Fall dürfen wir den Anschluß verpassen, denn das hätte geradezu dramatisch negative Folgen für unsere gesamte Volkswirtschaft.

Wir werden aber auch Wege finden müssen, weniger entwickelte Länder an den Fortschritten der Informations- und Kommunikationstechnik zu beteiligen. Wenn man sich bewußtmacht, daß bis heute 70 Prozent der Menschen dieser Welt noch nie in ihrem Leben ein Telefongespräch geführt haben, wird die Dimension der Verantwortung deutlich, die auf den Schultern der Industrienationen liegt, das Wohlstandsgefälle durch neue Technologien nicht noch größer werden zu lassen. Freier Zugang zu Netzen und Informationen ist und bleibt daher die Voraussetzung für eine gedeihliche und friedliche Entwicklung.

Wolf Peter Fehlhammer

Innovation als historischer Prozeß

Wirtschaftliches Wachstum ist seit dem Beginn der industriellen Moderne im England des ausgehenden 18. Jahrhunderts eine Grundvoraussetzung staatlich-politischer Machtentfaltung und gesellschaftlicher Wohlfahrt. Dieses Wachstum beruht auf dem ununterbrochenen Zustrom von Innovationen in Wissenschaft und Technik. Die Innovation ist der Zündfunke, der den Motor der Wirtschaft auf Touren bringt. Moderne Gesellschaften lassen sich daher als nationale Innovationssysteme beschreiben, in deren Innerem ein permanenter Suchprozeß nach technischen Neuerungen und deren Umsetzung in arbeitsmarktwirksame Produktion abläuft.

Über die Frage, wie dieser Suchprozeß bestmöglich gestaltet werden kann, zerbrechen sich Ökonomen, Soziologen, Politikwissenschaftler und Vertreter anderer Disziplinen seit langem den Kopf. Als die westlichen Industriegesellschaften in den späten 1960er Jahren in ein wirtschaftliches Tief gerieten, war es mit dem Glauben an ein krisenfreies Wachstum vorbei. In Europa, vor allem aber in der Bundesrepublik Deutschland wurde die Forderung nach einer aktiven Forschungs- und Technologiepolitik laut, mit deren Hilfe die »technologische Lücke« zu der weltführenden Wirtschaftsnation Vereinigte Staaten geschlossen werden könne. Der französische Publizist Jean-Jacques Servan-Schreiber goß die Wahrnehmung einer eklatanten technologischen Rückständigkeit Europas in das öffentlichkeitswirksame Schlagwort von der »amerikanischen Herausforderung«. In dieser Phase begann die glanzvolle Karriere des von dem österreichischen Wirtschaftstheoretiker Joseph Schumpeter bereits 1912 geprägten Begriffes der Innovation. Seither gilt die wissenschaftlich-technische Innovation als Leitmotiv für die permanente Modernisierung der Volkswirtschaft.

Der Begriff wird heute freilich so inflationär benutzt, daß er zu einer leeren Worthülse zu verkommen droht. Wolfgang Frühwald möchte ihm daher mit guten Gründen eine zehnjährige Ruhepause verordnen. Christoph-Friedrich von Braun wiederum hält den Technologiewettlauf der Industrienationen generell für eine bedenkliche Entwicklung. Er warnt vor den negativen Folgen des »Innovationskrieges«, in den gerade die Großunternehmen infolge der sich nach oben schraubenden Eskalationsspirale ihrer Aufwendungen für Forschung und Entwicklung hineingeraten sind. Hier kündigt sich eine »neue Langsamkeit« an, die nicht auf die schnelle, sondern auf die richtige Innovation setzt, mithin auf jene Neuerung, für die am Markt und in der Gesellschaft eine stabile Nachfrage besteht.

Welchen Beitrag kann die Geschichte, die Wissenschafts- und Technikgeschichte, zur Klärung der Fragen leisten, die uns an der Schwelle zum 21. Jahrhundert so sehr beschäftigen? Wie kommt das Neue, die Innovation, in die Welt? Welche kulturellen Faktoren und Konstellationen begünstigen die Entstehung von Innovationen als Voraussetzung für marktfähige Produkte und Dienstleistungen? Welche institutionellen Netzwerke und organisatorischen Schnittstellen gewährleisten eine möglichst reibungsfreie und wirkungsvolle Verknüpfung von Wissenschaft, Technik, Wirtschaft und Markt? Schließlich: Welcher Handlungsspielraum kommt einer auf die Verbesserung der nationalen Standortfaktoren ausgerichteten Innovationspolitik in einer Welt zu, die in rasch wachsendem Maße von Internationalisierung und Globalisierung geprägt ist?

Zunächst einmal ergibt die historische Analyse, daß Innovationen längst vor ihrer öffentlichen »Entdeckung« in den sechziger Jahren den technisch-industriellen Wandel antrieben. Die Geschichte der frühen Industrialisierung läßt sich schreiben als staatlich gelenktes Bemühen, sich die Verfügung über technologisches Wissen und damit Vorteile im Wettbewerb der sich formierenden Industrienationen zu sichern. Der zwischenstaatliche Transfer von Innovationen über Fachleute bis hin zur Technologiespionage war in der ersten Hälfte des 19. Jahrhunderts in Europa ein allseits praktiziertes Instrument staatlicher Wirtschaftsförderung. Ob im Dampfmaschinenbereich, im Bergbau und Hüttenwesen, auf dem Eisenbahn- oder Werkzeugmaschinensektor, stets standen die jüngsten technologischen Innovationen im Zentrum staatlicher Wirtschaftsförderung. Und sie rückten in den Mittelpunkt des Bestrebens, durch den Aufbau eines Systems technischer Bildung die Voraussetzungen für die Aufnahme und Verbreitung ebensolchen Wissens zu verbessern.

Die Charakterisierung moderner Gesellschaften als »knowledge societies« hat im technischen Bildungssystem der ersten Hälfte des 19. Jahrhunderts eine ihrer wichtigsten historischen Wurzeln, das später durch den gezielten Aufbau technischer Hochschulen ergänzt wurde. Das wegen seiner organischen Verbindung von Lehre und Forschung ebenso gerühmte wie häufig nachgeahmte deutsche technische Hochschulwesen setzte einen Kreislauf von Wissens- und Praxistransfer zwischen Universität, Forschung und Wirtschaft in Gang, der die Interventionsintervalle verkürzte. Die Spitzenposition der deutschen Industrie bei technologieintensiven Produkten, die erst nach dem Zweiten Weltkrieg ins Wanken geriet, basierte zu einem gut Teil auf diesem effizienten Bildungssystem. Und auch heute noch ist die im internationalen Vergleich hohe Innovationskraft der bundesdeutschen Wirtschaft der Tatsache zu verdanken, daß die technischen Hochschulen und Universitäten wie auch die Fachhochschulen und Polytechnika den Unternehmen bestqualifizierte Ingenieure und Naturwissenschaftler liefern, die über Erfahrungen in der Spitzenforschung verfügen.

Dieser historische Befund kann der aktuellen Diskussion um den Wirtschaftsstandort Deutschland Orientierung vermitteln. Eine auf die Stärkung der Standortbedingungen ausgerichtete nationale Innovationspolitik wird in einer Phase wachsender Globalisierung vor allem Wirkung dadurch erzielen, daß sie die technisch-wissenschaftliche Ausbildung stärkt. Spitzenwissenschaftler mögen hochmobil sein, der ebenso wichtige breite Mittelbau an wissenschaftlich-technischen Arbeitskräften bleibt aber dem Staat erhalten, der sie ausbildet. Ihre Qualifikation sichert Deutschland in der internationalen Konkurrenz um die Ansiedlung multinational agierender Unternehmen einen entscheidenden Wettbewerbsvorteil. Als rohstoffarmes Land ist Deutschland in besonderem Maße auf den selbstproduzierten »Rohstoff« Bildung angewiesen, der in den Köpfen seiner Bewohner lagert. Ein funktionierendes Bildungs- und Ausbildungssystem sowie ein diversifizierter Kultursektor sind in langfristiger Perspektive überaus wichtige Voraussetzungen, um sich im internationalen Wettbewerb zu behaupten.

Historisches Wissen war es auch, das Schumpeter den »dynamischen Unternehmer«, der in einem Prozeß »schöpferischer Zerstörung« Innovationen durchsetzt und damit technischen Fortschritt ermöglicht, in den Mittelpunkt seiner Theorie zur Entwicklung wirtschaftlichen Wachstums stellen ließ. Die Technikgeschichte hat in variierender Weiterführung von Schumpeters Theorie die eminente Bedeutung der »unabhängigen Erfinderunternehmer« (Thomas P. Hughes) für die Herausbildung der modernen, technologiegeprägten Welt betont. Thomas A. Edison, Elmer Sperry und Graham A. Bell in den Vereinigten Staaten oder Werner von Siemens, Oskar von Miller und Carl von Linde in Deutschland verbanden technische Kreativität mit unternehmerischem Elan. Sie schufen technische Innovationen und Firmenimperien von Weltgeltung. Ihre weichenstellenden Erfindungen – die Kohlefaden-Glühlampe, der Plattenspieler, die Filmkamera, das Radio, das Telefon, der Benzinmotor, das Flugzeug, der Zeigertelegraph, der Elektrodynamo und vieles andere mehr – sind in den technischen Museen der Welt überliefert. Vom Geist der Geschichte durchdrungen, vermitteln die dreidimensionalen Exponate dem Besucher das Bild einer vergangenen Welt, deren Auswirkungen gleichwohl in die Gegenwart hineinragen. Als Objekte sind sie der materielle Kern von immateriellen Systemen, die sich seit dem späten 19. Jahrhundert als komplexe Netzwerke der Verkehrs-, Kommunikations- und Informationstechnik über die Gesellschaft gelegt haben.

Die Geschichte ist voll von Beispielen genialer Individuen, denen mit der sie auszeichnenden Beobachtungsgabe, Kreativität und analytischen Schärfe bedeutende Innovationen gelangen. Wilhelm Conrad Röntgen etwa fand 1895 beim Experimentieren mit Kathodenstrahlröhren eine neue Art von Strahlung. Gewiß kam ihm der Zufall zu Hilfe. Entscheidend aber war seine Hartnäckigkeit im Ringen um die Lösung eines Problems. Röntgen gab sich erst zufrieden, als er eine Erklärung für das Phänomen gefunden hatte, daß jedesmal, wenn eine Kathodenstrahlröhre in Betrieb war, ein Lichtblitz auf einem Leuchtschirm aufzuckte, auch wenn die Röhre im Nebenraum stand. Ebenso hartnäckig experimentierte der japanische Wissenschaftler Sumio Iijima ab den frühen 1970er Jahren mit der Abscheidung von Ruß auf Graphitelektroden, um das theoretisch vorausberechnete Riesenmolekül aus 60 Kohlenstoffatomen, das »Buckministerfulleren«, aufzuspüren. Der Nachweis des Fullerens gelang Harold Kroto und Richard Smalley vor ihm; das Stockholmer Nobelkomitee zeichnete sie mit dem Nobelpreis für Chemie aus. Iijima aber blieb am Ball und fand zu Beginn der neunziger Jahre in seinem fettig-schwarzen Untersuchungsmaterial neue, nadelartige Strukturen, die »Nanotubes«. Ähnlich wie Röntgen ein Jahrhundert zuvor stieß er damit das Tor zu einer Technologie auf, die allen einschlägigen Prognosen zufolge eine der Leittechnologien des kommenden Jahrhunderts werden dürfte.

Glück und Beharrlichkeit sind also wichtige Voraussetzungen des Innovationsprozesses. Die Freude am Entdecken, Finden und Erfinden ist eine »anthropologische Konstante«, eine menschliche Grundhaltung, die bei den Größen der Innovationsgeschichte in besonders ausgeprägtem Maße vorhanden gewesen ist, bei Archimedes ebenso wie bei Zuse. Aber die Moderne kennzeichnet nicht der Gelehrte, der in seiner Studierstube in Autonomie und Isolation von seiner Umwelt vor sich hinarbeitet, sondern das in ein soziales und institutionelles Umfeld eingebettete Team von Innovatoren. Das Finden von Neuem ist in der Moderne ein vergesellschafteter Prozeß, der überwiegend in universitären Instituten, außeruniversitären Forschungseinrichtungen und industriellen Laboratorien stattfindet. Der einzelne Wissenschaftler und Techniker ist in ein dichtes institutionelles und kommunikatives Netzwerk eingewoben. Der systemische Charakter der Innovation erfordert es daher, die Entstehung des Neuen als Prozeß zu untersuchen, der in hochkomplexen Innovationssystemen abläuft.

Innovationssysteme wandeln sich permanent. Jenseits aller Diskontinuitäten, die der sich beschleunigende wissenschaftlich-technologische Wandel mit sich bringt, hält die Geschichte jedoch ein bemerkenswert hohes Maß an Kontinuität bereit. Werfen wir einen Blick auf ein regionales Milieu, das sowohl die Persistenz gewachsener Strukturen als auch die Prägekraft und Wirkungsmächtigkeit kultureller Einflußfaktoren verdeutlicht: das württembergische Schwaben.

Der sprichwörtliche schwäbische Tüftler wurde im 19. Jahrhundert »erfunden«, als der um 1800 noch rohstoffarme Agrarstaat Württemberg sich mit hohem Tempo zu einem Musterland der Industrialisierung wandelte. Wie der Kulturwissenschaftler Utz Jeggle treffend bemerkt hat, ist Erfindergeist »jedenfalls kein Schwaben-Gen«, sondern »Ergebnis eines langwierigen Erziehungsprozesses, der im 19. Jahrhundert von der Not gezeugt und von der Gewerbeförderung angetrieben wurde«. Die im Revolutionsjahr 1848 gegründete »Centralstelle für Gewerbe und Handel« versorgte Handwerker und Unternehmer mit Reise- und Fortbildungsstipendien und baute eine umfangreiche Bibliothek sowie eine öffentliche Mustersammlung von technischen und kunsthandwerklichen Gegenständen auf, wie sie heute noch in vielen Museen der Welt zu sehen sind. Sie organisierte die Präsentation württembergischer Technik auf Ausstellungen und Messen. Vor allem aber richtete sie

Handwerkerschulen ein, in denen technisches Wissen und wirtschaftliche Fähigkeiten gelehrt wurden. Die Schwaben lernten, mit innovativen Produkten ökonomisch erfolgreich zu sein.

Schwäbische Tüftelei verselbständigte sich bisweilen und schuf Innovationen, die am Markt nicht nachgefragt wurden. Im allgemeinen aber blieb das kreative Potential an die wirtschaftliche Nachfrage rückgebunden. Dem technologiefreundlichen Milieu des Schwabenlandes konnten so die politischen Umbrüche des 20. Jahrhunderts wenig anhaben. Praxisorientierte technische Kreativität kennzeichnet das Ländle auch heute noch, und ihr entspricht nicht zufällig eine mittelständisch geprägte Wirtschaftsstruktur. Die Wege und Intervalle zwischen der technischen Innovation und deren Umsetzung in ein neues Produkt sind hier vielfach kürzer als anderswo. Mittelständische Unternehmen nutzen ihren Vorteil, Erfindungen mit vergleichsweise geringen »Transaktionskosten« in kundenspezifische Lösungen überführen zu können. Technische Qualität und Zuverlässigkeit sind die Merkmale, die den Exporterfolg des »Made in Baden-Württemberg« auf den Märkten dieser Welt ausmachen.

Es wäre wohl verfehlt, den mittelständisch geprägten Unternehmererfinder schwäbischer Provenienz als Relikt ansehen zu wollen, das aus dem späten 19. Jahrhundert – aus der Ära eines Edison und eines von Siemens – in unsere Gegenwart hineinragt. Eher schon kann er als technologie- und wirtschaftspolitischer Hoffnungsträger gelten, der der bundesdeutschen Wirtschaft neue Innovations- und Wachstumsimpulse vermittelt. Nicht von ungefähr heben viele aktuelle Konzepte der Innovationsförderung auf den jungen Unternehmensgründer ab, der sich sein Innovationswissen aus der Universität oder der außeruniversitären Forschung holt und in den Kreislauf der Wirtschaft einspeist. Neue Arbeitsplätze, so die technologiepolitische Überlegung, werden heute weniger in den Großunternehmen geschaffen, sondern vor allem in der bedarfsorientierten mittelständischen Wirtschaft. Gerade das baden-württembergische Beispiel zeigt freilich, wie wichtig eine historisch gewachsene regionale Innovationskultur ist. In einem langen historischen Prozeß hat sich im Südwesten Deutschlands ein engverflochtenes Netzwerk von Hochschulen, Großunternehmen, kleinen und mittleren Firmen sowie staatlichen Fördereinrichtungen herausgebildet.

Ein solches kreatives Milieu, dies lehrt uns der Rückblick auf die vielen Versuche einer angebotsorientierten Technologieförderung, läßt sich staatlicherseits nicht aus dem Boden stampfen. Das die siebziger und achtziger Jahre charakterisierende Bemühen vieler europäischer Regionen, sich nach dem vielbeschworenen Vorbild Silicon Valley im amerikanischen Kalifornien unter massivem Einsatz staatlicher Fördermittel zu Hochtechnologielandschaften zu wandeln, hat nur in den Fällen einige Erfolge gezeitigt, in denen diese Bemühungen an historisch gewachsene Netzwerke anknüpfen konnten. In Deutschland ist neben Baden-Württemberg der bayerische Freistaat mit dem von den Universitätsstädten Augsburg, München und Nürnberg gebildeten Dreieck ein Beispiel für eine solche Wissenschaftslandschaft, in der Wirtschafts- und Beschäftigungswachstum auch in einer postindustriellen Gesellschaft noch möglich erscheinen.

Bundespräsident Roman Herzog hat in seiner vielzitierten »Berliner Rede« vom 26. April 1997 den hochtechnisierten Gesellschaften in tautologischer Formulierung die »permanente Innovation« als »Daueraufgabe« ins politische Pflichtenheft geschrieben. Für Deutschland hat der Bundespräsident einen neuen Aufbruch angemahnt, der zugleich heiße, »Abschied nehmen von liebgewordenen Besitzständen«.

Können wissenschaftlich-technische Kultureinrichtungen wie das Deutsche Museum der bundesdeutschen Gesellschaft Orientierung für den Aufbruch in eine offene Zukunft geben? Wir meinen, ja: Aufbruch heißt auch zu wissen, welches Reisegepäck wir in die Zukunft mitnehmen und von welcher Altlast wir uns trennen wollen. Die Darstellung und Interpretation des Gewordenseins der Gegenwart, die Kenntnis der je eigenen Stärken und Schwächen bieten der Gesellschaft unverzichtbares Orientierungswissen. Als Archiv der wissenschaftlich-technischen Kultur und Ideenvorrat für die Lösung aktueller und künftiger Probleme gleichermaßen schlägt die Kultureinrichtung Museum die Brücke zwischen Geschichte, Gegenwart und Zukunft. Auf der Basis eines durch historisch-sozialwissenschaftliche Forschung gesicherten Wissens wird Technik im Museum als ein von uns Menschen gestalteter Kulturbereich erfahrbar. Die nur scheinbar triviale Erkenntnis, daß

Wissenschaft und Technik nicht einer ihnen inhärenten Logik und Eigengesetzlichkeit folgen, sondern als Produkte menschlichen Handelns formbar und veränderbar sind, läßt zugleich die Zukunft als offenen Erfahrungsraum plastisch werden. Ein Technikmuseum im besten Sinne ist nicht Sammelsurium angestaubten Wissens, sondern Ort der Auseinandersetzung der Gegenwart mit der Vergangenheit über die wünschenswerte Zukunft.

Vor dem Europäischen Patentamt weist seit einigen Wochen eine nachts grün-gelb-rot leuchtende Dreikantstele auf den Glücksfall der direkten räumlichen Nachbarschaft dreier weit über München hinauswirkender Institutionen hin, deren jede für sich für Invention und Innovation steht. In diesem »inversen Bermudadreieck« der Wissenschaft und Technik fällt dem Deutschen Museum die Rolle des Motivators und Moderators, heutzutage bisweilen auch die des Animateurs zu, während die Patentämter – das Deutsche ist der Dritte im Bund – Gradmesser des Erreichten sind und als solche eben wieder hoffnungsfroher in die Zukunft blicken.

Die Gründungsdaten des Deutschen Museums, die Jahre 1903, 1906 oder 1925, je nachdem, ob man Idee und Museumsgründung, Grundsteinlegung oder den Einzug ins endgültige Zuhause im Blick hat, sind für die Szene der Wissenschafts- und Technikmuseen Daten wahrhaft historischer Dimension. Ein genialer Wurf, diese das Jahrhundert der Technik einläutende Leistungsschau Deutschlands und der Welt, museal und doch von einer bis dahin nicht gekannten Lebendigkeit – sogar erste Formen von Interaktivität finden sich.

Die Tragweite dieser Museumsgründung, das Innovations- und Orientierungspotential des Deutschen Museums für den individuellen Besucher, ist in zahllosen Äußerungen und Biographien überliefert und manifestiert sich auch nach des Autors eigener Erfahrung in der höchst nachhaltigen Begeisterung, die bei jungen Menschen für die Tätigkeit des Ingenieurs oder Wissenschaftlers geweckt wird.

Eine Zeitlang interessierte sich alle Welt für dieses Museum von Meisterwerken der Naturwissenschaft und Technik, und Oskar von Miller avancierte zum Geburtshelfer bei wichtigen Neugründungen in Europa und Übersee. Das Deutsche Museum wird zum Exportschlager. Innovationen machen indes auch vor Museumstüren nicht halt. Zwei Generationen später findet der Quantensprung in San Francisco statt, wo Frank Oppenheimer mit seinem Exploratorium den Prototyp des Science Center schafft, und ist das Deutsche Museum, wie zukunftsorientiert es in seinen Anfängen auch immer gewesen sein mag, zwangsläufig zu einem Museum der Fortschrittsidee von gestern geworden.

Vor dem Hintergrund der Science-Center-Bewegung und ihres Siegeszuges vor allem in den Vereinigten Staaten ist in den letzten Jahren die alte Streitfrage der Zeitnähe des klassischen Wissenschafts- und Technikmuseums neu entbrannt. Sie wurde von den führenden Institutionen sehr eindeutig zugunsten einer Modernisierung und Aktualisierung bestehender Ausstellungen und einer Thematisierung neuer und neuester Technologien beantwortet. Dabei steht die Erfüllung des um die

Grundkonsensfindung über den Wert, ja die schiere Notwendigkeit von Wissenschaft-Technik-Industrie in unserer »Leonardo-Welt« (Jürgen Mittelstraß) »erweiterten Bildungsauftrages« ebenso im Zentrum des Sinnens und Trachtens wie die Erfüllung des mit dem Schlagwort »life-long learning« belegten Weiterbildungsauftrages.

Die Sammlung, das Exponat, der historische Gegenstand an sich wird qualitativ weiterhin die dominierende Rolle bei der Vermittlung wissenschaftlich-technischen Verständnisses spielen, auch wenn quantitativ hier natürlich Abstriche zu machen sind. Gerade in der zahlenmäßigen Beschränkung der Artefakte kann man jedoch durchaus die Chance einer noch stärkeren Aussage sehen, die keinesfalls nur den Einstieg in eine komplizierte Materie erleichtert, sondern »Bodenhaftung« verleiht, Identifikationsmöglichkeiten bietet und letztlich den Kontext herstellt zu der einen, gemeinsamen Kultur.

Die Mission eines historischen und zugleich zukunftsorientierten Forums unserer wissenschaftlich-technischen Kultur bestmöglich auszufüllen ist der Beitrag, den das Deutsche Museum zu dem Aufbruch in das 21. Jahrhundert leisten kann.

Horst Fuhrmann

Vom Nutzen und Vorteil historischer Bildung. Eine Zweifelbehebung

Bildung ist nützlich, fraglos, historische Bildung zumal. Wie nützlich, zeigt Sir Ernst Gombrich an einem Beispiel, das er seinem Vortrag *The Tradition of General Knowledge* (deutscher Titel: *Allgemeine Bildung*) voranstellte, den er 1961 vor der London School of Economics hielt. Er versorgte sich bei Agatha Christies Roman *Lord Edgeware Dies*: Eine ungemein wandlungsfähige Schauspielerin hat eine Frau umgebracht, in deren Leben sie schlüpft. Die Mörderin spielt ihre Rolle ausgezeichnet und daher unerkannt, glänzt auf Gesellschaften, bis sie sich eines Abends bloßstellt. Es kommt in großer Runde die Rede auf Paris, der zwischen den Göttinnen entscheiden soll, wem der Preis der Schönheit zustehe. Die Mörderin macht eine decouvrierende Bemerkung, aus der hervorgeht, daß sie mit Paris nichts anderes als nur den Namen der französischen Hauptstadt verbindet, nicht den des Sohnes der Hekabe und des Priamos. Die Parisunkundige – ihr Opfer war eine hochgebildete Dame, bei der eine solche Wissenslücke unvorstellbar war – endet durch den Strang. Das macht den Unterschied zwischen Bildung, historischer Bildung und Unbildung aus – sagt Sir Ernst.

In der Tat gehört eine gewisse historische Bildung zu unserer Lebensausstattung, und dem Deutschen täte es gut zu wissen, woher der italienische demagogische Politiker Umberto Bossi den Namen »Lega Nord« für seine Partei nimmt und wen das Logo (einen Recken mit himmelwärts gestrecktem Schwert) darstellt. Mit Lega Nord wird auf jenen gegen den deutschen Kaiser Barbarossa gerichteten Städtebund angespielt, der den Deutschen bei Legnano 1176 eine entscheidende Niederlage bereitete, so daß der Kaiser seine großen Pläne aufgeben mußte, Italien als Reichsgut und damit als Finanzquelle zu erschließen. Der Held der Schlacht bei Legnano war Alberto da Giussano (eine erfundene Gestalt wie Wilhelm Tell und Ivanhoe), der am Marktplatz von Legnano als überlebensgroße Plastik steht. Bossi und seine Lega Nord signalisieren ihre Ablehnung gegen die staatliche Zentralgewalt, damals gegen den aus Deutschland gekommenen Kaiser, heute gegen den römischen »governo«, mit einem Schuß Fremdenfeindlichkeit. Verweise auf die Geschichte gehören zur Umgangssprache, vom »Gang nach Canossa« bis zum »Pyrrhussieg«. Um eine solche Anspielung zu verstehen, braucht man historische Kenntnisse, braucht man historische Bildung. Hat man sie, hat man sie nicht? Die Antwort ist zuweilen schwer.

Bei Ausbruch des Kalten Krieges mit der Zuspitzung der russischen Berlinblockade 1948/49 sprach der britische Premierminister Clement Attlee (1883–1967), der in seiner Biographie immerhin eine sozialwissenschaftliche Professur an der London School of Economics aufzuweisen hat, die offenbar als Beruhigung gedachten Worte, es gebe keinen dritten Weltkrieg, wie es ja auch keinen dritten Punischen Krieg gegeben habe. Aber es gab einen dritten Punischen Krieg, den die Römer 149 bis 146 v. Chr. gegen die Punier, die Karthager, führten, mit furchtbaren Folgen für die Karthager; ihre Stadt wurde zerstört und ihre Landschaft als römische Provinz Africa unterworfen. Was meinte Attlee? War es ein verzweifelter kassandrischer Ausruf vor düsterer Zukunft, oder war es schlichtes Nichtwissen? Im Freundeskreis einigten wir uns, eingedenk des immer stärkeren Vordringens der Sozialwissenschaften auf Kosten der Geschichte und fraglos auch zur eigenen Beruhigung, auf Nichtwissen. Aber vielleicht haben wir Sir Clement unrecht getan, und er wollte auf eine anstehende Katastrophe hinweisen.

Der Wissensfundus, aus dem Attlee schöpfte oder nicht schöpfte, ist von Generation zu Generation verschieden, doch auch die Nationen und die verschiedenen Gesellschaften haben unterschiedliche Standards. Der deutsche Großvater oder Urgroßvater im 19. Jahrhundert, der Bildungsbürger, war – wenn nicht verführt von sozialistischen Ideen, die in den Schulbüchern nicht standen – angefüllt hauptsächlich mit nationaler Geschichte von Hermann dem Cherusker bis zu den Freiheitskriegen und dem Französischen Krieg, mit Kriegerverein und Sedanfeier und Kaiserproklamation, mit Herrscherstatuen, Kriegerdenkmälern, Siegessäulen usw. Der damalige Italiener, etabliert in einer geschichtsgesättigten Landschaft, feierte den 20. September, eingedenk des Jahres 1870, als die piemontesischen Truppen in Rom einrückten und der Traum »Roma capitale« und einer nationalen Einheit in Erfüllung ging, sah unter seinen Vorfahren Cola di Rienzo, den in seiner Sprache dichtenden Dante, sah Savonarola und die Medici. Die Franzosen pflegten das Andenken Ludwigs IX., des Heiligen, der Johanna von Orléans, Napoleons. Diese unsystematische Zusammenstellung soll lediglich andeuten, daß der Bürger an eine hauptsächlich nationale Geschichte auf zahllose Weise erinnert wurde. Er nahm Geschichte als gesellschaftliche Lebensform wahr. »In den historischen Verein / wünscht er eingeführt zu sein«, dichtete Wilhelm Busch; heute ginge, wer sich gesellschaftlich eingliedern will, eher in den Rotary- oder in den Lionsclub.

Auch ist jener Typ des historisch interessierten und wissenschaftlich tätigen Gymnasiallehrers verschwunden, der in hochgelehrten »Jahresberichten« Geschichtsthemen behandelte und im Unterricht – nicht selten mit patriotischem Pathos – vorgegebenes historisches Wissen vermittelte, häufig einpaukte, Reserveoffizier, der er war: Jahreszahlen, die nicht selten in einem kleinen Heft des Mindestwissens – mnemotechnische Hilfe stand zuweilen darauf – zusammengestellt waren, formelhafte und immer wieder durchexerzierte Ereignisbeschreibungen, so wie es der Schuster Wilhelm Vogt aus Zuckmayers *Hauptmann von Köpenick* in der preußischen Strafanstalt Sonnenburg auf seine Weise erlebt hat, wo der Direktor die Schlacht bei Sedan vom 1. und 2. September 1870 nachstellen läßt.

Selbst die Poesie stand im Dienst nationalhistorischer Erinnerung. »Als Kaiser Rotbart lobesam zum Heilgen Land gezogen kam, / da mußt' er mit dem frommen

Heer / durch ein Gebirge wüst und leer.« Diese Ballade, *Schwäbische Kunde* von Ludwig Uhland (1787–1862), dürfte eines der am häufigsten von Schülermund vorgetragenen Gedichte gewesen sein, doch ist es bei weitem nicht das einzige Schulgedicht, das anekdotisch einen historischen Vorgang – hier den dritten Kreuzzug 1189/90 unter dem Stauferkaiser Friedrich I. – beschreibt und das dem Schüler als Erinnerung mitgegeben wird.

In der in preußischen Gymnasien vor dem Ersten Weltkrieg eingeführten *Auswahl deutscher Gedichte* von Ernst Theodor Echtermeyer (1805–1844), die es nach Echtermeyers Tod noch auf rund 50 Auflagen gebracht hat, nehmen Gedichte aus dem Themenkreis »Sage und Geschichte« fast die Hälfte des Bandes ein. Der am häufigsten vertretene Dichter ist Ludwig Uhland, der Schöpfer der »Volksballade«. In preußischen Schulbüchern konkurrierte er mit Theodor Fontane, von dem man sagte, er habe mit seinen Preußenliedern den »veredelten patriotischen Gassenhauer in die Poesie« eingeführt. Fontane selbst, dessen heutiges Ansehen auf ganz anderen Werken – hauptsächlich den späten Romanen – beruht, schätzte diese mit Humor durchsetzten Balladen überaus und nannte den »alten Zieten« (*Joachim Hans von Zieten, Husarengeneral*) das ihm liebste Gedicht. Aus den heutigen Schulbüchern ist der Themenkreis »Sage und Geschichte« verschwunden.

In die Welt Uhlands und Fontanes gehören auch die Romanwerke, die – nicht selten von gelehrten Autoren verfaßt – als Bildungsgut gehandelt wurden. *Der Kampf um Rom* (1876) von Felix Dahn, einem durchaus ernsthaften Geschichtsprofessor, dem seine Eltern, ein Schauspielerehepaar, Gefühl für dramatisches Geschehen mitgegeben haben, hat bis weit in unsere Zeit unzählige Auflagen erlebt und war bis zum Ersten Weltkrieg wohl das beliebteste Konfirmationsgeschenk. Die Bücher Gustav Freytags, eines habilitierten Germanisten, *Die Ahnen* und die *Bilder aus der deutschen Vergangenheit*, die es bis heute auf 40 Auflagen gebracht haben, standen in den bürgerlichen Bücherschränken. Über diese »Professorenromane« – in den Literaturgeschichten durchaus als eigene Gattung geführt – schüttete Nietzsche einen etwas verkrampften Spott aus: Es herrsche jetzt das »allgemein beliebte ›Popularisiren‹« bei den Professoren, »das heißt, das berüchtigte Zuschneiden des Rocks der Wissenschaft auf den Leib des ›gemischten Publikums‹: um uns hier einmal für eine schneidermäßige Thätigkeit auch eines schneidermäßigen Deutsches zu befleißen«.

Heute sind es häufig ausländische Historiker, die im deutschen Sprachraum ein breites Publikum finden: von Georges Duby (1919–1996) mit seinen weit ausholenden Darstellungen der Welt der Kathedralen, des Alltags und der Frauen bis zu Gordon Craig (*1913), dessen eingängig-plauderhafte Belehrungen über die Deutschen hauptsächlich des 19. Jahrhunderts, zumal zuweilen in einer persönlichen Erlebnisform, gern entgegengenommen werden. Den Rahmen sprengt auf vielfache Weise mit seinen Büchern der Bologneser Semiotikprofessor Umberto Eco (*1932). Der große Durchbruch, *Der Name der Rose* (1980), eine Mischung aus quellengenauem Mittelalter, verkappter Moderne und Fantasie, einer der größten Romanerfolge nach dem Zweiten Weltkrieg, brachte es bislang auf über 15 Millionen Exemplare und Übersetzungen in 40 Sprachen: eine dramatische Crime-Story in einer Benediktinerabtei während einer Novemberwoche des Jahres 1327. Eco blieb bei seiner Machart. 1988 schob er *Das Foucaultsche Pendel* nach, das vorgibt, die Geheimnisse der 1312 als Ketzer verurteilten Tempelritter bis heute zu verfolgen, und 1994 überraschte Eco mit einem dritten Roman *Die Insel des vorigen Tages*, eine Art Entdeckungsgeschichte des 17. Jahrhunderts. Den *Namen der Rose* haben die beiden letzten Bücher nicht übertroffen, auch kein anderes Buch dieses Genres. *Der Name der Rose* hatte so etwas wie einen Erweckungseffekt: Das Mittelalter wurde spannend, und es ist keine Frage, daß durch dieses Buch das Interesse des breiten Publikums am Mittelalter gewachsen ist. Die Historiker spüren diesen Schub der Zuwendung und sind dankbar, doch müssen sie sich sagen lassen, daß nicht ihre braven Darstellungen den Aufbruch bewirkt haben, sondern daß, wie man es formuliert hat, die »Geschichte über die Historiker gekommen« ist (W. J. Siedler).

Wer sich auf Geschichte als Orientierungskraft einläßt, läuft Gefahr, die Ereignisse und Phänomene in einen Sinnzusammenhang zu stellen und erklärbar zu machen, wie er sich selbst historisch begreift, entsprechend der Behauptung Diltheys, daß der Mensch »sich nur durch Geschichte, nie durch Introspektion« erkennen könne. Gegen diese durch und durch historische Bildung wandte sich seinerzeit Nietzsche in seiner zweiten *Unzeitgemäßen Betrachtung* (1873), der er den Titel *Vom*

Nutzen und Nachteil der Historie für das Leben gab. Es geht Nietzsche um den »Nachteil«, der den »Nutzen« überwiegt, denn der aktive und kreative Mensch müsse unhistorisch sein, von den Griechen bis Goethe. Zu Unrecht lasse der »neuere Mensch« gebildet und »historisch gebildet« zusammenfallen, Bildung sei für ihn immer historische Bildung. Käme (so Nietzsche) aus einem Griechenmunde der Satz: »Es kann Einer sehr gebildet und doch historisch gar nicht gebildet sein, so würde man glauben, gar nicht recht gehört zu haben und den Kopf schütteln. Jenes bekannte Völkchen einer nicht zu fernen Vergangenheit, ich meine eben die Griechen, hatte sich in der Periode seiner grössten Kraft einen unhistorischen Sinn zäh bewahrt; müsste ein zeitgemässer Mensch in jene Welt durch Verzauberung zurückkehren, er würde vermuthlich die Griechen sehr ›ungebildet‹ befinden, womit dann freilich das so peinlich verhüllte Geheimniss der modernen Bildung zu öffentlichem Gelächter aufgedeckt wäre: denn aus uns haben wir Modernen gar nichts; nur dadurch, dass wir uns mit fremden Zeiten, Sitten, Künsten, Philosophien, Religionen, Erkenntnissen anfüllen und überfüllen, werden wir zu etwas Beachtenswerthem.«

Der enttäuschte Altphilologe Friedrich Nietzsche, der soeben mit seiner *Geburt der Tragödie aus dem Geiste der Musik* (1872) von den Fachkollegen eine furchtbare Abfuhr erlitten hatte, die ihm eben die Vernachlässigung der historischen Einordnung vorwarfen, hat die historistische Grundeinstellung kaum verändert. Zwar sprach man vom »Elend des Historismus«, der Wertungen schlecht zulasse, weil alles sogleich in ein Vorher und Nachher eingeordnet und damit relativiert werde, doch eine massive Außerkraftsetzung wurde als absolute Ausnahme erst in jüngster Zeit gefordert, deutlich ablesbar am sogenannten Historikerstreit; er brachte inhaltlich kaum Ertrag, aber stellte eine historisch nicht einzuordnende Singularität heraus. Ernst Nolte glaubte zu erkennen (1986), daß zwischen den Morden der Bolschewisten in den zwanziger Jahren und der Judenvernichtung der Nationalsozialisten, dem Holocaust, ein »kausaler Nexus« bestehe, als sei – um es zugespitzt auszudrücken – Hitler bei Stalin in die Schule gegangen. Das trug ihm den Vorwurf der Verharmlosung ein, der »Historisierung«; das führe zu einer »historischen Einebnung des Exzeptionellen, eben der Vorgänge und Verhältnisse, die Auschwitz möglich gemacht haben« (Jürgen Habermas). Die Frage der Behandlung des Holocaust – im »Historikerstreit« am stärksten aufgebrochen – bewegt die Deutschen bis heute: Man spricht von einer »Vergangenheit, die nicht vergehen will«. Der moralische Appell läßt die Deutschen nicht »wegschauen«.

Mit einer merkwürdigen Verzögerung konzentriert sich in den letzten Jahren das historische Interesse der Deutschen auf die Frage des Geschehens und der Schuld während und durch den Nationalsozialismus: Daniel Goldhagens Buch (*Hitlers willige Vollstrecker. Ganz gewöhnliche Deutsche und der Holocaust*, 1996), eine an der Harvard University angefertigte Dissertation, Victor Klemperers (1881–1960) 1995, lange nach seinem Tod, herausgebrachten Tagebücher *Ich will Zeugnis ablegen bis zum letzten*, Steven Spielbergs Film *Schindlers Liste* 1993 (auch hier war das zugrundegelegte Buch von Th. Keneally schon früher, 1982, auf dem Markt) und schließlich die vom privaten Hamburger Institut für Sozialforschung gestaltete und seit 1996 durch die Bundesrepublik reisende Ausstellung über die Verbrechen der deutschen Wehrmacht im letzten Krieg. Hinzu kommt, daß die Historiker selbst die Biographien ihrer in der Nazizeit aufgestiegenen Lehrer minutiös auf die Frage untersuchen, ob braune Flecken zu erkennen seien. Es werden klingende Namen genannt, Verfasser grundlegender Werke und weitverbreiteter Handbücher, nach denen noch heute studiert wird (Th. Schieder, H. Heimpel, W. Conze, K.D. Erdmann, O. Brunner, J. Vogt, P.E. Schramm). Die Geschichtsbetrachtung, eingeengt auf die zwölf Jahre des Dritten Reiches, ist zu einer moralischen Frage geworden.

Deutschland steht zwar mit dieser Diskussion nicht allein, aber nirgendwo sind die Beschäftigung und Auseinandersetzung so tief und wundenreich. Eine Befragung von über 30 000 Jugendlichen in 25 europäischen Staaten in den Monaten von Ende 1994 bis zum Frühjahr 1995 förderte das Ergebnis zutage, daß deutsche Jugendliche an Geschichte, zumal früherer Epochen, entschieden weniger interessiert sind als der Durchschnitt ihrer Altersgefährten – jedoch mit einer Ausnahme: der Zeit von 1800 bis 1945.

Die Zeit des Nationalsozialismus und ihre Aufarbeitung nehmen den Deutschen den Blick auf frühere Zeiten. Es herrscht eine merkwürdige Verzagtheit, sich zur früheren deutschen Geschichte zu bekennen, aus Angst es sei zuviel nationaler, chauvinistischer Geruch damit verbunden. Frankreich feierte den Regierungsbeginn Hugo Capets 987 in hybrider Selbstverständlichkeit als Beginn der Geschichte Frankreichs; Italien hat in mehreren hundert Veranstaltungen der Geburt des Staufers Friedrich II. 1194 gedacht, während in Deutschland so gut wie nichts geschah. Zusammenhänge werden nicht mehr bedacht. Die Präambel der Weimarer Verfassung beginnt mit den Worten: »Das deutsche Volk, einig in seinen Stämmen«, eine Formulierung, die ähnlich auch ein mittelalterlicher Autor hätte gebrauchen können. Wie aus dem gentil verstandenen deutschen Reich Verwaltungsdistrikte geworden sind, Bindestrich-Länder (Nordrhein-Westfalen, Rheinland-Pfalz, Baden-Württemberg, Mecklenburg-Vorpommern, Sachsen-Anhalt), so sind manche Ereignisse und Geschehnisbereiche, die früher eine zentrale Rolle spielten, im deutschen Geschichtsbewußtsein zurückgetreten.

Die »Ostkolonisation« konnte man bis 1945 als die »größte und unverlierbare Leistung des deutschen Volkes« bezeichnen (so der angesehene Greifswalder Historiker Adolf Hofmeister 1928), doch von der Einschätzung ist nicht mehr viel übriggeblieben. »Unverlierbar« war sie, wie erlebt, nicht, und daß sie eine große Leistung war, stößt gewiß auf den Widerspruch der polnischen Nachbarn, denen der kolonisierende deutsche Ordensritter als Unglück bringender Unterdrücker erschien. Vor 1945 war gerade dieser Teil der deutschen Geschichte, der sich in den Räumen Schlesien, Pommern, Ost- und

Westpreußen abspielte, mit der markigen und expansionistischen Propaganda des Dritten Reiches belastet worden, die einen eigenen Mythos schuf und sich verband mit der Vision eines deutschen Lebensraumes im Osten. Trotz der »Kulturstiftung der deutschen Vertriebenen« und trotz der an die verlorene Heimat erinnernden Landsmannschaften (»Schlesien bleibt unser«) tritt dieser Teil deutscher Vergangenheit immer stärker zurück, und die deutsche Öffentlichkeit geht immer häufiger dazu über, von Gdansk, Wrocław und Opole statt von Danzig, Breslau und Oppeln zu sprechen, trotz einer prächtigen Buchreihe *Deutsche Geschichte im Osten Europas.* Die preußischen Ostprovinzen sind polnisches Gebiet, dessen Westgrenze längs der Oder und Görlitzer Neiße von der Bundesrepublik 1990 vertraglich gesichert wurde.

Wie sich hier die historische Aufmerksamkeit durch den Tatsachenbefund verschoben hat, so hat auch das Interesse an der Geschichte nach Ende des Krieges ein Ab und Auf durchlaufen. Nach der Katastrophe des Zweiten Weltkriegs hatte eine allgemeine Geschichtsverdrossenheit um sich gegriffen. Man sprach vom »Abschied von der Geschichte« (so Alfred Weber), vom »Verlust der Geschichte« (so Alfred Heuß). Niemand wollte sich so richtig mit der Geschichte einlassen, die manchem nichts anderes war als – wie Arnold Toynbee es ausgedrückt hat – »just one damned thing after another«. Auch als die Bereitschaft zunahm, sich mit der Geschichte wieder zu beschäftigen, wurden einige Bereiche – zum Beispiel eben die Ostsiedlung –, gemessen an der Aufmerksamkeit, die sie früher genossen, verhältnismäßig wenig beachtet. Später, angelehnt an die 68er-Bewegung, beanspruchte eine von der empirischen Soziologie und von Sozialutopien gespeiste Sozialgeschichte Aufmerksamkeit, und der Ruf nach philosophischer Unterfütterung kam auf, indem ein »Theoriedefizit« festgestellt wurde. Bald beanspruchte auch die Alltagsgeschichte, das Leben des kleinen Mannes, ein Beachtungsrecht. Und Zweifel an dem Sinn einer Geschichtsbetrachtung überhaupt wurden von außen gesät. Der transatlantische Einfall Francis Fukuyamas, das *Ende der Geschichte* (und damit auch einer sinnvollen Beschäftigung mit ihr) sei in Sicht, nachdem Liberalismus und Demokratie sich überall durchgesetzt hätten (*The End of History and the Last Man*, 1992), wurde schnell abgetan; das Fruchtbarste daran war der Irrtum. Abgeebbt, doch noch nicht ganz abgeschlossen ist die Diskussion um Sir Charles Percy Snows (1905–1980) berühmten Vortrag von 1959 über die »zwei Kulturen« (*The Two Cultures and the Scientific Revolution*): Eine allgemeine Bildung gebe es nicht mehr, beziehungs- und verständnislos ständen Natur- und Geisteswissenschaften nebeneinander. Mag auch eine feste Bildungsnorm nicht mehr bestehen, so bleibt das im Menschlichen liegende Interesse, die natürliche Hinwendung zu seiner Vergangenheit.

Lehrreich ist ein Blick in jene schon vorher erwähnte Erhebung bei europäischen Jugendlichen 1994/95. Fukuyama und Snow berühren sie nicht, die Alltagsgeschichte findet wenig Zuspruch, auch nicht irgendwelche Methodenlehre. Was aber hoch geschätzt wird, das sind

Museums- und Ausstellungsbesuche, und die Zahlen belegen es. Schon die Ausstellung über Karl den Großen (1965) deutete die Empfänglichkeit an, doch geradezu revolutionär kam die Stuttgarter Stauferausstellung (1977) an. Innerhalb von nur sechs Wochen flanierten rund eine dreiviertel Million Besucher durch die Räume; der vierbändige und fast zehn Pfund schwere Katalog ist mit über 170 000 verkauften Exemplaren der größte Erfolg eines wissenschaftlichen Werkes über die staufische Kaiserzeit. Der Trend setzt sich fort, wie die große Osnabrück-Münsteraner Ausstellung 1998 zum Westfälischen Frieden zeigt. Es ist keine Frage, daß die über das Auge gewonnene Belehrung am bereitwilligsten angenommen wird. Neben Film und Fernsehen hat das Buch einen geringen Freizeitanteil von höchstens vier bis sieben Prozent – sagt die Statistik.

Die Erhebung 1994/95 gibt noch über eine andere Bevorzugung überraschende Auskunft. Der Familiengeschichte, dem Schicksal der eigenen Vorfahren, gilt besondere Aufmerksamkeit. Sie kann in alten Zeiten einsetzen. Bei den Kuenheims zum Beispiel bei Daniel von Kuenheim († 1507), der nach mancherlei Verpfändungstechtelmechtel 1474 aus der Hand des Hochmeisters des Deutschen Ordens Hermann von Richtenberg »für seine treuen Dienste, Tapferkeit und Umsicht im Kriege« das Dorf Mühlhausen bei Preußisch-Eylau (heute im russischen Teil des alten Ostpreußen gelegen) empfangen hat, zehn Kilometer südlich von Tharau, dessen »Ännchen« in samländischer Mundart bedichtet wurde – angeblich 1637 von Simon Dach –, was Herder 1778 ins Hochdeutsche wendete und Friedrich Silcher 1825 innig vertonte. Daniel von Kuenheim war durchaus geschäftstüchtig. Er zog 1492 nach Rom und kaufte einen Ablaßbrief, um eine Wallfahrt einzurichten, die ihm so viel einbrachte, daß er die zusammengefallene Kirche, deren Patronatsherr er war, erneuern konnte, die heute noch steht und den Schutz der russischen Denkmalbehörde genießt. In ihr liegt begraben mit fünf ihrer Kinder Luthers Tochter Margarethe († 1570), die mit einem Enkel des Daniel verheiratet war: deutsche Geschichte im Osten.

Hier ist es an der Zeit, nachdem das Geschichtswissen und das Geschichtsinteresse unserer Zeit ausgeschritten sind, auf die Frage des Vorteils und Nutzens historischer Bildung zurückzulenken. Historische Bildung: Sie könnte in der nicht gerade vor dem Strang schützenden, aber wohltuenden Sicherheit liegen, über seine Herkunft Bescheid zu wissen und über die eigene Identität ins Klare zu kommen: das Fremde, das Andere kennenzulernen und das historisch Außerordentliche unserer Situation; Respekt zu erwerben vor der Kraft des Immateriellen und der partiellen Nichtplanbarkeit künftigen Geschehens. Nietzsches Furcht der Herabminderung eigener Kreativität durch eingefülltes und den Denkstil diktierendes Wissen ist bedeutungslos geworden, denn es besteht ein bildungshistorischer und die Menschen normierender Kanon kaum noch.

Daß aus der Geschichte Lehren zu ziehen seien – »historia vitae magistra« –, was Hegel mit Folgen, die er nicht im Auge hatte, verkündete, wird hauptsächlich nur in dem generellen Sinne anerkannt, daß der Fluch eines Totalitarismus, dessen Erleben die Deutschen stigmatisierte, unbedingt abgewendet werden müsse. Es gilt, was Jacob Burckhardt warnend formulierte: Geschichte mache nicht klüger für ein andermal, sondern weise für immer. Der historische Vergleich, die Zurückhaltung vor schnellem Urteil, die Einordnung des Vorgangs in analoge geschichtliche Zusammenhänge: Dies alles gibt dem Urteil eines historisch Gebildeten eine andere Qualität als die punktuelle Wertung eines Geschichtsignoranten.

So ließe sich fortfahren, historische Bildung, was zeitgemäß wäre, zu »evaluieren«, verkrampft zuweilen. Aber dieser Nützlichkeitsbeleg verdeckt eines: die Freude an der Geschichte. Georges Duby, Mitglied der Académie Française, der Übervater der französischen Historikerschule, sprach von dem »außerordentlichen Vergnügen«, das ihm die Geschichte bereite und das er missionarisch den Menschen mitteilen möchte. Und Marc Bloch, der wegen seines Schicksals (er wurde 1944 von den Deutschen hingerichtet) und wegen seiner Werke wie ein Weisheitsverkünder behandelt wird, schrieb, er habe auf die Frage eines kleinen Jungen, wozu denn die Geschichte gut sei, dies und jenes geantwortet, um schließlich zu bekennen: »Selbst wenn die Geschichte zu nichts anderem zu gebrauchen wäre, eines muß man ihr zugute halten: sie ist unterhaltsam.« Vielleicht ist das ihr größter Vorteil.

Hubert Markl

Die Herausforderung durch das Unbekannte

Versucht man die Randbedingungen für menschliches Handeln zu verstehen, so lohnt es sich, zuerst einmal zwei – glücklicherweise irreale – Extremstandpunkte ins Auge zu fassen.

Der eine nimmt an, daß die Zukunft, wenn sie nicht sogar schon weitgehend bekannt ist, so doch durch die richtige Weltanschauung oder durch weiteren wissenschaftlichen Erkenntnisfortschritt ganz und gar vorhersehbar gemacht werden könne. Der Plan der Weltgeschichte wäre dann nur noch Schritt für Schritt zu erfüllen, größere Überraschungen wären nicht mehr zu erwarten oder zu befürchten. Menschliches Handeln wäre dann keine Verwirklichung in Freiheit mehr, sondern allenfalls Vollzug einer vorgegebenen, im doppelten Wortsinne vorgesehenen Bestimmung.

Stellen wir uns einmal vor, diese deterministische Programmablaufvision von Geschichte träfe zu: Was hätte dies für Folgen? Die Menschheit im ganzen wie jeder einzelne von uns erwiesen sich selbst noch der Illusion einer Freiheit zur selbstverantwortlichen Gestaltung ihrer Geschicke beraubt und damit einem schicksalsergebenen Fatalismus ausgeliefert, der alle Kräfte der Selbstbestimmung zum Setzen und Erreichen eigener Ziele lähmen müßte. Was zeigt, daß die – Gott sei Dank illusionäre – Vision einer hinsichtlich Zukunft wie Vergangenheit »allwissenden« Menschheit eine wahre Schreckensvision wäre, die die Menschen am Ende buchstäblich des wesentlichen Kerns ihrer Menschlichkeit berauben müßte. Das darf und das wird auch mit einer »globalen Wissensgesellschaft«, auf die wir uns nach Meinung vieler rasch zu bewegen, sicherlich nicht gemeint sein.

Wer sich – wie der Autor dieses Essays – für *Wissenschaft gegen Zukunftsangst* (München 1998) ausspricht, sollte daher gleich von Anfang an klarstellen, daß eines nicht damit gemeint sein kann: das Streben nach einem Zustand des Wissens, der der Zukunft alles unvorhersagbar Bedrohliche nimmt und uns daher auch von allen Ängsten vor dem, was sich künftig alles ereignen könnte, befreien würde. Nicht nur, daß dies ein unsinniges und unerfüllbares Verlangen wäre. Schlimmer noch: Ließe es sich erfüllen, wäre es tatsächlich das Ende eines lebenswerten menschlichen Daseins, da es das Ende jeder selbstverantwortlichen Freiheit zum Handeln wäre. Im kurz- oder mittelfristigen historischen Zeithorizont von sagen wir einmal einigen hundert oder tausend Jahren wird wohl – insbesondere nach der Entzauberung der vermeintlichen Vorhersagemacht des historisch-dialektischen Materialismus – kaum jemand solchen Allwissenheitsträumen über die menschliche Zukunft nachhängen.

Aber vergessen wir nicht: Für die astronomisch lange Sicht von Abermillionen Jahren sagt uns die moderne physikalische Kosmologie das unabänderliche Schicksal unseres Planetensystems mit genau solcher Wissensgewißheit voraus. Zusammen mit aller menschlichen Zivilisation, wie immer sie dann auch beschaffen sein mag, wenn es sie überhaupt noch gibt, wird unser Planetensystem im Feuersturm einer zum alles verschlingenden Glutball aufschwellenden Sonne verglühen. Daß uns dies dennoch nicht weiter stört, verdanken wir einem Geschenk der Evolution unseres Wahrnehmungsvermögens, das ausreichend ferne Risiken grundsätzlich einer zeitproportionalen Abwertung unterwirft, die uns bei dem Gedanken an die künftige Entwicklung des Sonnensystems noch nicht einmal den Hauch eines Schauerns verspüren läßt. Der gleichen subjektiven Fernrisikoentwertung verdanken wir ja letztlich auch die Unbekümmertheit, mit der wir einen großen Teil unseres Lebens unsere absolut sichere Sterblichkeit zumeist schlicht ignorieren.

Betrachten wir daher das andere illusionäre Extrem der menschlichen Lage. Die Zukunft wäre demzufolge nicht nur völlig unvorhersehbar und auch nicht begrenzt zu überblicken, zugleich voller Ungewißheiten, nein, sie wäre für uns vollständig dunkel, wir würden ganz und gar nichts davon wissen, was uns bevorstehen könnte. Wir wären, diesmal als anderes Extrem, nicht allwissend, sondern absolut unwissend. Unser Leben lebten wir daher nur in der bewußt wahrgenommenen Gegenwart und in einer Welt verblassender Erinnerungen, vielleicht verbunden mit der Illusion, durch unser Handeln Einfluß auf die Zukunft nehmen zu können, die dann allerdings dennoch gänzlich unabhängig davon, was immer wir tun,

Ereignisse bringt, in die wir uns wiederum nur schicksalsergeben fügen könnten.

Wir sehen also, daß die beiden Extremansichten von Allwissenheit wie von Allunwissenheit zur gleichen Konsequenz führen müßten: les extrèmes se touchent! Aber wiederum gilt selbstverständlich, daß wir uns, genauso wie im ersten Fall schwerlich so klug, so im zweiten Fall schwerlich so dumm zu stellen vermöchten, um eine solche Annahme wirklich ernst zu nehmen. Dennoch sollten wir es uns auch hier nicht vorschnell zu leicht machen mit der Ablehnung im Vertrauen auf unser zwar evidentermaßen begrenztes, aber doch durchaus beachtliches, vor allem wissenschaftlich begründetes Wissen über die Entwicklung jedenfalls der näheren Zukunft. Es gibt nämlich einen berühmten, experimentalpsychologischen Befund, den Martin E. P. Seligman zuerst an Versuchstieren entdeckt und als »erlernte Hilflosigkeit« bezeichnet hat. Wenn ein solches Tier im Experiment nämlich die Erfahrung macht, daß es durch sein Verhalten die Wahrscheinlichkeit einer Bestrafung in keiner erlernbaren Weise beeinflussen kann, dann verfällt es in einen tief »depressiven« Zustand verharrend hilfloser Inaktivität. Gleichsam also in eine dumpfe »Schicksalsergebenheit«, die verständlicherweise mit dem trostlosen Stumpfsinn von Menschen verglichen wurde, die jede Hoffnung aufgegeben haben, durch eigene Anstrengungen ihr Schicksal verändern zu können, weil sie immer nur die Erfahrung des Versagens und Verlierens gemacht haben, weil sie also nicht mehr daran glauben können, ihre Zukunft positiv zu verändern. Wir sehen an einem solchen, zugegebenermaßen eher verhaltenspathologischen Extrem, von dem auch keineswegs sicher ist, ob es einfach auf Menschen übertragen werden kann, wohin es führen könnte, wenn wir unsere Zukunft als tatsächlich von vorneherein ganz und gar und in jeder Weise unvorhersehbar und damit unbeeinflußbar ansähen, wenn wir uns dem Unbekannten gänzlich machtlos ausgeliefert fühlten.

In Wirklichkeit leben die allermeisten von uns selbstverständlich weder unter dem entmutigenden noch dem angsteinflößenden Extrem einer Vorstellung von Zukunft, sondern wir versuchen, unser Lebensschiff recht genau zwischen diesen oftmals gefährlich nahen Felsen von Scylla und Charybdis hindurchzumanövrieren, um die Herausforderungen zu bestehen, die die Zukunft auf der Fahrt unseres Lebens für uns bereithält. Es ist genau diese uns allen erfahrungsgewisse Vorstellung, die wir als Herausforderung durch das Unbekannte erleben, daß wir zwar niemals genau wissen können, was diese Zukunft für uns als Individuen wie für die Menschheit im ganzen bringt, daß wir aber überzeugt sind, durchaus genug darüber in Erfahrung bringen, also vorauswissen und vorausbedenken zu können, um diese Zukunft durch kluges, verantwortungsvolles Handeln zu unserem Vorteil und zu dem anderer Menschen beeinflussen zu können (leider damit allerdings gelegentlich auch zum Nachteil von Mitmenschen!). Vor allem aber ist unsere subjektiv empfundene wie objektiv erfahrene – wenngleich theoretisch-philosophisch wie empirisch-naturwissenschaftlich doch so schwierig begründbare – Freiheit des selbstverantwortlichen Handelns genau in dieser Lage zwischen beiden Extremen eines Schicksalszwanges begründet: weder dem aus unbegrenzter Einsicht in alle künftigen Entwicklungen unseres Schicksals noch dem aus depressiver Verzweiflung darüber, gar nichts darüber wissen und deshalb auch gar nichts dafür oder dagegen bewirken zu können, ausgeliefert zu sein.

Eine wirkliche Herausforderung wird das Unbekannte, das die Zukunft für uns bereithält, nämlich erst dadurch, daß uns diese Zukunft weder ganz bekannt noch ganz unbekannt ist. Freiheit ist in solchem Sinne gerade nicht, wie seit den Lehren der Stoa oft wie eine unumstößliche Wahrheit zitiert, Einsicht in die Notwendigkeit, die – gäbe es sie denn – jede autonome Entscheidungsfreiheit zunichte machen müßte. Sie ist gerade im Gegenteil die Einsicht in die grundsätzlich gegebene Offenheit, die nicht zwangsläufige Vorausbestimmtheit der Zukunft, die dem Menschen Raum zum Handeln aus eigenem Antrieb, nach eigenen Werten und Zielen und in eigener Verantwortung gibt. Verbunden freilich mit der Möglichkeit des Irrens und Scheiterns, des Versagens und Verlierens, aber sogleich auch wieder mit der erneuten Chance für das Lernen aus Erfahrung, für Korrektur und Umkehr, für erneute selbstbestimmte Zielsetzung. Gerade weil das Unbekannte nie ganz bekannt werden kann, aber auch niemals ganz unbekannt bleibt, verleiht es der Zukunft jene ambivalente Anziehungskraft, in der sich untrennbar Gefühle hoffnungsvoller und furchtsamer Erwartung vermischen. Erst aus dieser Ambivalenz gewinnt die unbekannte Zukunft ihren herausfordernden Reiz, Hoffnungen zu verwirklichen und Ängste zu überwinden – nur um schon im nächsten Schritt wieder vor den neuen, gleichen Herausforderungen durch das neue Unbekannte der Zukunft zu stehen.

Warum ist diese Lage so, wie hier in wenigen Strichen angedeutet? Warum kann es uns niemals gelingen, uns sichere Kenntnis über die Zukunft zu verschaffen, die uns dann auch – scheinbar – erfolgssicheres, risikoloses Handeln ermöglichen würde, etwa weil wir das eherne Gesetz der Geschichte erkannt und auf unserer Seite haben? Zur Antwort darauf verhilft uns ein kurzer Blick auf einige wesentliche Bedingungen für die evolutionäre Entwicklung des Lebens in der gesamten Biosphäre, weil es nämlich genau dieselben Bedingungen sind, die auch das menschliche Dasein in allen seinen Formen fortwirkend bestimmen.

Die erste Wurzel der grundsätzlichen Unbestimmtheit und damit der niemals gänzlichen Vorauserkennbarkeit der Zukunft liegt in der unabänderlichen Herrschaft des Zufalls, der die quantenphysikalische Kausalität in der atomar-molekularen Mikrostruktur der gesamten physischen Welt und damit auch in der gesamten belebten Welt bestimmt. Sie ist die Quelle der Variabilität, und zwar einer im Einzelfall prinzipiell unvorhersagbaren Variabilität aller Lebensformen, die es wiederum mit sich bringt, daß von Tag zu Tag, von Generation zu Generation ein unaufhörlicher Wandel alles Lebendigen vor sich geht, der die Daseinsbedingungen der Zukunft für das Leben niemals vollständig aus den heute gegebenen Daseinsbedingungen vorhersagen läßt. Im

Schauspiel des Lebens bestimmen nämlich immer neue Akteure, was gespielt wird. Da sich dieses Lebensschauspiel darüber hinaus immer unter den Bedingungen der Begrenztheit irgendwelcher lebensnotwendiger Ressourcen abspielen muß und da zudem alle Lebensformen ohne Ausnahme dazu fähig sind, sich bis zum Erreichen solcher Knappheitsgrenzen exponentiell zu vermehren, entsteht aus Variabilität, Vermehrung und Knappheit in gesetzmäßiger Konsequenz ständige Konkurrenz um lebenssichernde Ressourcen, und das in einem Spiel, dessen Spielpartner und Spielregeln sich unaufhörlich und, wie erläutert, unvorhersehbar ändern.

Dies ist aber nur die eine Quelle der prinzipiellen Unvorhersagbarkeit der Zukunft für alles Leben. Die andere ergibt sich daraus, daß die Biosphäre von Anbeginn des Lebens auf unserem Planeten bis zum heutigen Tag und in alle Zukunft ein komplexes System aus zahlreichen, verschiedenartigen, in ständig sich gegenseitig beeinflussender Wechselwirkung stehenden unbelebten und belebten Bestandteilen darstellt, dessen Zustand sich ständig nichtlinear-dynamisch verändert, u. a. gerade auch wegen der soeben geschilderten Variantenkonkurrenz. Aber selbst wenn es in einem solchen tatsächlich sogar hyperkomplexen, das heißt selbst wieder aus komplexen Subsystemen aufgebauten System nur mit absolut deterministischer Kausalität zuginge, was aus mikrophysikalischen Gründen gar nicht möglich ist, wäre seine Zukunftsentwicklung dennoch niemals mit Sicherheit aus der Kenntnis gegebener Existenzverhältnisse vorherzusagen. Mit anderen Worten: Leben in einem solchen System heißt immer – im Positiven wie im Negativen –, den Herausforderungen durch das Neue, Unvorhersehbare, Unbekannte ausgesetzt zu sein. Dies gilt ausnahmslos für jedes Lebewesen.

Nichts daran hat sich auch mit der Heraufkunft des denkfähigen, des wißbegierigen Wesens Homo sapiens geändert. Die beiden Hauptquellen der Ungewißheit der Zukunft bleiben unverändert bestehen. Ihre Auswirkungen haben sich im Gegenteil sogar noch vervielfältigt, und zwar gerade deshalb, weil der Mensch zur Erlangung von mehr Wissen über Vergangenheit, Gegenwart und Zukunft befähigt ist als jedes andere uns bekannte Lebewesen (denn über im metaphysischen Raum existierende, höhere Wesen, wie Engel und deren Vorgesetzte, können wir ja nur gläubige Vermutungen anstellen). Diese paradoxe Verstärkung der Unvorhersehbarkeit der Zukunft gerade durch die nach Vorhersicht verleihendem Wissen forschenden Bemühungen des Menschen beruht zum einen darauf, daß die Menschheit seit jeher, verstärkt jedoch in den letzten Jahrtausenden und Jahrhunderten, durch wissensgeleitete Technologieentfaltung dem ohnehin hyperkomplex aufgebauten System der Natur noch weitere Ebenen hyper-hyperkomplexer kultureller Entwicklungen überlagerte. Diese beeinflussen immer stärker die gesamte Biosphäre mit wachsender Populationsgröße der Menschheit – 1999 werden erstmals sechs Milliarden überschritten! – und wachsender ökonomisch-zivilisatorischer Kräfteentfaltung dieser zu einem Netz-Koloß verbundenen Menschenmassen mit grundsätzlich nicht voraussagbaren Konsequenzen.

Indem der Mensch durch seine Zivilisation schöpferisch eine neue »Natur« hervorbringt, macht er es gerade dadurch schwieriger, aus Einsicht in die natürlichen Entwicklungen der Vergangenheit die Zukunft des Gesamtsystems aus Natur und Kultur vorherzusagen.

Zum anderen ergibt sich gerade aus der Erkenntnisfähigkeit des »wissenden Menschen« noch eine ganz neue Ebene der Konkurrenzentfaltung, die den fortbestehenden Phänomenen evolutionär-natürlichen Wettbewerbs erneut überlagert ist. Nämlich die geistige Konkurrenz von Ideen, Vorstellungen, Meinungen, Absichten, Erwartungen und Befürchtungen, die sich vor allem daraus ergibt, daß keiner von uns allein in der subjektiven Innenerfahrungswelt seines Bewußtseins lebt, sondern immer zugleich durch sprachliche Verständigung verbunden in den Gedanken- und Gefühlswelten unzähliger anderer Menschen. Und dies sogar – um es vollends hyperkomplex zu machen – nicht nur lebender, sondern sogar längst verstorbener Menschen, deren vermeintliches oder wirkliches Glauben, Wissen, Denken, Wollen und Fühlen uns durch soziale Tradition in der eigenen sozialen Gemeinschaft, vor allem durch schriftlich tradierte Literatur, wie von potentiell unbegrenzt vielen anderen solchen Gemeinschaften übertragen werden.

Wir konkurrieren daher nicht nur als weiterhin existierende biologische Wesen, die wir selbstverständlich sind und bleiben, um unser täglich Brot und alles, was sonst noch an knappen Ressourcen zum Leben gehört: Genauso konkurrieren wir mit Gedanken, Erkenntnissen, Erfindungen, vor allem aber auch mit unseren Vorstellungen über erwartete, mögliche, herbeigesehnte oder verabscheute »Zukünfte«, die wir durch unser Handeln allein wie gemeinsam mit anderen beeinflussen und gestalten, ja in einem ganz eigentlichen Sinn sogar durch schöpferisches Wirken selbst herbeiführen und damit erschaffen können. Die Zukunft birgt für den Menschen daher gerade deshalb die Herausforderung durch das Unbekannte, weil niemand von uns wissen kann, was der schöpferische Geist des Menschen noch alles hervorbringen wird! Wir wissen dies nicht einmal vom eigenen Geist – wieviel weniger noch von dem unserer Milliarden Mitmenschen.

So ist die Welt des Homo sapiens zwischen der Scylla der positiv illusionären Allwissenheit und der Charybdis der negativ illusionären Allunwissenheit also beschaffen: zur begrenzten Voraussicht in die Zukunft – vor allem der eigenen Verletzlichkeit und Sterblichkeit – befähigt, ja verpflichtet, aber auch in gewissem Sinne verdammt; doch zugleich auch zu noch viel weiterreichender Einsicht verurteilt, daß er niemals genug darüber wissen kann und wissen wird, was diese Zukunft für den einzelnen, seine Familie, seine soziale Gemeinschaft und für die Menschheit als ganze noch alles bringen wird; einerseits also auf das Folterbett der Ungewißheit über die Zukunft gespannt, das aber andererseits zugleich auch ein Lotterbett der Lust auf die Herausforderungen durch das Unbekannte ist, die dem Spiel der Gene wie der Gedanken entspringen können. Wir existieren in einer Welt – ganz im Schopenhauerschen

Sinne – aus »Wille und Vorstellung«, nämlich durchdrungen von den Antrieben vitaler Verwirklichung von Lebenswünschen und Lebensnotwendigkeiten aller Art und zugleich geprägt und geleitet durch die Vorstellungen, die wir uns über Vergangenheit, Gegenwart und mögliche Zukünfte machen.

Dabei spielt nun die Befähigung dieses wissensfähigen Wesens Homo sapiens zur begrifflich-sprachlichen Kommunikation, das heißt im Wortsinne »Vereinigung« mit unbegrenzt vielen lebenden wie toten Mitmenschen eine fundamentale Rolle bei der Abgrenzung der Daseinsbedingungen unserer Tiervorfahren von denen des Menschen. Dies vor allem deshalb, weil das, was die Grundlage unserer Wissensfähigkeit ausmacht, unser denk- und fühl- und willensfähiges Bewußtsein, zwar gewiß seine biologisch-physischen Wurzeln in den genetisch vorgeprägten Leistungen des exorbitant vergrößerten Gehirns unserer Spezies hat. Unsere Biologie gibt uns gleichsam die biogene Kompetenz zur Entfaltung solchen Bewußtseins der Wirklichkeit unter Einschluß des eigenen Selbst. Die spezifischen Inhalte dessen, was wir davon als unser Ich, unser Selbst und zum Unterschied davon als die Welt außerhalb unseres Ich, vor allem als das Du, also als das Ich anderer Mitmenschen erfahren und erkennen, werden jedoch in ganz wesentlicher Weise erst durch unseren kommunikativen Gedankenaustausch, durch sprachliche wie nichtsprachliche Äußerung unserer Innenwelt und Wahrnehmung solcher Äußerungen der Innenwelten unserer Mitmenschen geformt. Vielleicht könnten wir gar nicht einmal selbstbewußt von unserem Ich und seinen Eigenschaften sprechen, ja sogar überhaupt in solchen Begriffen darüber denken, wenn es uns – sprachunfähig – verwehrt wäre, im Lauf unserer Bewußtwerdung in der kindlichen Entwicklung von anderen über ihr Ich und seine Inhalte zu erfahren. Unser Ich enthält nämlich notwendigerweise, um sich definieren, das heißt als Selbst abgrenzen zu können, immer schon eine mitgedachte Vorstellung vom Du, vom Nicht-Ich, beginnend mit den ersten Daseinserfahrungen mit Eltern und Geschwistern und ständig durch sprachliche Wechselwirkung mit vielen anderen ergänzt, verfeinert und verdichtet. Deshalb ist das unbekannte Du für das Erkennen des eigenen Ich eine ganz wesentliche Voraussetzung und das Sprachvermögen das wichtigste Mittel zu solcher Erkundung.

Daher ist die Herausforderung durch das Unbekannte, das in der Zukunft auf uns wartet, auch immer schon eine gemeinschaftlich definierte und erlebte Herausforderung, weil alles, was wir über die Zukunft zu ahnen oder zu wissen glauben, und alles, was wir in ihr bewirken wollen, immer schon eingebettet in unsere Vorstellungen darüber ist, was andere vor uns darüber gedacht, gewußt oder getan haben und was andere neben uns darüber zu wissen meinen und zu tun beabsichtigen. Die Herausforderung durch das Unbekannte ist also nicht nur – wie für die Abenteuerreisenden vergangener Jahrhunderte – die Herausforderung durch unbekannte ferne Länder und Kontinente und auch nicht nur – wie für die Weltraumreisenden der Zukunft oder der Sciencefiction – eine Herausforderung durch künftig für möglich gehaltene Explorationen ferner Welten. Es ist immer zugleich eine Herausforderung durch das Unbekannte in uns selbst und in den Köpfen anderer Menschen, in ihren unausgesprochenen oder vielleicht noch gar nicht ausgedachten Gedanken, Vorstellungen, Absichten, Wünschen, Erfindungen und Plänen.

Die Herausforderung durch das Unbekannte ist für den denkenden, den wissensfähigen, den vor allem über die eigene Wissensfähigkeit wie über jene anderer Menschen Bescheid wissenden Menschen vor allem auch eine Herausforderung durch die unbekannten, unvorhersehbaren und in gewisser Hinsicht unbegrenzten Möglichkeiten des schöpferischen menschlichen Geistes. Denn ihm entspringen heute mehr denn je die hoffnung- wie die furchterregenden Möglichkeiten der Erforschung, Erfindung und Erschaffung der Zukunft.

Es gehört neben der Entstehung des Lebens sicherlich zu den wunderbarsten Schöpfungen der kreativen Natur, daß mit der Entfaltung des menschlichen, bewußten Geistes, verbunden mit den nahezu grenzenlos kreativen Möglichkeiten der begrifflich-symbolischen Sprache, eine Erweiterung der dreidimensional räumlichen bzw. vierdimensional raumzeitlichen physischen Welt in eine zusätzliche geistige Dimension erfolgt ist. Um in der realen Welt wirksam werden zu können, muß sie freilich ihren Niederschlag in der physischen Realität des Kommunizierens und Handelns finden. Die Herausforderungen durch die unbekannten Inhalte dieser geistigen Welt übertreffen alles, was die natürliche Realwelt an Überraschungen für uns bereithält, wie uns vor allem das Erlebnis künstlerischen Schaffens in Literatur, Musik oder darstellenden Künsten ständig aufs neue lehrt. Vor allem bringt dies für jeden von uns eine Herausforderung ganz eigener Art mit sich: durch eigenes Denken und Handeln schöpferisch tätig werden zu können und damit die Welt durch Neues zu bereichern.

Wissenschaft als der Weg, die gesamte – natürliche wie geistige – Wirklichkeit durch Forschung so zuverlässig erkennbar zu machen, daß wir uns in ihr zurechtfinden und auf der Grundlage solchen Wissens unsere Zukunft selbst gestalten können, ist in solchem Sinn betrachtet gerade kein Mittel, um uns durch suggerierte Allwissenheit oder gar fantasierte Allmacht zum Herrscher über das Unbekannte der Zukunft zu machen und es damit wie durch eine neue Art von Zauber – einen szientistischen Zauber – zu bannen. Wissenschaft ist aus einem ganz anderen Grund das beste Mittel – oder jedenfalls für viele dafür aufgeschlossene Menschen ein besonders geeignetes Mittel –, um uns die unvermeidlichen Ängste vor den Ungewißheiten der Zukunft mit Zuversicht und Vertrauen in die eigenen Fähigkeiten ertragen zu lassen. Denn Wissenschaft macht grundsätzlich jedermann und jederfrau die mit den Methoden wissenschaftlicher Forschung aufklärbaren Tatsachen der Wirklichkeit so klar und verständlich wie menschenmöglich erkennbar. Weil sie uns durch solche Einsicht – auch in die Begrenztheit unseres Wissensvermögens und unserer Handlungsfähigkeiten! – dazu instand setzt, uns nicht vor imaginierten Schrecknissen der Zukunft zu ängstigen, sondern im Bewußtsein unseres Wissens und

Könnens die Welt des Neuen, noch Unbekannten zu erkunden und durch eigenes, erfinderisches, schöpferisches Zutun so zu gestalten, wie wir dies für erstrebenswert und verantwortbar ansehen. Wissenschaft kann die Zukunftsangst vor den Herausforderungen, die das Unbekannte für uns bringen könnte, also gewiß nicht in Nichts auflösen. Sie kann uns aber dazu anleiten, unseren geistigen und technischen Kräften zu vertrauen, weil wir das, was sich an der Wirklichkeit verstehen läßt, durch sie verstehen lernen und weil wir sie auf dieser Grundlage einsichtig zu nutzen vermögen, um Wege in die unbekannte Zukunft zu bahnen.

Wissenschaft erzählt uns nicht irgendwelche beliebigen Geschichten über die Welt. Sie ist darauf verpflichtet und erfreulicherweise auch dazu imstande, uns nach bestem Vermögen die tatsächlich zutreffende Erklärung der wirklich existierenden Welt zugänglich und uns damit zugleich durch solches Wissen handlungsfähig zu machen, die Herausforderungen durch die unbekannten Möglichkeiten der Fortentwicklung der Welt, in der wir leben, mit Zuversicht anzunehmen. Gerade weil es dabei nicht um das Sichtbarmachen einer vorbestimmten, verborgenen, zwanghaft eintretenden, schicksalhaften Zukunft geht, die hinzunehmen die Wissenschaft uns zumutet, sondern um eine Zukunft, die wir gemeinsam mit allen Mitmenschen und Mitlebewesen – gewiß in beständigem Wettbewerb, aber dadurch zugleich auch in unauftrennbarem kooperativen Wechselwirken – zu erfinden, zu erschaffen und zu verwirklichen haben. Eine solche wissensbegründete und wissenschaftsgeleitete

Sicht eines Lebens, das die Herausforderungen durch das Unbekannte nicht nur nicht scheut, sondern sogar mit Selbstvertrauen und Begeisterung anpackt, erfordert freilich einen Menschen, dessen Geist und Charakter, dessen Denken, Fühlen und Wollen durch Bildung und Erziehung so vorbereitet und ermutigt werden, daß er oder sie in einer solchen wissensgeprägten Welt seine oder ihre Aufgaben übernehmen kann.

Ein Bildungswesen, das durch Überforderung mit anzulernendem Wissensstoff einschüchtert, wäre dazu genauso wenig geeignet wie eines, das durch unzureichende Vorbereitung auf eine wissenschaftliche Weltsicht und kritiklose Beliebigkeit einer alles relativierenden Unterhaltungsattitüde gegenüber der Wirklichkeit ausliefert – der Astrologie genauso viel oder wenig gilt wie Astronomie, Wunderglauben genauso viel wie wissenschaftliche Einsicht. Ein Bildungs- und Erziehungswesen, das junge Menschen wirklich befähigt, sich auf gefestigter Wissensgrundlage mutig und freudig dem Wagnis der selbstverantwortlichen Gestaltung der ungewissen Zukunft zu stellen, muß ihnen die Anstrengung des Lernens und Verstehens dessen, was wir über die Wirklichkeit, in der sie leben, wissen, genauso zumuten, wie es die Freiheit der Erfahrung eigener Fähigkeiten zum Erkennen und Lösen von Problemen nicht nur gewährt, sondern geradezu aufnötigt. Menschen sind – gleich aus welchem Grund, ob aus Veranlagung oder Entwicklungseinflüssen – in unterschiedlichem Maße und in unterschiedlicher Weise dazu befähigt, diese Kräfte zu entfalten, die Herausforderung durch das Unbekannte zu suchen und zu bewältigen. Jene Eliten – der Theorie wie der verschiedenartigsten praktischen Erfahrungsbereiche –, die dies am besten vermögen, bilden sich in einer freien Gesellschaft ganz von selbst heraus. Sie werden gerade dadurch am besten gefördert, daß man sie nicht immerzu fordert und auf sie hinerzieht, sondern indem man den jungen Menschen den Freiraum zur Selbstentfaltung sichert und sie zur Selbstverantwortung befähigt und veranlaßt.

Das Unbekannte, das auf diesem Weg in die Zukunft verlockt und zugleich unvermeidlich auch bange Erwartung auslöst, ist also nicht wie ein ferner, fremder Kontinent präexistierender Wirklichkeit, auf den freundliche Winde oder widrige Stürme das Schiff unseres Lebens zutreiben. Es ist viel eher eine ganz neue, niemals zuvor existente Wirklichkeit, die erst aus unserer Imagination erschaffen werden muß. Allerdings nicht beliebig, sondern in den Grenzen, die uns die erforschbaren Gesetzmäßigkeiten der Wirklichkeit dafür setzen, weshalb wir ja eben die wissenschaftliche Erkenntnis dieser Gesetzmäßigkeiten zu unserer Lebensverwirklichung in diese unbekannte Zukunft hinein benötigen.

Der größte Trost für jeden von uns, der in einer solchen Sicht der Welt ob der eigenen beschränkten Kräfte und Fähigkeiten – des Wissens, Erkennens und Handelns – immer wieder einmal verzagen möchte, ist sicherlich die Tatsache, daß die Bewältigung dieser Herausforderungen durch das Unbekannte niemals das Werk einzelner Menschen sein kann, sondern immer das gemeinsame Werk in ständiger Wechselwirkung stehender Gemeinschaften, kleiner wie großer, bis hin zur gesamten Menschheit als ganzer. Die Befähigung dieser gesamten Menschheit, durch mündliche wie schriftliche und bildliche lehr- und lernbare Überlieferung Wissen und Können kontinuierlich zu akkumulieren, bringt es dabei mit sich, daß zwar der einzelne immer nur sehr begrenzte Beiträge zum wachsenden Ganzen liefern und selbst auch nur winzige Ausschnitte des Ganzen wirklich klar erkennen kann, daß aber letztlich nichts auf immer verlorengehen muß, was an Wissen oder Können einmal erlangt werden konnte, weil jeder dazu beitragen kann. Und sei es nur deshalb, weil wirkliches Wissen und Können, das sich auf die reale Wirklichkeit bezieht, bei Bedarf immer wieder neu erkannt und erfunden werden kann, solange die Menschheit ihre Kompetenz zur Erforschung von Wissen und Können nicht verliert.

Die Herausforderung durch das Unbekannte erweist sich aus einer solchen Perspektive als ein in jeder Generation fortsetzbares Weiterbauen an diesem grandiosen Gesamtgebäude menschlicher Zivilisation aus Wissen und Können. Man kann dies einerseits – skeptisch gestimmt – durchaus mit einem Turmbau zu Babel vergleichen, zu dem unzählige Menschen verschiedenster Kulturen und Denkwelten ihre Leistungen beitragen. Andererseits – weniger skeptisch betrachtet – erweist es sich zugleich als ein wachsend stabiler werdendes Gebäude an zuverlässiger Erkenntnis der Wirklichkeit, an dem in die Zukunft hinein – also ins Unbekannte – weiterzubauen nicht eine erschreckende Zumutung und auch keine außer Rand und Band geratene Hybris, sondern eine beglückende Vision menschlicher Zukunft sein kann.

Die Herausforderung durch das Unbekannte ist dann, so betrachtet, genau jene Zielsetzung, die dem Leben der Menschen, die von ihrer Handlungsfreiheit selbstverantwortlichen Gebrauch machen, einen selbstgesetzten Sinn verleiht, der zugleich weit über die jeweils erkennbaren beschränkten eigenen Ziele in die Zukunft hinausreicht. Daß wissenschaftliche Erkenntnis und technisches Erfindungskönnen zur Verwirklichung einer solchen Vision sinnerfüllten Lebens untrennbar zusammengehören müssen, wenn das Unbekannte nicht nur als dunkel Drohendes, sondern auch als zu bewältigende Aufgabe erfahren werden soll, das dürfte demnach kaum zu bezweifeln sein. Ob Wissenschaft und Technik freilich hinreichen, um die Kraft und den Willen zu verleihen, sich dieser Herausforderung täglich neu zu stellen, dies wird jeder für sich selbst zu erfühlen und zu entscheiden haben. Denn soweit Wissen und Können den Menschen auch führen und ermächtigen können, der Antrieb, sich dem Wagnis eines solchen Abenteuers auf dem Weg in eine nur sehr begrenzt vorhersehbare, weithin unbekannte Zukunft auszusetzen, erfordert den Willen zum eigenverantwortlichen Handeln, der nicht allein aus rationalen Quellen gespeist wird. Ihn bei jungen Menschen zu wecken und zu bestärken erfordert mehr als Belehrung und Unterweisung: Es erfordert das Vorbild eines mustergültig vorgelebten Lebens. Hier liegt der Brückenschlag von der Unentbehrlichkeit von Eliten in einer freien Gesellschaft zur Bewältigung der Herausforderungen, vor die uns das Unbekannte stellt. Aber auch dies würde nicht ausreichen, um jungen Menschen in einer so dynamisch und nur zu oft unvorhersagbar wandelbaren Welt das Zutrauen zu geben, daß sie die Herausforderungen des Unbekannten bewältigen können, wenn nicht die angeborene Natur des Menschen ihnen dabei zu Hilfe käme. Denn – jedenfalls die meisten – Menschen haben eine geradezu dranghafte Neigung, ihrem Glück zu vertrauen und Risiken gerade dann einzugehen, wenn sie sich (jedenfalls für den Einzelfall) nicht vorauskalkulieren lassen. Anders wäre es wohl unerklärlich, warum sich fast jeder Mensch immer wieder zur Teilnahme an Glücksspielen oder gar Börsenspekulationen verlockt fühlt. Zwar hilft uns heute die Wissenschaft mit ausgeklügelten wahrscheinlichkeitsmathematischen Modellberechnungen zu möglichst realistischen Risikoabschätzungen – aber nur zu viele vertrauen dann doch ihrem Glück, selbst wenn ihre Chancen nachweislich keineswegs hoch sind.

Wer dabei wagt und gewinnt, mag sich mitunter auf Intuition berufen. Aber wichtiger als die Frage, ob dies so ist, ist die Tatsache, daß Mut zum Wagnis – der ja keine blinde Tollkühnheit zu sein braucht, sondern eher mit kühler Nüchternheit Erfolg verspricht – Vertrauen auf eigene Fähigkeiten und eben auch Hoffnung auf etwas Glück ist, was viele Menschen ganz spontan antreibt, sich im Unbekannten zu bewähren. Erziehung, die solche Anlagen ermutigt und bekräftigt, könnte das Beste sein, was wir jungen Menschen auf ihrem Weg in die verlockend-unbekannte Zukunft mitgeben können.

Realien und Realitäten

Unsere Wirtschaft: Das ist kein anonymer Moloch. Es sind Hunderttausende Persönlichkeiten in unserem Land. Sie alle haben ein Ziel: Sie wollen gewinnen, jeder für sich, allein gegen alle. Denn sie stehen miteinander im Wettbewerb. Ihre Leistung wird nach Regeln erbracht. Diese Regeln sind überall gleich. Sie liegen außerhalb unserer Entscheidung, auch außerhalb der eines einzelnen Landes. Es sind Gesetze wie in der Naturwissenschaft: Rauch steigt nach oben – produziert wird, wo es billiger ist. Wasser fließt abwärts – investiert wird, wo es sich lohnt.

Betriebsamkeit von Unternehmen bewirkt alleine noch nichts. Über ihre Leistung entscheidet die Nachfrage, und das sind Milliarden von Menschen auf den Märkten der Welt. Was in Deutschland geschieht, wird erst zum Erfolg, wenn wir auch Kunden in Amerika oder Asien für uns gewinnen.

Wirtschaften ist eine weltweite Kette. Ihre Spannkraft verantworten wir selbst. Wir brauchen allerdings eine Instanz, die Rahmenbedingungen setzt und auch überwacht. Dafür steht gemäß den Regeln unserer Demokratie der Staat in der Pflicht. Sein Gestaltungsrahmen erstreckt und beschränkt sich abgesehen von internationalen Verträgen auf den Raum der eigenen Nation.

Nur dort hat er das Privileg, aber auch die Pflicht zur Gestaltung.

Erst am Ende des Wirtschaftsprozesses entstehen als gesellschaftliche Leistung der Unternehmen neue Arbeitsplätze und Steuererträge. Erst dann hat der Staat genug zu verteilen, und zwar auch für all jene, die zur meßbaren Leistung nicht beitragen können, also unserer Unterstützung bedürfen. Das ist unser Konsens der sozialen Marktwirtschaft.

Es ist also das wirtschaftliche Wachstum, das sozialen Frieden erzeugt und erhält. Und erst sozialer Friede ist Basis für politische Stabilität, für die Gestaltungsaufgaben des Staates. Diese Arbeitsteilung von Staat und Wirtschaft hat sich bewährt – zumindest gibt es, wie der Fall aller »eisernen Vorhänge« beweist, keine Alternative.

Jahrzehntelang war das Spannungsfeld von Wirtschaft und Politik in Deutschland geradezu beispielhaft konstruktiv. Denn die Wirtschaft hat so viel – ja, eben: erwirtschaftet, daß der Staat in Fülle verteilen konnte. Seit den Jahren Ludwig Erhards ist die wöchentliche Arbeitszeit von 48 auf 35 Stunden und darüber hinaus die Lebensarbeitszeit erheblich gesunken. Zugleich ist der Jahresurlaub auf sechs Wochen gestiegen. Unser Land erzielte eines der höchsten Lohnniveaus in der Welt. Auch die Werte für Sozialversicherung oder Krankheitsvorsorge haben Höhen erreicht, bei denen die Welt sich gleichsam verwundert die Augen reibt.

Der Sozialstaat war zu enormen Leistungen fähig, weil die Wirtschaft ihn durchfinanzierte. Allerdings ist die Staatsquote stetig gestiegen. Trotz aller Warnungen der Wirtschaft bestand in den guten Zeiten hierüber weithin Konsens. Erst in den letzten Jahren hat unser Land einsehen müssen, daß diese Entwicklung so nicht fortsetzbar ist.

Um die Zukunft zu bewältigen, haben wir gleichermaßen auf Bewahrung – auf die Erhaltung der Ordnung – und auf Veränderung, also auf Unordnung, auf Vielfalt, auf Wagnis zu setzen. Es geht zugleich um Ordnung und Wandel, um Reife und Vitalität, um Systemfähigkeit und Flexibilisierung. Wenn wir von Ordnungspolitik sprechen, ist immer beides gemeint. Das haben wir stets deutlich zu machen.

Eberhard v. Kuenheim

Wolf Lepenies

Der »realistische Tic«

Ohne ein Mindestmaß an Wirklichkeitsvertrauen kann der Mensch nicht leben und überleben. Der Homo sapiens ist zunächst einmal Realist und zu großen Teilen seiner Existenz, wie Helmut Schelsky es einmal ausgedrückt hat, »auf der Suche nach Wirklichkeit«. Der menschlichen Gattung ist der Realitätssinn zwar von Natur aus gegeben, doch muß dieser Realitätssinn, um wirksam, das heißt handlungsleitend und orientierungsstiftend zu bleiben, im Laufe der menschlichen Geschichte durch Versuch und Irrtum immer wieder aufgefrischt werden. Er bleibt in seinen Wirkmöglichkeiten stets bedroht – weil der Mensch in dauernder Gefahr steht, sich einer bedrängenden Wirklichkeit durch die Flucht in Scheinwelten oder Utopien zu entziehen. Auch wird, so zeigt es jedenfalls die Geschichte, jeder Realitätsgewinn mit einem Verlust anderer Aspekte der Realität erkauft.

Auf den ersten Blick zeigt der Begriff des »Realismus« eine deutliche, fast aggressiv besetzte säkulare Konnotation: Wirklichkeitserkenntnis wird, so scheint es, vor allem dadurch gewonnen, daß Jenseitsorientierungen aufgegeben oder zurückgewiesen werden. Gleichzeitig gilt es aber, daran zu erinnern, daß für den Menschen über lange Zeit Gotterkenntnis und Gottvertrauen mit der Einsicht in die Realität der diesseitigen Lebenswelt keineswegs kollidieren mußten, sondern darin sogar ihre Bestärkung zu finden vermochten. So wird ursprünglich das Studium der »Realia«, die aus dem Quadrivium des artistischen Lehrplans hervorgehen (Arithmetik, Geometrie, Astronomie, Musik), nicht nur als mit der sich auf den Verstand richtenden Theologie und mit dem Herzensglauben vereinbar erkannt – darin wird sogar eine herausgehobene Chance zur Bewunderung Gottes und seiner Herrlichkeit gesehen.

Schnell wächst alsbald der Druck, in die »Realia« weitere Gegenstandsgebiete aufzunehmen, die sich nicht auf das Quadrivium beschränken; dazu gehören vor allem die Kenntnis der Geschichte und der Natur. In diesem Prozeß der tastenden Säkularisierung kommt es dabei zu Übergangsbildungen wie in der Alchemie, die »wissenschaftlich im Experiment, mythologisch in der Theorie« (Ernst Jünger) ist. Welcher Widerstand in diesem Prozeß einer Säkularisierung der Bildungsgehalte ursprünglich der Weiterentwicklung der Real- gegenüber den sogenannten Verbalfächern entgegengebracht wird, zeigt sich darin, daß ausgerechnet die in der europäischen Neuzeit entstehende »Utopie« zu der Gattung wird, die in ihren alternativen Zukunftsentwürfen die »Realia« entschieden propagiert. Die Utopie war bereits realistisch, als die sie freisetzende Wirklichkeit sich gegen die Ausbreitung des Realitätssinns noch sperrte!

Einen Höhepunkt in der – nicht zuletzt pädagogisch motivierten – Durchsetzung des Realitätssinns bedeutet dann in der Mitte des 17. Jahrhunderts das Werk des Comenius (*Orbis sensualium pictus*, 1653), in dem als goldene Regel verkündet wird, daß die Menschen ihre Einsichten »nicht aus Büchern, sondern aus Himmel und Erde, aus Eichen und Buchen« schöpfen sollen. Aus Himmel und Erde! – Die Wendung ist auf eine verstörende Weise doppeldeutig und kann, was den Himmel betrifft, sowohl den einer astronomischen Analyse zugänglichen Himmelskörper als auch die Wohnstatt Gottes meinen. In dieser Doppeldeutigkeit zeigt sich erneut jene tastende Säkularisierung, die den Erwerb des neuzeitlichen Wirklichkeitssinns befördert und begleitet (nähere Ausführungen zum hier Gesagten im Eintrag »Realia« des *Historischen Wörterbuchs der Philosophie*).

Seine institutionelle Verankerung findet dieser entschiedene Wirklichkeitssinn in den neu entstehenden Wissenschaftsakademien des 17. Jahrhunderts. Auch wenn der Begriff der »erobernden Wissenschaft«, der »science conquérante«, erst an der Wende zum 19. Jahrhundert im Directoire geprägt wird – die damit verbundene Weltsicht ist in der Frühzeit der modernen Naturwissenschaft, die damals zunächst unter dem Namen einer »experimentellen Philosophie« auftritt, voll ausgebildet. Was diese Wissenschaft – ihrem eigenen Programm zufolge – erobern will, ist eine von theologischen Vorannahmen und weltanschaulichen Vorurteilen freie Sicht und Erkenntnis der Wirklichkeit.

Die Eroberung und die Ausbeutung der Natur werden dabei mit gutem Gewissen, ja mit einem ausgeprägten Sendungsbewußtsein betrieben, zugleich werden normative Fragestellungen nicht aus Zufall, sondern programmatisch von der Wissenschaftspraxis abgekoppelt. Der Grund für diese Abkopplung ist institutionenpolitischer Natur: Die neuzeitliche, empirisch ausgerichtete Naturwissenschaft mußte für ihre organisatorische Absicherung in den Akademien des absolutistisch verfaßten Europa auf den Orientierungsanspruch in politischen und weltanschaulichen Fragen verzichten. In der langen Vorbereitungsphase und in der Gründungsgeschichte der Londoner Royal Society kommt dieser »deal« besonders deutlich zum Ausdruck.

Als das Leitbild der »modernen« Wissenschaftshaltung kann dabei Descartes' *Discours de la méthode* (1637) gelten. In diesem Hauptbuch der neuzeitlichen Wissenschaft wird deutlich, wie erfolgreiches, realitätsorientiertes wissenschaftliches Handeln sich durch eine bestimmte Vermeidungsstrategie auszeichnet. Der Zweifel, aus dem die festen Fundamente des Wissens gewonnen werden sollen, ist keineswegs durchgängig radikal, vielmehr wird der Bereich der geltenden Sitten und Gesetze ausdrücklich davon freigehalten. Der Wissenschaftler, der in seinen Urteilen unentschlossen bleiben muß, solange die Prinzipien des rechten Vernunftgebrauchs nicht zweifelsfrei ermittelt worden sind, ist als Staatsbürger dennoch zum Handeln gezwungen. Aus dem Dilemma von Handlungshemmung und Handlungszwang befreit sich Descartes durch die Annahme einer »provisorischen Moral«, die zum einen darauf abzielt, die bestehenden sozialen Normen nicht in Frage zu stellen, zum anderen darauf, Normen, für deren Einhaltung die Entscheidung gefallen ist, so zu befolgen, als seien sie gewiß.

Diese »provisorische Moral« – man könnte ebensogut von einem (im)moralischen Dezisionismus sprechen – ist alles andere als vorläufig geblieben. Die »morale par provision« ist vielmehr zur Grundhaltung einer modernen Wissenschaftspraxis geworden, in der innerwissenschaftliche Radikalität und politisch-soziale Anpassung sich zwanglos vereinen. Die »Realpolitik«, auf die sich die neuzeitliche Wissenschaft soviel zugute hält, besteht nicht zuletzt darin, die gesellschaftliche Wirklichkeit in ihrer Legitimität nicht in Frage zu stellen.

Das aufklärerische Programm einer kritischen Welterkenntnis hat diese »realpolitische« Nonchalance aufgegeben; doch mußte, den Umständen und den Anforderungen der Zensurgesellschaft im Absolutismus entsprechend, die wissenschaftlich motivierte Kritik an der gesellschaftlichen Wirklichkeit eher indirekt und umweghaft erfolgen. Der 1750 erschienene Prospekt der großen französischen *Encyclopédie* stellt mit nicht geringem Stolz das Programm einer Weltbemächtigung durch Wissen vor. Die intellektuelle wie politische Sprengkraft dieses Programms liegt darin, daß es der Mensch ist, der – jenseits von Religion und Metaphysik – sich seine Welt selber schaffen muß, die ohne ihn öde und leer bliebe. Nicht zuletzt auf Betreiben Diderots, Sohn eines Messerschleifers aus Langres, werden Ökonomie, Technik und Handwerk im enzyklopädischen Programm der Aufklärung so zu ausgezeichneten und dabei gleichberechtigten Mitteln einer kritischen Aneignung der Welt.

Der Anspruch der Aufklärung auf eine unvoreingenommene Erfassung der Realität zeigt sich nicht zuletzt im heutzutage tollkühn anmutenden Versuch, die Wissenschaften, die Künste und die Handwerke, die »arts«, die »sciences« und die »métiers«, noch einmal zusammenzudenken, das heißt, letztlich die Trennung von Kopf- und Handarbeit aufzuheben: »Wir wandten uns an die tüchtigsten Handwerker in Paris und unserem Königreich. Wir machten uns die Mühe, sie in ihren Werkstätten aufzusuchen, sie auszuforschen, nach ihrem Diktat Aufzeichnungen zu machen, ihre Gedanken zu entwickeln, aus diesen Gedanken die jeweils eigentümlichen Fachausdrücke zutage zu fördern, Verzeichnisse derselben anzufertigen und sie zu erklären; ferner mit den Handwerkern zu sprechen, von denen wir Denkschriften erhalten hatten.«

Doch damit nicht genug: Im Willen, den Dingen auf die Spur zu kommen, begnügen sich die französischen Enzyklopädisten nicht damit, mit den Handwerkern zu sprechen, sie werden in ihrer Wissenssucht und Erkenntnisbegeisterung selbst zu Handwerkern und eignen sich die Wirklichkeit nicht nur durch Beobachten, Denken und Schreiben, sondern auch durch eigenes praktisches Tun an: »Aber es gibt so eigenartige Handwerke und so feine Verfahren, daß man über sie wohl nur dann treffend sprechen kann, wenn man selbst in ihnen tätig ist, eine Maschine eigenhändig bedient und sieht, wie das Werkstück unter den eigenen Augen entsteht. Wir mußten uns deshalb öfters Maschinen verschaffen, sie aufstellen, selbst Hand anlegen, sozusagen Lehrlinge werden und schlechte Werkstücke machen, um die anderen lehren zu können, wie man gute macht« (Übersetzung nach der dtv-Ausgabe von Diderots Texten aus der *Encyclopédie*).

Die Wirklichkeitsnähe des aufklärerischen Programms hat bis heute nichts von ihrem Reiz und von ihrer Anziehungskraft verloren. Kritik daran blieb nicht aus. Sie kommt gelegentlich aus überraschender Richtung. So war es ausgerechnet Goethe, der sich doch auf seinen »realistischen Tic« soviel zugute hielt und der sich in der freundschaftlichen Auseinandersetzung mit Schiller als ganz verhärteten Realisten, als »Stockrealiste« bezeichnete, dem bei diesem praxisnahen Realismus der Enzyklopädie ein wenig unwohl zumute wurde. Ihm rückten im wahrsten Wortsinne die Enzyklopädisten zu sehr auf den Leib: »Wenn wir von den Enzyklopädisten reden hörten, oder einen Band ihres ungeheuren Werkes aufschlugen, so war es uns zu Mute, als wenn man zwischen den unzähligen bewegten Spulen und Weberstühlen einer großen Fabrik hingeht, und vor lauter Schnarren und Rasseln, vor allem Aug' und Sinne verwirrenden Mechanismus, vor lauter Unbegreiflichkeit einer auf das mannigfaltigste ineinander greifenden Anstalt, in Betrachtung dessen, was alles dazu gehört, um ein Stück Tuch zu fertigen, sich den eigenen Rock selbst verleidet, den man auf dem Leibe trägt« (aus *Dichtung und Wahrheit*). Mit dieser Kritik näherte sich Goethe wieder der Position Schillers an, der darauf beharrt hatte, der Realismus als solcher sei gemein, er könne keine Poeten machen.

Seit der Auseinandersetzung zwischen Schiller und Goethe, dieser frühen »Realismusdebatte«, behält der

Begriff des Realismus seinen zweideutigen Klang. Auf der einen Seite schreiten die Naturwissenschaften in ihrer Wirklichkeitserkenntnis unaufhaltsam voran. Innerhalb von 50 Jahren, in der von Reinhart Koselleck so genannten »Sattelzeit« zwischen 1775 und 1825, verschwinden die Phantasmen aus der Betrachtung der Natur, die Wunderkammern leeren sich, und in den verlassenen Räumen richten die modernen Experimentatoren ihre Labors ein. Dieser von nun an wie selbstverständlich praktizierte Wirklichkeitssinn geht mit der Entdeckung der Geschichte einher: In der genannten Umbruchperiode wird aus der Naturgeschichte die Geschichte der Natur. Seit Darwin wird der Entwicklungsgedanke zum Leitfaden, an dem sich jeder Fortschritt in den Wirklichkeitswissenschaften messen lassen muß.

Von diesem Zwang zur Orientierung an der Realität bleiben alle anderen Disziplinen nicht unberührt. Seit dem Beginn des 18. Jahrhunderts versuchen sie, den Naturwissenschaften im Realitätsgehalt ihrer Theoreme und Leitideen nachzueifern. Dieser Nachahmungseifer aber kommt bald an seine Grenzen. Vor allem die sogenannten moral sciences, die Sozialwissenschaften in ihrer Frühzeit, erkennen, daß sie ihre Identität zu verlieren drohen, wenn sie die Naturwissenschaften zu sklavisch imitieren. So entwickelt sich im 19. Jahrhundert eine Gegenbewegung, die darauf aufmerksam machen will, daß sich menschliches Leben, ob auf der Ebene des Individuums oder in Gesellschaft, nicht auf einen Oberflächenrealismus reduzieren läßt. Die Wirklichkeit des menschlichen Erlebens und Fühlens, Handelns und Leidens umfaßt vielmehr Tiefenschichten, die eine eigene Wirklichkeit bilden. Darauf hatte Pascal bereits aufmerksam gemacht, als er von den Beweggründen des Herzens sprach, die der Verstand nicht kennt. Sigmund Freud, der dem Unbewußten eine spezifische Wirkmächtigkeit zuerkennt, steht in dieser Tradition.

Im 19. Jahrhundert bildet sich gegen den triumphierenden Positivismus, der gleichsam die Wissenschaftsklassik darstellt, eine romantische Gegenbewegung heraus, die nicht auf die Philosophie und die Geisteswissenschaften beschränkt bleibt, sondern in Form der Naturphilosophie auch gegen den »mainstream« opponierende Naturwissenschaftler umfaßt. Diese Bewegung nimmt in Deutschland ihre extremsten Formen an und dient bis tief ins 20. Jahrhundert hinein als Grundlage einer Geistesopposition gegen die angebliche Oberflächlichkeit einer positivistischen Erkenntnishaltung, durch welche die Weltanschauung der westlichen Demokratien angelsächsischen und französischen Ursprungs abgewertet werden soll. Oberfläche gegen Tiefe – dieser geistespolitische Scheingegensatz bildet den intellektuellen Hintergrund der politischen Auseinandersetzungen, die die europäische Geschichte bis in die Mitte unseres Jahrhunderts prägen. In den Debatten der russischen Intelligenz sind sie heute noch wirksam, und die Anziehungskraft eines Autors wie Solschenizyn, der sich den Prophetenhabitus zulegt, rührt nicht zuletzt daher, daß er einer schlechten, durch »den Westen« geprägten Wirklichkeit die wirklichkeitsüberwindende Kraft der russischen Seele entgegensetzt.

Die Distanzierung vom Oberflächenrealismus aber erfolgt an der Wende zum 20. Jahrhundert nicht zuletzt in den Naturwissenschaften. Gaston Bachelard hat überzeugend wie kein anderer beschrieben, daß die moderne Wissenschaft sich gegen die Alltagserfahrung und die Erkenntnis auf den ersten Blick entwickelt. Mit der Relativitätstheorie und der Quantenmechanik beginnt – in Form eines unerhörten epistemologischen Bruches – eine Entwicklung in den Naturwissenschaften, in der gleichrangig mit der Erkenntnis der Wirklichkeit die Schaffung neuer Realitäten tritt. Jedenfalls werden nun Anschaulichkeit und Realitätssinn voneinander abgekoppelt: Die Wirklichkeit ist nicht länger das Offenbare, das allen Augen Sichtbare, sondern das Verborgene, dem man nur mit größter intellektueller Anspannung auf die Spur kommt. Die Handwerker sind endgültig verschwunden, bei denen ein Diderot noch in die Lehre gehen und deren Fertigkeiten er zur Nachahmung aller preisen könnte.

Die Kostenseite dieser Entwicklung weg vom »normalen Realitätssinn« ist deutlich: Es gibt immer mehr »Welten«, in denen der Alltagsmensch sich nicht mehr heimisch fühlen kann. Während sich ihm als Touristen die ganze Welt erschließt, verliert er immer mehr den Boden unter den Füßen, die auf »Tatsachen« herkömmlicher Art keinen Halt mehr finden. Daraus erwächst eine neue Sehnsucht nach jenseitigen Wirklichkeiten, die zur Ausbildung von Fundamentalismen aller Art, zu kosmologischen Spekulationen und ideologischen Renaissancen führt. Zugleich wird sichtbar, wie wirklichkeitsfern viele Bereiche unserer Wissensproduktion geworden sind, ohne daß wir bis heute großen Anstoß daran genommen hätten. Dies gilt nicht zuletzt für die angeblich nach Exaktheit strebenden, Exaktheit prägenden Kunstrichtungen und Wissenschaftsdisziplinen. So liegt heute die Malaise eines Faches wie der Ökonomie nicht zuletzt darin begründet, daß sie weniger an der Wirklichkeit der Wirtschaft als an der Plausibilität ihrer Modellvorstellungen interessiert ist. Wie ein amerikanischer Kollege es ausdrückte: »There are only few economists who believe that economics has something to do with the economy.« Zugleich stellt sich die Frage immer dringender, ob die »provisorische Moral« das Leitmotiv wissenschaftlichen Handelns bleiben kann und ob wir es uns noch länger leisten können, normative Fragestellungen von den Wissenschaften fernzuhalten.

Gegenüber dem Pathos so manchen aktuellen Anspruchs auf Erkenntnis der Wirklichkeit sollte man also auf der Hut sein. Auch gilt es heute mehr denn je, sich neben dem Sinn für die Wirklichkeit stets auch einen Möglichkeitssinn zu bewahren, das heißt einen Blick für das, was als das heute Mögliche das Wirkliche von morgen werden kann. Realisten sind wir heute nicht zuletzt, wenn wir es vermögen, »Möglichkeitsmenschen« zu sein.

Arnulf Baring

Was bedeutet und was braucht die Berliner Republik?

Wir Deutschen müssen uns in erster Linie darum bemühen, unsere Umgebung zu stabilisieren – in ihrem wie im eigenen Interesse. Sobald Parlament und Regierung in Berlin sind, wird vermutlich die alte, neue Nachbarschaft aller Deutschen, Ostmitteleuropa, nach und nach besser wahrgenommen werden. Das ist jetzt, neben der Pflege unserer erprobten Westbindungen, unsere vordringliche, zusätzliche Aufgabe. Denn die Oder, früher die Mitte der Monarchie, bildet nun unsere östliche Grenze. Die Polen sind nach den Franzosen unser größter, wichtigster Nachbar.

Weshalb sind so wenige bei uns neugierig, wie es dort und weiter östlich aussieht? Schon die Atlanten behandeln den Raum zwischen uns und den Russen stiefmütterlich. Hindert der verdrängte Schmerz über den Verlust vieler Gebiete, in denen die Deutschen einst zu Hause waren, ihre architektonischen Spuren hinterlassen haben, unsere sonst doch unbändige Reiselust? Ist es die Furcht, Landschaften zu betreten, die einst von Deutschen und Juden geprägt wurden? Die einen sind ermordet, die anderen hat man vertrieben. Nur wenn wir uns alles Verlorene vor Augen führen, innerlich aneignen, werden wir imstande sein, uns einen vernünftigen, zuversichtlichen Reim auf unsere alte, schwierige Mittellage zu machen. Das wird, wie gesagt, nach dem Umzug der Hauptstadt verstärkt die Aufgabe Deutschlands sein. Wir haben in der weiten Welt nicht viel zu bestellen. Unser vordringliches Tätigkeitsfeld liegt in Europa. Fest in der EU verankert, müssen wir uns tatkräftig um die Stabilisierung Ostmitteleuropas bemühen.

Was bedeutet der Umzug sonst noch? Nicht nur gegenüber Ostmitteleuropa brauchen wir ein neues, einfühlsames Bewußtsein unserer Rolle. Auch uns selbst sollten wir künftig besser wahrnehmen. Die Masse der Westdeutschen wird erst, wenn die Hauptstadt wieder Berlin ist, überhaupt merken, was sich 1990 ereignet hat. Nach dem Umzug wird man hoffentlich allmählich erfahren, was von der »Berliner Republik« zu halten ist, von der man jetzt soviel hört.

Die erste Regierungserklärung des neuen Bundeskanzlers Gerhard Schröder enthielt nur unsichere Hinweise, was er sich unter einer »Republik der Neuen Mitte« vorstellt, die von Berlin ausgehen soll. Er pries das weltoffene Klima der Stadt, Berlin als Anziehungspunkt für Jugend und kulturelle Avantgarde, sah in Berlin eine »heitere und aufregende Stadt« für jüngere Deutsche und Europäer, »die sie von Fußballspielen und der Love-Parade her kennen. Auch und gerade an diesen Traditionen werden wir anknüpfen, wenn wir Berlin zur Hauptstadt einer Republik der Neuen Mitte machen wollen.«

Das wird nicht reichen. Man muß sich gedanklich mehr anstrengen bei diesem Ortswechsel, der zugleich eine Rückkehr in unsere lange Geschichte ist, auf die man sich so oder so neu einstellen muß. Wer einen neuen Stil deutscher Politik entwickeln, sich offener, unbefangener, souveräner geben möchte als im kleinstädtisch zugeschnittenen Bonn, muß sich an einem hohen Anspruch messen lassen. Er muß mehr im Blick haben als die letzten 50 Jahre. Aber er darf gleichzeitig keinen Augenblick die Tugenden vergessen, die der alten Bundesrepublik Respekt und Zustimmung der Welt eingetragen haben: die Bescheidenheit des Auftretens, den kooperativen Arbeitsstil, die Fähigkeit, anderen zuzuhören, ihre Interessen wahrzunehmen, behutsam am Konsens mitzuwirken.

Falls sich jedoch eine selbstbewußte Stillosigkeit durchsetzt, wird das auch die Substanz der Bundesrepublik verändern, obwohl die etablierten Institutionen, das Grundgesetz, die Parteien, die Apparate natürlich bleiben. »Berliner Republik« – das sind bisher nur zwei Worte. Aber sie spiegeln eine verbreitete, vage Erwartung. Es fällt auf, daß immer weniger von der »Bundesrepublik« die Rede ist, ihre 50-Jahr-Feier nur müdes Interesse findet. Mehr und mehr wird von »Deutschland«, von der »Republik« gesprochen.

Schröder hat recht: Auffällig viele junge Menschen – und nicht nur junge – blicken erwartungsvoll auf Berlin, ziehen dort hin. Medien, Zeitungen, Verlage rechnen mit einer neuen Metropole, stellen sich auf sie ein. Diese breite, mächtige Erwartung ist in sich ein Element der Veränderung. Sie wird uns das Bestehende mit anderen Augen wahrnehmen lassen. Sie schafft eine Atmosphäre, in der Neues die Chance erhält, zum Thema zu werden, sich durchzusetzen. Bonn war immer untypisch für die Bundesrepublik, weil es bürgerlicher, gesetzter, provinzieller war als große Teile des Landes. Man bekam dort wenig von dem mit, was die Deutschen bewegte. Berlin ist der umgekehrte Fall. Es ist schlechter beieinander als alle anderen Großstädte. Es ist arm. Vieles liegt im argen, muß und wird unbedingt geändert werden. Auf der anderen Seite ist die kulturelle, künstlerische Vielfalt außerordentlich. Soziale Spannungen sind sichtbar, die Ghettobildung in einigen Bezirken ist weit fortgeschritten. Zugleich regt die Stadt an und auf, inspiriert Gespräche, Auseinandersetzungen. Die Geschichte Deutschlands ist hier unausweichlich überall näher als sonstwo. Das wird, sobald Parlament und Regierung in Berlin sind, vor allem das Ausland intensiv vor Augen haben.

Kein Mensch dachte in Bonn ans Dritte Reich, niemand fühlte sich dort an den Nationalsozialismus erinnert. In Berlin werden viele Bilder der Hitlerherrschaft neu in der Erinnerung auftauchen, allerdings hoffentlich auch frühere, bessere Phasen unserer Geschichte das Bewußtsein prägen. Ohnehin wird die noch sehr präsente Nachkriegszeit in die Augen fallen. Sichtbar leben das alte Westberlin und die Hauptstadt der DDR immer noch weitgehend nebeneinander her, gehören politisch in verschiedene Welten. Dennoch sieht man nirgendwo in Deutschland soviel Neugier und Wandel.

Berlin als Regierungssitz wird atmosphärisch eine Menge ausmachen, falls sich die Nation, deren Kraft der Kanzler beschwört, nach einer Pause von 50 Jahren zu einer richtigen Hauptstadt aufrafft, also nicht länger mit einer bloßen Geschäftsstelle zufrieden ist. Die Union, die bei weitem wichtigste Partei der alten Bundesrepublik (alle anderen waren im Grunde nur Zutaten), prägte mit Westintegration und Marktwirtschaft den Bonner Staat, dessen Symbol die D-Mark war. Jetzt liegt in der Berliner Republik eine breite Linksunion in der Luft, und die Westverlagerung Deutschlands wird ergänzt werden durch ein umfassend konstruktives Engagement in den Staaten östlich von uns. Sie werden in Berlin ungleich stärker ins Blickfeld rücken als am Rhein. Andererseits hat zu Beginn dieses Jahres das waghalsige westeuropäische Experiment des Euro begonnen, das – wenn es gelingt – die Verschmelzung des Kontinents bewirken könnte, in jedem Falle die EU vor eine große Bewährungsprobe stellt.

Deutschland steht also vor einer Reihe neuer, ungewohnter Herausforderungen. Vieles spricht dafür, daß wir zwischen Ost und West, auch zwischen Freiheit und Gleichheit, nach außen und im Innern eine neue Balance finden müssen. Die künftige Synthese, so ist zu vermuten, wird dem neuen, jetzt schon populären Namen der kommenden Berliner Republik Inhalt und Sinn geben.

Vielleicht werden wir sogar eine neue Verfassung brauchen. Es war gut, daß wir ein solches Vorhaben 1990 nicht angepackt haben. Denn die Runden Tische damals konnten kaum überzeugen. Aber in Zukunft kann sich die Frage nochmals und anders stellen. Je nach politischem Geschmack wird bei uns Margaret Thatcher oder Tony Blair gepriesen. Jedoch ist in Deutschland vollkommen undenkbar, was erst die eine, dann der andere in den ersten Monaten ihrer Regierung gestaltend zustande gebracht haben. Unser Grundgesetz räumt einer siegreichen Koalition keine vergleichbaren Gestaltungsmöglichkeiten ein, macht tatkräftiges Regieren kaum möglich. Das deutsche Regierungssystem von 1949 entstand unter dem Eindruck der Katastrophe, zu der die Diktatur geführt hatte. Vom Nationalsozialismus geschockt, haben die Verfassungsväter eine ausgewogene Machtbalance ersonnen, die der Immobilität und dem Stillstand Vorschub leistet, die ohnehin in unserer Konsensgesellschaft naheliegen. Das wird sich in Krisenzeiten fatal bemerkbar machen. Möglicherweise hat das Grundgesetz, unsere verfassungspatriotische Grundlage, seine beste Zeit hinter sich.

So bedarf der deutsche Föderalismus bestimmt einer Neuordnung. Einiges mag inzwischen dafür sprechen, ihn ganz abzuschaffen. Theoretisch könnte man ihn auf Verwaltungsaufgaben und die regionale Traditionspflege mit Fahnen und Landesvätern reduzieren. Das Grundgesetz jedoch verbietet seine Beseitigung absolut, und wir haben in unserer langen Geschichte gute Erfahrungen mit ihm gemacht. Also muß er neu geordnet werden. Man sollte dem Bund, den Ländern und Kommunen je eigene Aufgabenbereiche und entsprechende eigene Finanzquellen zuweisen, also die volle Verantwortung auf den ihnen eingeräumten Feldern übertragen. Die Konstruktion des Bundesrates, die aus dem Bismarckreich stammt, also unter ganz anderen Voraussetzungen geschaffen wurde, ist antiquiert. Welche Rechtfertigung soll es auf Dauer dafür geben, daß der Bundesrat der Regierung immer wieder in den Arm fällt, ohne selbst Verantwortung im Gesamtstaat zu übernehmen? Es war beschämend, in welchem Maße sich die Länder bei der Wiedervereinigung verweigert haben. Auch jetzt ist bereits zu sehen, daß die neue Bundesregierung, obwohl die Mehrzahl der Länderregierungen ihrer Couleur entspricht, mit dem Widerstand rechnen muß.

Das Verhältnis von Bund und Ländern muß also neu bedacht werden. Aber es geht nicht nur um dieses Thema. Auch eine Direktwahl des Bundespräsidenten und neue Kompetenzen für ihn sind ebenso zu erwägen wie die Einführung des Mehrheitswahlrechts, das starke Kräfte der Union wie der SPD in den sechziger Jahren einführen wollten, entsprechende Beschlüsse beinahe getroffen hätten. Alle diese verfassungspolitischen Gedanken sind vorerst freilich für die Katz. Erst nach einer großen Erschütterung, einer revolutionären Bewußtseinsänderung, wird eine grundlegende Umgestaltung der Verfassung denkbar werden. Vielleicht haben wir Glück, und der Druck der Verhältnisse erzwingt eine andere Regierungspraxis. Dann könnten wir beim Grundgesetz bleiben. Goethe hatte jedenfalls recht, als er sagte, das größte Bedürfnis der Menschen sei eine mutige Obrigkeit.

Vielleicht fällt es anderen Völkern leichter, ihre Probleme zu lösen, weil sie sich nicht nur geographisch, sondern auch historisch bei sich mehr zu Hause fühlen. Die Rückkehr nach Berlin kann die Heimkehr in die deutsche Geschichte bedeuten. Das erschreckt viele. Aber es bietet auch Chancen, unserem Lande eine festere Grundlage für sein Selbstgefühl zu verschaffen. Dem Zeitklima entspricht der Rückblick. Es gab Perioden, in denen sich die Gesellschaft in utopischen Zukunftsentwürfen wiederfand. Wir sind am Beginn einer Phase, in der die deutsche Geschichte neu Gewicht gewinnt.

Es wäre unsinnig zu behaupten, Geschichtskenntnis führe zur Verherrlichung der Vergangenheit. Aber auch das Gegenteil ist unrichtig. Die Geschichte lehrt, wie es zu Erfolgen und Niederlagen kam, was Fortschritt und Reaktion ausmachen, was bedeutend wurde, Schwierigkeiten abgerungen ist. Sie gibt Fingerzeige für das eigene Leben, wonach man streben, was man besser bleibenlassen sollte. Die Kenntnis der Geschichte, gerade auch im kleinen, lokalen Rahmen, vermittelt Einsichten, die bescheiden werden lassen, Menschen von aller Besserwisserei abhalten.

Wer unsere Vergangenheit unter die Lupe nimmt, wird rasch von der verbreiteten Vorstellung Abschied nehmen, wir seien klüger und tapferer als unsere Vorfahren. Wer sich neugierig und aufgeschlossen (und nicht im Gefühl der Überlegenheit, das immer unberechtigt ist) verschiedenen Phasen der Vergangenheit zuwendet, wird überraschende Entdeckungen machen. Der große Vorteil gegenüber allen spekulativen Visionen, gedanklichen Konstruktionen, die nur Behauptungen sind, aber noch nicht erprobt wurden, ist bei der Geschichte die Gewißheit, daß man im vergangenen Leben frühere Wirklichkeit aufspürt. Man wandert auf Wegen, auf denen vor uns andere sich erprobt haben.

Die unbefangene Neugier, früheres Leben zu entdecken, ist uns seit Jahrzehnten verleidet. Denn deutsche Geschichte wird weithin nur mit jenen zwölf Jahren gleichgesetzt. Im Mittelpunkt deutscher Selbstverständigungsversuche steht bisher monolithisch die NS-Vergangenheit, der Eisblock der Verbrechen jener Zeit. Im Abstand zu den Ereignissen sind die dunklen Schatten, die er wirft, immer länger geworden. Vielleicht wären die Nationalsozialisten längst vergessen, wenn sie nicht diese Untaten zu verantworten hätten. Die Verbrechen sind das einzige, was wir jetzt noch mit ihrer Ära verbinden. Der Berliner Sozialwissenschaftler Alexander Schuller hat im Augustheft des *Merkur* 1998 unter der Überschrift *Mythos Mord. Über den Totalitarismus* die Frage aufgeworfen, woher die verquere Anhänglichkeit an den Terror komme. Kann es sein, fragt Schuller, daß Nationalsozialismus wie Kommunismus nicht trotz, sondern wegen der vielen Morde faszinieren, die sie auf dem Gewissen haben? Paradoxerweise, schreibt Schuller, rette die weltweite Erinnerung an den Holocaust das Dritte Reich vor dem Abgrund des Vergessens. Das Holocaust-Mahnmal am Brandenburger Tor werde die jüdischen Opfer beklagen, zugleich aber die Wirkungsmacht des Nationalsozialismus feiern. »Der Mythos ist stärker als alle Vernunft.«

Welcher Mythos? Welchen geheimnisvollen Sog übt der politische Mord auf die Fantasie gerade von Intellektuellen aus? »Wer mordet, beansprucht historische Legitimität. Damit kann eine neue Elite ihren Anspruch auf Macht dokumentieren und realisieren. Durch Tod zum Leben ist ein biblisches Prinzip, aber dialektisch gewendet enthält es auch den Appell, daß nur derjenige zum Leben kommt, der selbst tötet, das blutige Schwert der Apokalypse führt.« Wer andere töte, partizipiere am Mythos der Unsterblichkeit.

Der Totalitarismus, sagt Schuller, stelle den Versuch dar, die Vergänglichkeit, die Nichtigkeit des Menschen manifest zu machen. In diesem Sinne sei das Morden des Totalitarismus ein mythischer Akt. »Wer Kommunist ist oder Faschist, den kümmert die Realität nicht. Jedenfalls nicht die empirische. Kommunisten und Faschisten leben in einer anderen Welt, mitten im Mythos, in einer uns unzugänglichen geschichtlichen Leidenschaft.«

Alle Forschung, alles Nachdenken und Debattieren, Bücher und Filme werden uns nicht von dieser düsteren Vergangenheit befreien. Sie lastet auf unserem Land. Nichts wird uns von ihr erlösen. Das müssen wir hinnehmen. Die Deutschen werden immer fragend vor diesem riesigen, schweigenden Berg stehen, diesen Eisblock ratlos umkreisen, nicht verstehen, wie es dazu kommen konnte. Sie werden keinen Trost daraus schöpfen können, daß auch unsere damaligen Gegner während des Zweiten Weltkrieges furchtbare Verbrechen an deutschen Frauen, Kindern und Greisen begangen haben. Der Vergleich entlastet nicht. Er nimmt nichts weg von deutschen Untaten. An Auschwitz, an dem, wofür diese Chiffre steht, ist nichts zu retten. Es bleibt an uns haften, solange es Deutsche gibt.

Wenn das Land mit sich selbst ins reine kommen will, muß es sich mit dieser Tatsache abfinden. Die untilgbare

Erinnerung muß hingenommen werden. Man muß als Deutscher mit der Vorstellung leben, daß in jeder Familie ein naher oder ferner Verwandter zu vermuten ist, den man als Mörder bezeichnen muß. Aber das heißt nicht, daß die ganze Familie aus Mördern bestünde. Ebensowenig kann man sagen, die ganze Verwandtschaft sei für den einen verantwortlich.

Nachdrücklich möchte man späteren Generationen die Einsicht ans Herz legen, die der Publizist Sebastian Haffner in seinem Buch *Von Bismarck zu Hitler* formuliert hat: »In einer Geschichte des Deutschen Reiches dürfen wir die Judenverfolgung und die versuchte Judenausrottung nicht verschweigen. Sie ist geschehen, und sie ist ein ewiger Schandfleck auf dieser Geschichte. Aber wir können sie andererseits nicht zu den Elementen zählen, die, wie so vieles andere im Führerstaat, in der Geschichte des Deutschen Reiches von vornherein angelegt waren. Auch ohne Hitler hätte es nach 1933 wahrscheinlich eine Art Führerstaat gegeben. Auch ohne Hitler wahrscheinlich einen zweiten Krieg. Einen millionenfachen Judenmord nicht.« Wenn die Deutschen irgendwann in der Zukunft ihren Frieden mit sich selbst machen, werden sie ihn in solchen Sätzen finden.

So schrecklich die Erinnerungen an Untaten der Vorfahren unauslöschlich auf uns lasten, so deutlich ist zugleich, daß sie nicht die ganze deutsche Geschichte ausmachen, die fast ein Jahrtausend umfaßt. Es ist falsch zu glauben, unsere Geschichte müsse und könne nur im Lichte der Vernichtungslager gesehen werden. Wir sollten uns gegenseitig dazu ermuntern, an vielen anderen

Orten nach unseren Wurzeln zu suchen, tiefer in unseren Vergangenheiten zu graben. Dabei wird, wer unvoreingenommen ist, viel Positives finden. Welch kulturellen, geistlichen und geistigen Reichtum finden wir seit der Reformation im Raum zwischen Wittenberg und Weimar! Was hat das mitteleuropäische Deutschland allein im 18. und 19. Jahrhundert in Philosophie und Wissenschaft, Musik, Literatur und bildender Kunst der Welt gegeben!

Im einzelnen wird jeder die Akzente anders setzen. Es kann kein einheitliches Geschichtsbild geben. Viele wichtige Erinnerungen sind regional. Es ist sogar immer wieder gefragt worden, ob es überhaupt eine deutsche Geschichte gibt oder nicht vielmehr verschiedene, eher unverbundene Geschichten. Wie viele Dynastien – die Sachsen, Salier, Staufer, Habsburger, Hohenzollern, um nur einige besonders wichtige zu nennen –, wie viele, viele Hauptstädte! Vielleicht sind die Wandlungsfähigkeit und die Vielgestaltigkeit Deutschlands, die Europa im kleinen nachbilden, unser wichtigstes Kennzeichen. Nur Gleichgültigkeit uns selbst gegenüber kann dazu führen, diesen Reichtum angesichts von Auschwitz für irrelevant zu halten. Es ist eine bedauerliche Verkümmerung, sich als Deutscher nichts aus der Vergangenheit positiv anrechnen zu wollen. Wir sollten uns nicht die Menschenfeindlichkeit und den Vernichtungswillen Hitlers und seiner Bewegung zu eigen machen. Wir dürfen seinen Nihilismus nicht verinnerlichen, nicht auf unsere ganze Geschichte anwenden. Die Deutschen haben über Jahrhunderte hinweg in Europa konstruktiv gewirkt.

Goethe hat im Zeichen der Hellasbegeisterung gefordert: »Jeder sei ein Grieche auf seine Weise, aber er sei's.« Das gilt auch für uns Deutsche heute. Jeder sollte sich vergegenwärtigen, was ihm aus der deutschen Vergangenheit wichtig ist, und vermitteln und weitertragen, was er an unserem Volke wertvoll findet. Dabei wird immer vieles aus anderen Völkern ins Deutsche einfließen. Es macht unseren Reichtum aus, daß wir stets ein Transitland, ein Ort der Begegnungen und Einflüsse aus allen Himmelsrichtungen gewesen sind, eine leuchtende Farbe im großen europäischen Teppich.

Eine aufgeschlossene Grundeinstellung, die Bejahung unseres Volkes durch die Deutschen, wird befreiend wirken. Sie wird keinesfalls heißen, obwohl das manche fürchten, wir würden dann den großen, schweigenden Berg vergessen. Das Gegenteil wird der Fall sein. Sobald sich die Deutschen als das erkennen, anerkennen, was sie über lange Strecken ihrer Geschichte gewesen sind – ein bescheidenes, menschenfreundliches, tüchtiges, auch friedliches Volk –, werden sie Auschwitz nicht mehr für das zentrale Datum, nicht für die Essenz unserer Geschichte halten und damit leichter ertragen können. Um Deutschland und Europa dienlich zu sein, dürfen wir das braune Verhängnis natürlich nicht aus dem Gedächtnis verlieren – werden das auch nie. Aber wir müssen dennoch gleichzeitig eine gute Meinung von uns selber haben.

Dafür bedarf es öffentlicher Emotionen. Die Bundesrepublik war lange Zeit aus guten Gründen stolz darauf, ein ganz und gar rationales Gebilde zu sein. Alle

Politik, aller Erfolg wurden nur daran gemessen, wieviel Geld gemacht und bewegt wurde, was finanziell den Bürgern angeboten werden konnte. Selbst die unerhörte Begebenheit der Wiedervereinigung wurde nicht als das Glück einer Rückkehr kulturell reicher Gebiete in das gemeinsame Land gesehen, sondern vor allem unter dem Gesichtspunkt betrachtet, was sie kostete. Diese Reduzierung unserer Lebenseinstellung ist ebenso bedauerlich, wie sie erklärlich war als Reaktion auf den Mißbrauch aller Emotionen im Dritten Reich.

So, wie Gefühle für jeden einzelnen unerläßlich sind, wenn er nicht krank werden soll, spielen öffentliche Emotionen für jedes Land eine wesentliche Rolle. Von ihnen hängen die innere Balance, Festigkeit und Ausstrahlung ab. Wer sich als einzelner nicht bejahen kann, ist für seine Umgebung kein Vergnügen, sondern eine Last. Solange die Deutschen sich mit ihrem negativen Nationalgefühl, ihrem Selbsthaß quälen, werden sie für andere unberechenbar sein. Wir werden für uns wie für unsere Nachbarn erfreulicher, wenn wir lernen, ohne Selbstüberhebung gern Deutsche zu sein.

Man hat gesagt, daß eine Nation an ihrer Überzeugung zu erkennen sei, große Dinge in der Vergangenheit getan zu haben, und an der Entschlossenheit, sie auch in Zukunft zu tun. Sind wir eine Nation, wollen wir Großes tun? Es gibt seit langem ein seltsames Schwanken bei uns zwischen einer jedenfalls rhetorisch weltweiten Beglückungsbereitschaft und einer kleinmütigen, zerknirschten Selbstverleugnung. Die Deutschen wissen im Grunde nicht, was sie wirklich wollen sollen in dieser

Welt. Sie besaßen nie eine eigene zivilisatorische Idee, wußten nie, in welche Formeln sie das, was ihnen als wertvoll vorschwebte, kleiden sollten, um es anderen Völkern nahezubringen, sie für uns einzunehmen. Die Russen hatten den Panslawismus, die Franzosen die Ideen von 1789, Briten und Amerikaner ihre langen demokratischen Traditionen. Bei uns nichts dergleichen. Orientierungsschwierigkeiten, Unberechenbarkeiten. Das macht uns haltlos, erschwert auch alle Diskussionen über Einbürgerungen und Staatsangehörigkeiten. Was meinen wir mit Integration? Welche Werte sollen gelten? Was erwarten wir von neuen Mitbürgern? Welche Kenntnisse müssen sie nachweisen, welche Leistungen erbringen?

Wenn unser Deutschland nur eine Versorgungsgemeinschaft und Umverteilungsagentur von Geldern und Chancen wäre, würde es keinen Bestand haben, Selbstgefühl und Würde nicht zurückgewinnen. Jeder weiß aus seinem eigenen Leben, daß man nicht allein von materiellen Leistungen leben kann. Seelische Kräfte spielen eine entscheidende Rolle. Was wollen wir aus den letzten fünf Jahrzehnten in das Erbe der Menschheit einfließen lassen? Gibt es Leistungen der DDR, die in das Gedächtnis der Welt eingehen können? Kaum. Und die Bundesrepublik? Im Wahlkampf von 1972 betonte Willy Brandt sehr den Stolz auf das eigene Land, auf das Modell Deutschland, unter dem man damals wohlfahrtsstaatliche Errungenschaften, Mitbestimmungsmodelle, weit geöffnete Bildungssysteme verstand. Heute betrachten wir all dies nicht ohne Skepsis. Aber die

Bundesrepublik kann stolz darauf sein, daß sie über ein halbes Jahrhundert hinweg – die längste gute Phase, die wir in der neueren Geschichte gehabt haben – eine weltweit geachtete, lebendige Demokratie, eine kraftvolle Wirtschaft, umfassenden Rechtsschutz und ein leistungsfähiges Sozialsystem entwickelt hat. Diese Pfeiler unseres Selbstvertrauens sind fest in den Köpfen und Herzen der Mitbürger verankert.

Was bisher noch fehlt, hat der Ungar György Konrád, der Präsident der Berlin-Brandenburgischen Akademie der Künste, im März 1998 angedeutet. Bei der Eröffnung einer Ausstellung im Deutschen Historischen Museum über die Mythen der europäischen Nationen fragte er: »Was hält Gemeinschaften zusammen, was Religionen und Familien, Nationen und Parteien?« Es seien gemeinsame Märchen, das, was wir lesen, worin wir unterwiesen werden, was wir auf Schritt und Tritt hören, etwa im Radio, wovon in der Familie oder in der Kneipe die Rede sei, was wir uns durch Bildung aneigneten. Der Mensch habe das Bedürfnis, irgendwohin zu gehören. Die Masse der Bevölkerung müsse sich nicht sonderlich den Kopf darüber zerbrechen. Denn sie erbe eine Märchensammlung, die für das kollektive Ego eher angenehm als unangenehm sei. »Jede Nation braucht eine Abstammungssage, ruhmreiche Anekdoten und Erinnerungen an gemeinsame Leiden. Wenn wir keine Geschichte haben, existieren auch wir selbst nicht.«

Zu den religiösen Festen, sagt Konrád, gesellten sich die nationalen. Die Erzählungen, die an sie anknüpfen, hätten emotionale Wirkungskraft. An den Loyalitäten gegenüber dem Mythos lasse sich die Loyalität der Bürger zum Staat ablesen. Offenbar gebe es das Bedürfnis, vom gemeinsamen Selbst gelegentlich ergriffen zu sein. Man brauche erhebende Feste, bei denen man die Alltäglichkeit hinter sich lasse. »Die sonntäglichen Hochgefühle sind wichtig. Nötig sind nicht nur Wein und Fleisch, sondern auch das Pathos.« Was die Kirche früher war, wurde später das Vaterland. »Die kollektiven Mythen sind unvermeidlich. Lediglich ihr Äußeres wandelt sich. Dies ist der Stoff, aus dem wir gemacht sind.«

In der erwähnten Ausstellung wurden die Mythen der Völker an Beispielen illustriert. Für die Deutschen des 19. Jahrhunderts waren wichtig die Schlacht im Teutoburger Wald, der Tod Barbarossas, die Reformation als nationalgeschichtliches Ereignis, die Befreiungskriege und die Reichsgründung. Heute sähe die Auswahl sicher anders aus, obwohl man darüber im einen oder anderen Falle streiten kann. Zumindest die beiden letzten Daten könnten noch immer Anknüpfungspunkte gemeinsamer Selbstvergewisserung sein. Jedoch kommen jetzt auch andere Begebenheiten in Betracht, zum Beispiel die Revolution von 1848.

Selbst wer nicht weit in die Vergangenheit zurückmöchte, findet in der Mitte unseres 20. Jahrhunderts zwei Ereignisse in Deutschland, die »mythenfähig« sind, anders ausgedrückt, Vorbildcharakter haben und Anlaß zur Freude, Gelegenheit zu gemeinsamem Stolz bieten. Der 3. Oktober, unser jetziger Nationalfeiertag, gehört nicht dazu. Er ist nichtssagend, inhaltsleer, nicht überhöhungsfähig. Kaum jemand weiß, weshalb wir gerade diesen Tag feiern. Wer herumfragt, wird selten eine richtige Antwort hören. Und selbst wer sie kennt, ist als Lehrer in großer Verlegenheit, was er den Schulkindern aus diesem Anlaß erzählen soll. Die Benennung dieses Tages war ein Mißgriff. Kein Wunder, daß jede öffentliche Diskussion vermieden wurde.

Der frühere Nationalfeiertag der Bonner Republik, der 17. Juni, war bis zur Wiedervereinigung problematisch. Denn die Westdeutschen feierten etwas, was die DDR-Deutschen acht Jahre nach dem Kriegsende getan hatten. Seit die beiden Teile des Landes wieder zusammengekommen waren, fiel dieser Einwand weg. Im Gegenteil sprach – und spricht immer weiter – viel dafür, diesen Tag jetzt gesamtdeutsch zu begehen und dabei den Heroismus der Ostdeutschen zu feiern. Es wäre nur allzu gerecht gewesen, wenn die Zivilcourage unserer Landsleute auf diese Weise dauerhaft gewürdigt worden wäre. Obendrein hätte man damit den Herbst 1989 in die richtige historische Perspektive gerückt. Denn was im Jahr 1953 an den sowjetischen Panzern gescheitert war, wurde ohne das Eingreifen der Russen 36 Jahre später zum Erfolg.

Unser Volk quält sich zu Recht mit seinem nationalsozialistischen Erbe. Um so unverständlicher ist, daß es sich auch schwertut mit erhebenden Erinnerungen seiner Geschichte, auf die es stolz sein könnte, über die es glücklich sein müßte. Was haben die Franzosen aus dem Sturm auf die Bastille gemacht, einem – historisch genau betrachtet – bescheidenen, risikoarmen Ereignis! Und wir? Unser Land ist nicht so reich an eindrucksvollen

Freiheitsbewegungen, als daß es sich Vergeßlichkeit erlauben dürfte und leisten könnte.

Ein großer Augenblick unserer Geschichte waren tatsächlich die Tage und Taten des 16./17. Juni 1953. Erstmals im damaligen Ostblock, drei Jahre vor den Ereignissen in Polen und Ungarn 1956, 15 Jahre vor dem tschechoslowakischen Frühling 1968, kam es in jenen Junitagen im sowjetisch besetzten Teil Deutschlands zu einer machtvollen Erhebung. Innerhalb weniger Stunden wuchs ein sozialpolitischer Demonstrationszug, mit dem Bauarbeiter der Stalinallee gegen die administrativ verordnete Lohndrückerei des SED-Regimes aufbegehrten, zu einem wirklichen Volksaufstand in der gesamten DDR an. Der 16./17. Juni war eine Revolte aus dem Volke, spontan, ohne eigentliche Führung, von anrührender Humanität. Denn man hat damals, vielleicht naiv, statt Bahnhöfe, Postämter, Rundfunksender zu besetzen, als erstes unschuldig eingesperrte Landsleute, politische Gefangene, zu befreien versucht. Im Laufe weniger Stunden beteiligten sich in Hunderten von Orten viele Hunderttausende von Menschen. Höhepunkt waren überall Massenkundgebungen, bei denen spontan die Einheit und Freiheit Deutschlands gefordert wurden: Menschenrechte, freie Wahlen, Demokratie.

Seit 1945 hatte die Sowjetunion gewaltsam die Umgestaltung ihrer Zone vorangetrieben, seit Sommer 1952 die rücksichtslos forcierte, sozialistische Verformung unerträgliche Ausmaße angenommen. Hunderttausende waren währenddessen in den Westen geflohen. Unter denen, die blieben, wuchs die Empörung, die sich nach

Stalins Tod explosionsartig Luft machte. Hätten damals die Russen nicht gewaltsam eingegriffen, wäre das Regime, dessen Führer die Hauptstadt bereits fluchtartig verlassen hatten, schon im Sommer 1953 und nicht erst im Herbst 1989 von dieser elementaren Volksbewegung hinweggefegt worden. Was vor einem Jahrzehnt glücklich gelang, endete 1953 in Erschießungen, in langen Einkerkerungen. Tausende mußten in Gefängnissen ihren Freiheitswillen büßen.

Der 17. Juni war und ist, seit 1989 erst recht, für immer ein Anlaß stillen deutschen Stolzes. Der Mut, die Entschlossenheit der Männer und Frauen unseres Volkes, die für die Ziele dieses Tages viele Jahre der Haft, ja in mehr als 100 Fällen ihr Leben hingegeben haben, müssen im Gedächtnis der Nation bewahrt werden. Denn wofür sie eintraten, bildet heute und in Zukunft die Grundlage unseres gemeinsamen, jetzt glücklich wieder vereinten Staates: Deutschlands Einheit in Freiheit, der Menschlichkeit verpflichtet, eine wirkliche Demokratie.

Das andere der beiden großen erinnerungswürdigen Ereignisse unserer jüngsten Geschichte ist der 20. Juli 1944. An diesem Tage explodierte wenige Meter von Hitler entfernt bei der Lagebesprechung im Führerhauptquartier nahe Rastenburg eine Bombe, die dort unter dem Kartentisch von dem jungen, schwer kriegsverletzten Oberst Claus Schenk Graf von Stauffenberg, Vater von vier kleinen Kindern, deponiert worden war. Als Generalstabsoffizier gehörte er zu den ganz wenigen, die Zugang zum Führer hatten. Hitler blieb unverletzt. Noch am Abend des gleichen Tages wurde Stauffenberg im

Hof des Berliner Bendlerblocks zusammen mit drei Mitverschwörern erschossen. Aber mit dieser Tat, die das noch immer weithin gottähnlich verehrte Staatsoberhaupt zu beseitigen versuchte, hat Stauffenberg die Ehre Deutschlands gerettet.

Bei der Opposition gegen Hitler handelte es sich um eine Ansammlung höchst ungleichartiger, nach Herkunft, Denkungsart und politischer Richtung in vieler Hinsicht voneinander verschiedener einzelner. Im Grunde wußte jeder, daß der Staatsstreich ohne ernsthafte Erfolgschance war. Selbst ein gelungenes Attentat hätte das Land nicht aus dem Würgegriff der Machthaber befreit. Der Kampf um Hitlers Erbe im Inneren hätte dann erst begonnen, sein Ausgang wäre überaus ungewiß gewesen. Es gab außerdem keinerlei Aussicht, an der bedingungslosen Kapitulation vorbeizukommen, auf die sich die Kriegsalliierten verständigt hatten. Insofern ist immer wieder argumentiert worden, es sei gut gewesen, daß der Anschlag auf Hitlers Leben in der ostpreußischen »Wolfsschanze« scheiterte. Denn er hätte zum Zusammenbruch der Fronten, zumal im Osten, hätte zum Bürgerkrieg führen können, hätte vor allem mit einer neuen Dolchstoßlegende den Beginn der späteren Bundesrepublik schwer belastet. Auf der anderen Seite steht solchen Erwägungen gegenüber, daß eine immerhin denkbare, frühere Beendigung des Krieges nach dem Tode Hitlers Millionen Menschen das Leben gerettet, anderen unsägliches Leid erspart, auch die Zerstörung vieler unserer historischen, wunderschönen Städte verhindert hätte.

Aber bei der Würdigung dieses Tages kommt es auf solche Erwägungen nicht an. Die Attentäter handelten, obwohl sie wußten, daß ihr Unternehmen fast aussichtslos war. Der 20. Juli war vor allem eine symbolische Tat. Darin lag sein Sinn, seine Rechtfertigung. Gerade die Aussichtslosigkeit des Unternehmens hat ihm seine moralische Größe gegeben. Ohne Rückhalt im eigenen Volk und ohne Ermutigung des Auslands haben die Verschwörer im Grunde aus Selbstachtung gehandelt, aus Verantwortungsgefühl unserem Volk gegenüber. Deutsche Soldaten wollten unter Einsatz ihres Lebens ein Beispiel geben. Der 20. Juli war eine heroische Tat, die Tausende unserer besten Köpfe mit dem Leben bezahlt haben.

Schon diese beiden Daten unserer jüngsten Vergangenheit zeigen, daß auch unser Volk Anlaß hat, stolz zu sein. Im einem Falle waren es Angehörige der Elite aller politischen Richtungen, die sich gegen die Tyrannei erhoben haben, im anderen war es eine spontane Massenbewegung. In beiden Fällen ging es um die Würde des Menschen, um Gerechtigkeit, Verantwortung für das Gemeinwesen. Man muß also gar nicht weit zurückgehen, dann findet man auch in Deutschland bewundernswerte Beispiele des Freiheitswillens und des Mutes.

Traditionen verstehen sich nicht von selbst. Sie können auch nicht beliebig geschaffen werden. Andererseits hat uns der Historiker Eric Hobsbawm belehrt, wie viele ehrwürdige Traditionen, die wir für althergebracht halten, relativ jung sind, etwa in England erst im 19. Jahrhundert erfunden worden sind. Auch die eindrucksvolle

Kontinuität der französischen Nationalgeschichte von Karl dem Großen oder Ludwig dem Heiligen über Heinrich IV., Ludwig XIV., Napoleon und Charles de Gaulle bis hin zu Jacques Chirac ist nicht naturwüchsig, sondern eine bewußte Konstruktion. Sie postuliert eine Folgerichtigkeit, die die Zeitläufte nicht unbedingt besaßen.

Trotz der Probleme, die wir mit der deutschen Geschichte haben, die wir ab und an aber auch wehleidig übertreiben, sollten wir uns an den Franzosen in dieser Hinsicht ein Beispiel nehmen. Ohne die Brüche zu verschweigen, die auch andere Länder immer wieder erlebt haben, könnten wir einen sinnvollen, folgerichtigen Zusammenhang finden und begreifen. Man muß die Vielgestaltigkeit, Vieldeutigkeit und Offenheit unserer Geschichte annehmen. Sie ist nicht nur beunruhigend, nicht nur Anlaß zur Sorge. Man kann gleichzeitig aus ihr Mut schöpfen. Unsere Vergangenheit hat viele große Momente. Auch wir haben Anlaß zu Selbstvertrauen, Würde und bescheidenem Stolz. Was uns im letzten halben Jahrhundert gelungen ist, war nach dem Vorangegangenen nicht selbstverständlich. Es ist, alles in allem, eine großartige Leistung. Das sollte uns zuversichtlich stimmen für die Aufgaben, die vor Deutschland liegen.

Kurt Biedenkopf

Lösungsorientiert handeln im Spannungsfeld von Wirtschaft und Politik

Zu den Gemeinsamkeiten der Mitgliedstaaten der Europäischen Union gehört ihre Überzeugung, daß es einer europäischen Beschäftigungspolitik bedürfe, um die Arbeitslosigkeit in Europa wirksam und nachhaltig bekämpfen zu können. Im Vertrag von Amsterdam fand diese Überzeugung ihren Niederschlag. Die Beschäftigungspolitik wurde zum obersten Ziel des EG-Vertrages erklärt, das Vertragswerk selbst durch ein Kapitel über eine gemeinsame Beschäftigungspolitik erweitert. Noch ehe der Vertrag ratifiziert war, trafen sich die Regierungschefs im Herbst 1997 zu einem ersten »Beschäftigungspolitischen Gipfel« in Luxemburg. Auf einem weiteren Gipfel in Pörtschach setzten sie unter österreichischer Präsidentschaft ihre Bemühungen um eine europäische Beschäftigungspolitik fort. Während der deutschen Präsidentschaft soll es nun zu einem europäischen Beschäftigungspakt kommen.

Gewissermaßen parallel dazu scheint sich die Überzeugung durchzusetzen, die Arbeitslosigkeit lasse sich wirksam nur durch eine staatlich stimulierte Ausweitung der Nachfrage nach Gütern und Dienstleistungen bekämpfen. Die Bundesregierung erwartet von einer Korrektur der bisherigen angebotsorientierten Wirtschafts- und Finanzpolitik durch die Unterstützung der

Nachfrage eine Ausweitung wirtschaftlicher Aktivitäten und damit eine Entlastung des Arbeitsmarktes.

Die politische Auseinandersetzung um den richtigen Weg zur Bekämpfung der Arbeitslosigkeit hat in letzter Zeit zunehmend dogmatische und ideologische Züge angenommen. Das schadet der Suche nach neuen Antworten ebenso wie dem Anliegen der Bevölkerung, insbesondere der Arbeitslosen.

Aus der Fülle der Probleme, die mit einer Politik staatlich geförderter Nachfrage zur Überwindung der Arbeitslosigkeit verbunden sind, möchte ich mich im folgenden mit einigen wesentlichen Voraussetzungen für eine erfolgreiche Arbeitsmarktpolitik und mit der Frage befassen, welche Auswirkungen eine staatliche Förderung der Nachfrage auf die Fähigkeit unserer Industriegesellschaft haben kann, sich Veränderungen ihrer Umwelt anzupassen. Dabei geht es mir insbesondere um den Zusammenhang zwischen dieser Fähigkeit und dem Staatsanteil am Bruttoinlandprodukt, dessen Höhe wiederum durch eine staatlich geförderte Expansion der Nachfrage beeinflußt wird.

1. Ausgangspunkt jeder erfolgversprechenden Arbeitsmarktpolitik ist die Klärung der Sachverhalte. Wesentliches ist dazu im Bericht der Bayerisch-Sächsischen Zukunftskommission gesagt. Bedeutsam ist weiterhin – auch für die Auseinandersetzung mit der Regierung – die Ausarbeitung für die Ministerpräsidentenkonferenz vom Mai 1996. Sie wurde von mir zusammen mit dem damaligen Ministerpräsidenten Schröder verfaßt und von der Ministerpräsidentenkonferenz gebilligt.

Die von der Bayerisch-Sächsischen Zukunftskommission vorgelegte Analyse der Entwicklung des deutschen Arbeitsmarktes seit 1970 ist in der Öffentlichkeit weithin auf Zustimmung gestoßen. Auch die Gewerkschaften haben den Bericht der Kommission insoweit als eine brauchbare Grundlage für die Entwicklung arbeitsmarktpolitischer Strategien akzeptiert. Ähnliches gilt, wenn auch in begrenzterem Umfang, für die Analyse der Ursachen der bisherigen Entwicklung des Arbeitsmarktes. Umstritten sind dagegen – und zwar quer zum parteipolitischen Spektrum – die Empfehlungen der Kommission. Frau Bergmann hat dazu, noch als Arbeits- und Sozialsenatorin in Berlin, eine umfangreiche Kritik vorgelegt.

2. Mit einer Politik, die die Überwindung der Arbeitslosigkeit zu ihrem Dreh- und Angelpunkt erklärt und damit alle relevanten Politikbereiche dieser Priorität zuordnet, geht die neue Bundesregierung, ebenso wie die Europäische Union, mehrere Risiken ein. Mit dieser Prioritätensetzung macht die Regierung das Urteil über die Leistungsfähigkeit des Staates von den Erfolgen bei der Bekämpfung der Arbeitslosigkeit abhängig. Die herrschende Arbeitslosigkeit läßt sich jedoch nur in engen Grenzen durch politische Maßnahmen direkt beeinflussen. Ob diese Maßnahmen erfolgreich sind, hängt weitgehend vom Verhalten der gesellschaftlichen Gruppen (Tarifparteien), vor allem aber der Unternehmer und der Selbständigen, also der Leistungsträger ab. Das zeigen die verschiedenen Bündnisüberlegungen der neuen wie der bisherigen Regierung.

Diese Abhängigkeit führt zu einer praktischen Umkehr des Verhältnisses von Staat und Gesellschaft, die insbesondere das Verhältnis des Staates zur Wirtschaft (Wirtschaft und Arbeit und ihre Organisationen) berührt. Der Staat wird zunehmend zum Erfüllungsgehilfen der Wirtschaft. Die Wirtschaft wiederum nutzt diese Abhängigkeit des Staates von ihrer Mitwirkung bei der Bewältigung seiner wichtigsten politischen Aufgabe.

Sie erwartet nicht nur bessere Rahmenbedingungen, was sinnvoll ist, im Grunde aber selbstverständliche Aufgabe der Politik sein müßte. Als Gegenleistung für die Schaffung von Arbeitsplätzen fordert sie staatliche Zuschüsse, Subventionen, besondere Unterstützungen aller Art und staatliches Wohlverhalten auch im Einzelfall. Ihren Forderungen verleiht sie regelmäßig durch Verweise auf die Mobilität unternehmerischer Investitionen und die Existenz attraktiver Alternativen in anderen Ländern Nachdruck.

Die Konzentration auf eine Politik der Beschäftigung durch mehr Erwerbsarbeit bedeutet, daß an der Erwerbszentriertheit der Wirtschafts-, Finanz- und Arbeitsmarktpolitik festgehalten wird. Dies erschwert die Entwicklung alternativer Formen gesellschaftlicher Gestaltung und damit gesellschaftliche Innovationen, die der neuen Wirklichkeit unter Umständen eher entsprechen können. Das gilt nicht nur für die Entstehung von Alternativen zur Erwerbsarbeit, sondern auch für die Entwicklung alternativer Formen sozialer Sicherheit. Die derzeit als untrennbar angesehene Verbindung der Sozialsysteme mit der Erwerbsarbeit verstärkt die erwerbsarbeitzentrierten Strukturen. Sie erschwert damit eine Anpassung gesellschaftlicher Organisation an die neue Wirklichkeit des Arbeitsmarktes.

3. Jede durch direkte staatliche Aufwendungen geförderte Beschäftigungspolitik muß die Frage beantworten, ob der Staat jeden Beschäftigungswunsch durch staatliche, also auch finanzielle Unterstützung anerkennen muß. Wie sich bereits in der Vergangenheit gezeigt hat, kann die registrierte Arbeitslosigkeit regional stark voneinander abweichen, obwohl der Anteil der Beschäftigten an der Wohnbevölkerung gleich ist. In besonderer Weise zeigt sich dies im Vergleich zwischen alten und neuen Ländern. So waren in Sachsen 1997 im Durchschnitt 411 von 1 000 Einwohnern beschäftigt, einschließlich der Beschäftigung im zweiten Arbeitsmarkt. In Nordrhein-Westfalen waren es im gleichen Zeitraum 409, wobei dort, wie in Westdeutschland generell, der Umfang der geringfügigen Beschäftigung höher war.

Der Vergleich zeigt, daß die Arbeitslosigkeit nicht nur durch das Angebot an Arbeitsplätzen, sondern auch durch die Nachfrage, also die Erwerbsneigung bestimmt wird. Wie ist nun zu verfahren, wenn die Erwerbsneigung regional unterschiedlich hoch ist? Ist der Staat in jedem Fall verpflichtet, mit öffentlichen Mitteln für zusätzliche Beschäftigung zu sorgen, auch wenn der Umfang der Erwerbstätigkeit in einer bestimmten Region bereits dem Durchschnitt entspricht oder ihn übersteigt?

Diese Frage ist nicht nur für die deutsche, sondern auch für die europäische Beschäftigungspolitik von großer Bedeutung. Es ist offensichtlich, daß die Erwerbsneigung der Bevölkerung nicht nur von wirtschaftlichen Motiven bestimmt, sondern auch durch soziokulturelle Bedingungen beeinflußt wird, die in der jeweiligen Region vorherrschen. Beide, die Erwerbsneigung und die soziokulturellen Bedingungen, welche sie beeinflussen, stehen jedoch nicht in einem unmittelbaren Zusammenhang mit der durch wirtschaftliche Kriterien definierten Nachfrage nach Arbeitskräften. Fällt beides in signifikanter Weise auseinander, so kann dies dazu führen, daß bei einem gleichen Umfang der tatsächlichen Erwerbstätigkeit, gemessen am Anteil der Erwerbstätigen an der Wohnbevölkerung, die Höhe der Arbeitslosigkeit regional signifikant voneinander abweicht. Dieses Phänomen läßt sich weder durch eine nachfrageorientierte Wirtschafts- und Finanzpolitik noch durch direkte staatliche Intervention im Rahmen makroökonomischer politischer Entscheidungen in befriedigender Weise steuern oder beeinflussen. Dies gilt insbesondere für die Langzeitarbeitslosigkeit.

Eine längerfristig angelegte Arbeitsmarktpolitik kann deshalb nicht ohne die Aufklärung der persönlichen und sozialen Verhältnisse der Bürger auskommen, die als Arbeitssuchende registriert sind und Leistungen erhalten. Erfahrungen mit der Beschäftigung von Arbeitslosenhilfe- und Sozialhilfeempfängern in verschiedenen Städten Sachsens haben gezeigt, daß die Zahl der Empfänger solcher Hilfen zurückgeht, wenn sie zu Arbeiten im Rahmen von Beschäftigungseinrichtungen aufgefordert werden. Es ist nicht auszuschließen, daß dies bei Beziehern von Arbeitslosengeld ähnlich wäre.

4. Eine wesentliche Entlastung erfährt der Arbeitsmarkt durch die Vermehrung von Teilzeitangeboten. Sie erlauben es einem größeren Teil der Erwerbsfähigen, am Arbeitsprozeß teilzunehmen, auch wenn das insgesamt nachgefragte Arbeitsvolumen nicht wächst. Teilzeitarbeit führt insoweit zu einer partiellen Arbeitszeitverkürzung, mit der auf eine unzureichende Nachfrage nach Arbeitskräften reagiert werden kann.

Neuerliche Untersuchungen der niederländischen Entwicklung zeigen allerdings, daß ein vermehrtes Angebot von Teilzeittätigkeit zu einer Verringerung der Arbeitsproduktivität führen kann. Dieser Zusammenhang ist auch für Deutschland relevant. Die landläufige Annahme, der Arbeitsmarkt lasse sich beliebig fraktionieren, um mehr Menschen die Teilnahme zu ermöglichen, beruht auf einer mechanistischen Betrachtungsweise des Arbeitsmarktes. Eine Entlastung des Arbeitsmarktes durch mehr Teilzeitangebote wird deshalb nur möglich sein, wenn sich die betroffenen Tätigkeiten ohne wesentliche Produktivitätsverluste teilen lassen und mehr Menschen bereit sind, weniger zu verdienen, das heißt, für weniger Einkommen zu arbeiten.

5. Wichtig sind schließlich alle Versuche, das Arbeitsverhältnis vom Sozialverhältnis zu entkoppeln. Auf die Notwendigkeit einer behutsamen Trennung habe ich bereits auf dem Bundesparteitag der CDU 1984 in Essen aufmerksam gemacht. Inzwischen werden von der Regierung Vorschläge unterbreitet, die auf eine Trennung hinauslaufen, auch wenn die vorgeschlagenen Wege so nicht geeignet erscheinen.

Jede Reform muß der Tatsache Rechnung tragen, daß man nicht gleichzeitig das Arbeitsverhältnis und damit den Arbeitsmarkt flexibler gestalten und dem Sozialverhältnis Verläßlichkeit, Dauerhaftigkeit und damit langfristige Vorhersehbarkeit sichern kann, solange das Schicksal des Sozialverhältnisses vom Schicksal des Arbeitsverhältnisses abhängig ist. Neben der Notwendigkeit, die Lohnnebenkosten zu senken, ist das Interesse an einem flexiblen Arbeitsmarkt und einer verstetigten sozialen Sicherheit der wichtigste Grund für die Notwendigkeit einer wirklichen Reform des sozialen Systems.

Solange es bei den gegenwärtigen Strukturen bleibt, sind die Aussichten gering, durch mehr Flexibilität des Arbeitsmarktes mehr Beschäftigungschancen zu schaffen (also mehr »Beteiligungsgerechtigkeit« im Sinne der katholischen Bischofskonferenz zu verwirklichen). Im gegenwärtigen System ist es praktisch unmöglich, das Arbeitsverhältnis so wesentlich von Nebenkosten zu entlasten und zu flexibilisieren, daß auch einfache Arbeiten wieder im ersten Arbeitsmarkt angeboten werden können. Die von der neuen Regierung derzeit provozierten »Tabubrüche« sollten nicht nur mit der Ablehnung der vorgeschlagenen Maßnahmen beantwortet, sondern auch als Chance begriffen werden, die ausgelöste Unsicherheit mit eigenen Vorschlägen zu überwinden.

Ob es gelingt, die Arbeitslosigkeit nachhaltig zu verringern, ist abhängig von der Anpassungs- und Veränderungsfähigkeit von Staat und Gesellschaft. Staatliche Beschäftigungspolitik war in der Vergangenheit regelmäßig mit einer Ausweitung staatlicher Ausgaben und damit einer Erweiterung des Staatsanteils am Bruttoinlandprodukt verbunden. Die Frage muß uns deshalb interessieren, wie sich derartige Vergrößerungen des Staatsanteils auf die Anpassungsfähigkeit des Gemeinwesens auswirken.

Welche Folgen hat die in zahlreichen Mitgliedstaaten der Europäischen Union vorhandene Tendenz, die gesamtgesellschaftlichen Anpassungsleistungen vorrangig dem privatwirtschaftlichen Sektor zuzuordnen und den öffentlichen Bereich zu schonen? Inwieweit berühren unterschiedliche Politiken in diesem Bereich die weitere Entwicklung der europäischen im Verhältnis zur amerikanischen Wirtschaft?

Zum einen sind die Strukturen des öffentlichen Sektors ihrem Wesen nach unbeweglich. Ihre Bürokratien wehren sich gegen jeden Verlust ihrer Macht und ihrer Mitarbeiter. Ob es sich um die Sozialverwaltung, die Krankenhäuser, die Wohlfahrtsverbände, die sozialen Einrichtungen der Städte und Gemeinden oder die Bereiche handelt, welche unter staatlicher Kontrolle stehen, von öffentlichen Subventionen abhängen oder ihre Preise im Rahmen staatlicher Vorgaben bilden (»administered prices«): Immer scheitern Versuche, bestehende Strukturen nachhaltig zu verändern und damit an veränderte Bedingungen anzupassen, am Beharrungsvermögen der Organisationen und an politischen Widerständen, die über die Verbände sowie über die Parteien und deren Abgeordnete wirksam bis in die Parlamente hineingetragen werden.

Selbst wenn man die Grauzone zwischen dem staatlichen und dem staatlichen Einflüssen ausgesetzten privatwirtschaftlichen Bereich nicht berücksichtigt, umfaßt der staatliche Bereich in Deutschland derzeit gut die Hälfte des Bruttoinlandproduktes. Das bedeutet, daß die Allokation der guten Hälfte des Bruttoinlandproduktes nicht den Gesetzen des Marktes unterliegt, sondern durch administrierte Prozesse gesteuert wird. Von ihnen können wir, wenn es um die Anpassung der Gesamtgesellschaft an veränderte Bedingungen geht, kaum ausreichende Anpassungsleistungen erwarten. Die für Wohlstand und Entwicklung notwendigen Anpassungen müssen deshalb vom privatwirtschaftlichen Sektor erbracht werden, oder sie unterbleiben ganz.

Die Folge ist eine signifikant unterschiedliche Verteilung des Anpassungsrisikos zwischen dem staatlichen/ öffentlichen und dem privatwirtschaftlichen Bereich. Diese ungleiche Risikoverteilung verstärkt den ohnehin bestehenden Wunsch der Bevölkerung, Arbeit im öffentlichen Bereich der Gesamtwirtschaft zu finden und damit am Schutz vor übermäßigen Strukturveränderungen teilzuhaben, den dieser Sektor gewähren kann. Nicht zuletzt auf diesen Schutz ist auch das Ansehen zurückzuführen, das Tätigkeiten im öffentlichen Sektor häufig genießen.

Zum anderen: Für die Gesamtwirtschaft bedeutet jede Ausweitung öffentlicher Strukturen und Problemlösungen eine Reduktion ihrer Anpassungsfähigkeit an veränderte Umweltbedingungen. Dies gilt gleichermaßen für Veränderungen, die von gesellschaftlichen

Entwicklungen im eigenen Land ausgehen (Veränderungen des demographischen Aufbaus der Bevölkerung oder der Erwerbsstrukturen), wie für solche, die von außen auf die Gesamtwirtschaft einwirken und heute vorrangig als Folgen der Globalisierung angesehen werden. Verringerte Anpassungsfähigkeit gefährdet wiederum die Wettbewerbsfähigkeit des Landes, das sich eine derart ungleichgewichtige Verteilung seiner wirtschaftlichen Gesamtleistung auf den privatwirtschaftlichen und den öffentlichen Sektor leistet.

Die Angst der Bevölkerung vor Veränderungen, die durch Anpassungsleistungen erzwungen werden, verstärkt ihr Bestreben, Schutz unter dem »Dach« des Staates zu finden oder die Folgen unvermeidbarer Anpassungen auf die Gemeinschaft abwälzen zu können. Für Politiker wächst die Versuchung, staatliche Maßnahmen zu versprechen und anzubieten, die diesem Bestreben Rechnung tragen sollen. Wird der Versuchung nachgegeben, sinkt die Anpassungsleistung der Gesamtgesellschaft weiter. Ein Circulus vitiosus kommt in Gang, der – auf längere Sicht gesehen – das Land lähmen und seine politischen Möglichkeiten verringern wird, die Ursachen der Lähmung zu beheben.

Im Zuge eines solchen Prozesses verändern sich auch die politischen Zielvorstellungen der Bevölkerung. Nimmt das Leistungsniveau der Gesamtwirtschaft ab, dann wächst in der Regel die Arbeitslosigkeit. Die durchschnittlichen Realeinkommen stagnieren oder sinken. Zugleich nimmt die ökonomische Ungleichheit in der Bevölkerung zu. Zunehmende Ungleichheit wird von der betroffenen Mehrheit als Ungerechtigkeit empfunden. Als Reaktion wird von der Sozialpolitik verlangt, daß sie die »ungerechten« Ungleichheiten durch Umverteilung und Transferleistungen verringert. Dabei geht es weniger um den Schutz der Schwachen als um die Sicherung sozialpolitischer Besitzstände und den Schutz der Mehrheit vor Veränderungen. Die Bereitschaft der Mehrheit wächst, staatliche Umverteilungsmaßnahmen politisch zu unterstützen.

Wird dieser Bereitschaft politisch entsprochen, erhöht dies nicht nur erneut den Staatsanteil am Bruttoinlandprodukt. Auch die Abhängigkeit der Bevölkerung von staatlichen Maßnahmen und Programmen nimmt zu. Mit ihr wächst der Umfang strukturell begründeter politischer Macht. Zugleich nimmt die Bereitschaft der Leistungsträger ab, zusätzliche Leistungen zu erbringen. Sie fühlen sich um den »gerechten« Lohn für ihre überdurchschnittlichen Leistungen betrogen. Ihre wachsende Belastung durch Steuern und Abgaben rechtfertigt in ihren Augen die Versuche, sich dem wachsenden Abgabendruck durch innere (Steuervermeidung) oder äußere (Steuerflucht, Verlagerung ins Ausland) Emigration zu entziehen.

Dies wiederum verstärkt den politischen Druck, die »Schlupf- und Fluchtlöcher« zu schließen und die Durchsetzung der Abgabenforderungen zu verstärken. Eine positive Resonanz entsteht, die beides zum Nachteil der Leistungsfähigkeit der Gesamtwirtschaft verstärkt. Verweigerung und politische Maßnahmen, sie zu verhindern, schaukeln sich auf.

Zum dritten: Langfristig lassen sich die nachteiligen Folgen einer derartigen Entwicklung für den Gesamtstaat und die Wohlfahrt der Bevölkerung nicht unterdrücken. Es ist jedoch möglich, die Auswirkungen wachsender Umverteilung für längere Zeit durch eine Politik des leichten Geldes zu verschleiern. Mit Hilfe höherer Defizite läßt sich ein Scheinwachstum erzeugen, das – jedenfalls vorübergehend – den Anpassungszwang verringern und zu mehr Beschäftigung führen kann. Voraussetzung für eine derartige Verzögerung der abträglichen Folgen unzureichender Anpassungsleistungen ist die Überwindung des Widerstandes, den die Notenbank gegen eine Politik des leichten, besser: des politischen Geldes leisten wird.

Dies ist angesichts des Schutzes, den die Europäische Zentralbank durch die Europäischen Verträge genießt, keineswegs einfach. Wirken jedoch beide politischen Ziele, also mehr Beschäftigung und Abbau der als ungerecht empfundenen Ungleichheiten, zusammen, dann wird es der Notenbank zunehmend schwerfallen, eine Politik des leichteren Geldes zu verhindern. Es fehlt schon heute nicht an Versuchen, mit diesem Ziel auf die Notenbank politischen Druck auszuüben. Sie soll durch ihre Geldpolitik die Beschäftigungspolitik der Europäischen Union und ihrer Mitgliedstaaten und die Verwirklichung sozialer Gerechtigkeit unterstützen, genauer: den Abbau von Ungleichheiten, die als Ungerechtigkeiten empfunden werden.

Die Bereitschaft der Notenbank zur Unterstützung wird unter Berufung auf die Tatsache gefordert, daß die

Europäischen Verträge ebenso wie der Europäische Rat die Beschäftigungspolitik und damit die Überwindung der Arbeitslosigkeit zum obersten politischen Ziel der Europäischen Union erklärt haben. Zugleich werden mit Blick auf die externen Einflüsse und Veränderungen Maßnahmen verlangt, die die Auswirkungen der Globalisierung auf die nationalen Volkswirtschaften verringern, genauer: den Anpassungsdruck reduzieren sollen.

Diese Forderungen können sich auf die Tatsache stützen, daß es im Bereich der internationalen Finanzmärkte einen unbestreitbaren Regulierungsbedarf gibt. Sie beschränken sich jedoch nicht auf diesen Bedarf. Sie haben vielmehr eine Beschränkung des internationalen Wettbewerbs allgemein im Blick. Auch insoweit dienen das Beschäftigungsziel und der Schutz vor »übermäßigen« Anpassungszwängen und ihren sozialen Folgen als wichtigste Argumente.

Konzentriert sich die Politik im wesentlichen auf den Abbau der Arbeitslosigkeit, also auf die Schaffung zusätzlicher Beschäftigung durch Erwerbsarbeit, geht sie somit – zumindest mittelfristig – mehrere Risiken ein: Soweit sie sich zusätzlicher staatlicher Aufwendungen bedient, erhöht sie den Staatsanteil am Bruttoinlandprodukt und reduziert damit die Anpassungsfähigkeit des Gemeinwesens. Damit trägt sie eher zu einer Vermehrung von Arbeitslosigkeit bei als zu ihrer Verringerung. Sie führt, zweitens, den Staat in eine zunehmende Abhängigkeit von den gesellschaftlichen Kräften, deren Handeln weit mehr Einfluß auf den Arbeitsmarkt hat als die staatliche Politik. Zum dritten vermindert sie die Entwicklung alternativer gesellschaftlicher Gestaltungen und Formen der Beteiligung an gesellschaftlichen Prozessen, die der neuen Wirklichkeit eher entsprechen können. Eine sinnvolle Arbeitsmarktpolitik muß diese Risiken sehen und ihnen rechtzeitig begegnen.

Marcus Bierich

Die Aufgaben des Unternehmers und seine Verantwortung in der Gesellschaft

Joseph Schumpeter hat den dynamischen Charakter unserer Wettbewerbsordnung entdeckt. Während die Mehrzahl der Theoretiker den teilweise heftigen Strukturwandel mit seinen negativen Auswirkungen für viele Einzelschicksale kritisch beurteilt, sah Schumpeter darin, nämlich im »Prozeß der schöpferischen Zerstörung«, die eigentliche Antriebsfeder der wirtschaftlichen Entwicklung. Der Unternehmer ist für ihn der Motor dieses Prozesses. Nur derjenige erfüllt für ihn die Aufgabe des Unternehmers, der aus eingefahrenen Bahnen immer wieder ausbricht, sich nicht »ins Bild der stagnierenden Routine« fügt.

Für Schumpeter ist der Kapitalismus »von Natur aus eine Form oder Methode der ökonomischen Veränderung und ist nicht stationär. Dieser evolutionäre Charakter des kapitalistischen Prozesses ist nicht einfach der Tatsache zuzuschreiben, daß das Wirtschaftsleben in einem gesellschaftlichen und natürlichen Milieu vor sich geht, das sich verändert und durch seine Veränderung die Daten der wirtschaftlichen Tätigkeit ändert; diese Tatsache ist zwar wichtig, und diese Veränderungen (Kriege, Revolutionen usw.) bedingen oft auch eine Veränderung der Industrie; sie sind aber nicht ihre primäre Triebkraft. Auch ist dieser evolutionäre Charakter nicht einer quasiautomatischen Bevölkerungs- und Kapitalzunahme oder den Launen des Geldsystems zuzuschreiben. Der fundamentale Antrieb, der die Maschine in Bewegung setzt und hält, kommt von den neuen Konsumgütern, den neuen Produktions- oder Transportmethoden, den neuen Märkten, den neuen Formen der industriellen Organisation, welche der Unternehmer schafft.«

Die Eröffnung neuer, fremder oder einheimischer Märkte und die ständige organisatorische Weiterentwicklung verändern also die Strukturen unaufhörlich von innen heraus. Wir müssen in unseren Unternehmen und in der gesamten Wirtschaft eine größere Dynamik herstellen, wenn wir als Unternehmer in diesem Sinne bestehen wollen. Unternehmer sind für Schumpeter nur jene, die den notwendigen Strukturwandel durch Innovationen aktiv vorantreiben.

Die Merkmale Selbständigkeit, auf eigene Rechnung handeln oder Eigentum am Betrieb reichen allein nicht aus. »Nicht nur Bauern, Handwerker, Angehörige freier Berufe, sondern auch Fabrikherren oder Industrielle oder Kaufleute sind im strengen Sinne nicht Unternehmer, wenn sie die geschaffene Unternehmung nur kreislaufmäßig weiterbetreiben«, also wesentlich Neues nicht hinzufügen.

Von welchen Motiven läßt sich dieser umtriebige Unternehmer leiten? Nach Schumpeter »fragt sich der typische Unternehmer nicht, ob jede Anstrengung, der er sich unterzieht, auch einen ausreichenden Genußüberschuß verspricht. Wenig kümmert er sich um hedonische Früchte seiner Taten. Er schafft rastlos, weil er nicht anders kann; er lebt nicht dazu, um sich des Erworbenen genießend zu erfreuen.«

Schumpeter bietet für das Verhalten des Unternehmers folgende drei Erklärungen an: erstens »den Traum und den Willen, ein privates Reich zu gründen, das Raum gewährt und Machtgefühl« – also das Motiv Macht und Herrschaft; zweitens den »Siegerwillen: Kämpfenwollen einerseits, Erfolghabenwollen des Erfolgs als solchen wegen andererseits. Gewinngröße als Erfolgsindex und Siegespfosten; wirtschaftliches Handeln als Sport«; drittens die »Freude am Gestalten, die Freude am Werk, an der Neuschöpfung als solcher«.

Welches Motiv im Einzelfall dominiert, ob diese individualistische Sichtweise in allen Fällen zutrifft, ob nicht auch Gemeinschaftsbezüge in vielfältigen Ausprägungen eine Rolle spielen, kann wohl nicht allgemeingültig beantwortet werden. Die Motive der Menschen sind unterschiedlich, abhängig vom jeweiligen geschichtlichen und kulturellen Hintergrund.

Unabhängig von der jeweiligen persönlichen Antriebskraft muß der Unternehmer aber eine wesentliche Eigenschaft mitbringen: die Fähigkeit zum Führen. Sie ist nach Schumpeter immer dann gefordert, »wenn der Unternehmer außerhalb der gewohnten Bahnen und ohne gesicherte Daten handeln muß, wenn er mit Widerständen fertig werden will, mit denen die soziale Umwelt jedem begegnet, der überhaupt oder speziell wirtschaftlich etwas Neues tun will«.

Führen erfordert danach dreierlei: erstens den Willen, »etwas Anderes, Neues zu tun als das Gewohnte und

Erprobte«; zweitens die »Fähigkeit, die Dinge in einer Weise zu sehen, die sich hinterher bewährt«; drittens die »Überzeugungskraft, andere für die eigenen, neuen Ideen zu gewinnen, vor allem die Kunden«.

Ich denke, wir könnten das auch heute nicht besser ausdrücken. Es geht um die Analyse der Ausgangsbedingungen und Optionen, die Bestimmung der Ziele sowie die Umsetzung der Ziele in Maßnahmen, möglichst nach Herstellung des Konsenses mit den am Unternehmen beteiligten Gruppen.

Die moderne Managementlehre hat für die einzelnen Schritte Methoden und Instrumente entwickelt, um die immer komplexeren Zusammenhänge durchleuchten zu können. Ich nenne hier nur beispielhaft die Instrumente der Geschäftsfeldanalyse und des Benchmarking. Diese Instrumente können den Unternehmer aber nicht ersetzen: in seiner Rolle als Vordenker und Visionär; in seiner Verantwortung für Entscheidungen, deren Ergebnisse nicht planbar sind; in seiner Fähigkeit, die Kräfte im Unternehmen zu bündeln und auf die wichtigsten Zukunftsaufgaben zu richten; wie in der Aufgabe, die Ansprüche der am Unternehmen beteiligten Gruppen auszugleichen und zu befriedigen.

Aufgabe des Unternehmers ist die Befriedigung der Ansprüche der am Unternehmen beteiligten Gruppen. Dies sind neben den Eigentümern und Mitarbeitern die Kunden und Lieferanten sowie – in unserer sozialen Marktwirtschaft – der Staat und die Gesellschaft. Ihre Ansprüche müssen nach Möglichkeit in Einklang gebracht werden.

Ludwig Erhard und Alfred Müller-Armack, denen wir die soziale Marktwirtschaft und damit die Einbeziehung von Staat und Gesellschaft in die zu berücksichtigenden Gruppen verdanken, haben vom Unternehmer verlangt, daß er das eigene Unternehmen langfristig sichern und fortentwickeln, aber gleichzeitig die soziale Sicherheit seiner Mitarbeiter sowie die natürlichen und kulturellen Gemeinschaftsgüter erhalten und fördern soll.

Folgende Ziele gehören zusammen: Ohne sozialen Frieden können Unternehmen nicht erfolgreich arbeiten; ohne erfolgreich wirtschaftende Unternehmen können die Gemeinschaftsaufgaben der Volkswirtschaft nicht gelöst werden. Dennoch erleben wir täglich, daß die verschiedenen Gruppeninteressen immer schwerer zusammenzufassen sind. Sie entfernen sich voneinander. Der Staat und die Gewerkschaften als Vertreter der Arbeitnehmer verfolgen andere Ziele als die Eigentümer, Kunden und Lieferanten. Die einen sind von ihren nationalen Wählern abhängig, von denen sie wiedergewählt werden wollen. Die anderen müssen sich an internationalen Maßstäben messen lassen und am Weltmarkt behaupten. So kommt es zu dem, was Herbert Simon als »conflict of loyalties« beschrieben hat: ein Loyalitätskonflikt, der sich aus dem geänderten Unternehmerumfeld ableiten läßt, dem wir uns jetzt zuwenden wollen.

Die zunehmende Schwierigkeit, einen Konsens zwischen den verschiedenen am Unternehmen beteiligten Gruppen – den »stakeholders« – herbeizuführen, ist eine Folge der zunehmenden Internationalisierung oder

Globalisierung der Märkte und damit der Wirtschaft, die ihrerseits auf einer beschleunigten Zunahme und Ausbreitung unseres Wissens beruht. Dieses Wissen nimmt ständig zu und wird durch weltweite Kommunikation über den ganzen Globus verteilt. Auf diese Weise kommen immer mehr Unternehmen in immer mehr Ländern in die Lage, am weltweiten Handel mit wettbewerbsfähigen Erzeugnissen teilzunehmen.

Neuentwicklungen, mit denen man sich vom internationalen Wettbewerb noch abheben kann, kosten immer mehr Geld und sichern Wettbewerbsvorsprünge für eine immer kürzere Zeit. Die Unternehmen müssen deshalb ihre Produkte von Anfang an weltweit vertreiben und sie mindestens teilweise im ausländischen Absatzmarkt fertigen. Nur so gelingt es ihnen, die hohen Vorleistungen während der relativ kurzen Dauer eines Produktzyklus wieder einzuspielen. Das weltweite Angebot von Produkten verschiedener Hersteller führt zu einer Verschärfung des Wettbewerbs.

Daneben gibt es eine Reihe weltwirtschaftlicher Entwicklungen, die uns zur Internationalisierung zwingen, so die Bildung großer übernationaler Binnenmärkte wie in Europa und Nordamerika; das Aufkommen der Wachstumsmärkte in Südostasien und Südamerika, auch wenn mit Rückschlägen verbunden; die Öffnung der bislang nur schwer zugänglichen Regionen in Mittel- und Osteuropa; die Gefahr wieder zunehmender protektionistischer Tendenzen infolge des Ungleichgewichts im internationalen Handel, die unsere Präsenz vor Ort erfordern.

Wir können uns dem Trend zur Internationalisierung nicht entziehen. Aus wirtschaftlichen und politischen Gründen gibt es keine Alternative. Selbst die größten Kritiker würden die Konsequenzen einer Trendumkehr nicht akzeptieren. Wer sich der weltweiten Integration entzieht, wird bestraft: Die bedrückende Hinterlassenschaft der früheren Zentralverwaltungswirtschaften in Mittel- und Osteuropa ist dafür das beste Beispiel.

Wir müssen uns also auf die Folgen der Globalisierung einstellen. Sie bestehen in einem immer schärferen Wettbewerb, der um so mehr über die Preise ausgetragen wird, je weniger die produkt- und qualitätsmäßige Differenzierung noch gelingt.

Die europäischen und vor allem die deutschen Unternehmen haben dabei den Nachteil, daß sie – an ihren hiesigen Standorten – auf einem sehr viel höheren Kostenniveau entwickeln und produzieren müssen als ihre asiatischen oder amerikanischen Konkurrenten. Bei vielen unserer Erzeugnisse ergeben sich Kostendifferenzen zu den besten Wettbewerbern in der Größenordnung von 20 bis 30 Prozent. Gegenüber den aufkommenden Wettbewerbern aus Mittel- und Osteuropa sind die Differenzen noch größer. Im internationalen Geschäft sind wir dadurch – in vielen Bereichen – mit unseren Kosten nicht mehr wettbewerbsfähig. Wir sind vom Jäger zum Gejagten geworden.

Um diese Entwicklung umzukehren, müssen wir unsere Produkte mit Blick auf die höchsten internationalen Anforderungen entwickeln, über das bisherige Maß hinaus Märkte erschließen und unseren Vertrieb und unsere

Fertigung vor allem in Asien sowie in Nord- und Südamerika ausbauen, unsere Kräfte auf die jeweils wichtigsten Kerngebiete konzentrieren und unsere internationale Position durch Partnerschaften absichern.

Wir werden damit aber nur dann Erfolg haben, wenn wir unsere Leistungen auch zu wettbewerbsfähigen Kosten erbringen. Das erfordert an unseren traditionellen Standorten ein neues Denken, harte Sparmaßnahmen sowie Strukturbereinigungen, aber auch eine Korrektur unserer nationalen Rahmenbedingungen, das heißt eine Senkung unserer überhöhten Steuern und Lohnkosten sowie den Abbau der bürokratischen Hemmnisse, die unsere Flexibilität einschränken.

Die Anpassung an das veränderte Umfeld und der Versuch, die nationalen Rahmenbedingungen zu korrigieren, werden Folgen haben. Die bisherigen nationalen Beziehungsgeflechte mit Mitarbeitern, Gewerkschaften und der Öffentlichkeit werden sowohl belastet als auch – angesichts internationaler Alternativen – gelockert. Die zukünftige Zusammenarbeit wird anders aussehen als die bisherige. Dafür entstehen im Ausland neue Verbindungen mit uns bislang fremden Organisationen, aber auch mit Verpflichtungen, deren langfristige Auswirkungen wir noch nicht abschätzen können.

Der Trend zu internationalen Unternehmenszusammenschlüssen wird anhalten. Es entstehen Weltunternehmen mit lokaler Präsenz rund um den Globus, mit der Chance, Größenvorteile in Forschung, Entwicklung und Fertigung sowie im Einkauf, im Verkauf und bei der Finanzierung konsequent auszuspielen. Damit sich diese

Vorteile einstellen, muß diesen Großunternehmen aber vor allem eines gelingen: Sie müssen aus der kulturellen Vielfalt ihrer Mitarbeiter, Teilhaber, Kunden und Lieferanten eine positive Dynamik entwickeln.

Viele Großfusionen über verschiedene Kulturkreise hinweg scheitern an dieser Aufgabe. Der häufig unterschätzte Zuwachs an Komplexität ist größer als der vielfach überschätzte Vorrat an Gemeinsamkeiten bei Zielen, Verhaltensweisen und Methoden. Für verantwortliche Unternehmer zählen deshalb nicht nur offenkundige Größenvorteile. Sind erhebliche interkulturelle Konflikte von vornherein absehbar, wird er entweder dem Zusammenschluß widersprechen oder sicherstellen, daß den einzelnen Einheiten im weltweiten Verbund ein ausreichender Bewegungsspielraum gelassen wird.

Welche Aufgaben ergeben sich aus dieser Änderung des Umfeldes für den Unternehmer?

Der Konflikt der Gruppeninteressen, mit denen wir es im Unternehmen zu tun haben, wird weiter zunehmen. Es wird mehr Auseinandersetzungen mit den Regierungen, der Öffentlichkeit, den Gewerkschaften und unseren jeweils nationalen Arbeitnehmern geben als bisher. Diesen Konflikten dürfen wir nicht ausweichen. Die Herstellung des Konsenses im Einzelfall, die zu unseren Aufgaben gehört, wird dementsprechend schwerer und zeitaufwendiger werden. Wir müssen uns mehr Zeit für das Gespräch mit den nationalen Gruppen nehmen, um sie über die internationalen Zwänge aufzuklären, denen wir ausgesetzt sind, denen sie aber nicht unterliegen. Sie haben nationale oder regionale Wahlkreise im Unterschied zu uns. Damit wächst dem Unternehmer eine neue politische und soziale Verantwortung zu.

Die Internationalisierung eröffnet aber auch positive Aspekte: Wir können mit unseren Aktivitäten helfen, die Verständigung unter den Völkern zu fördern. Die Unternehmer leisten insofern Pionierdienste für die Zusammenarbeit der Nationen. Gleichzeitig setzen sie der Politik neue Aufgaben, nämlich die Schaffung eines zuverlässigen Ordnungsrahmens für die Globalisierung der Wirtschaft. So hat sich gerade die deutsche Industrie nachdrücklich für den erfolgreichen Abschluß der Verhandlungen zur weiteren Liberalisierung der Weltwirtschaft eingesetzt.

Welche Eigenschaften werden in diesem Umfeld vom Unternehmer hinsichtlich seiner Leistungsfähigkeit sowie seiner gesellschaftlichen Verantwortung gefordert?

Die Leistungsfähigkeit ist vor allem eine Funktion des vorhandenen Wissens, der Fähigkeiten und Fertigkeiten der Führungskräfte und ihrer Mitarbeiter sowie der Einsatzbereitschaft beider Gruppen. Hier liegen noch Reserven, die wir erschließen müssen: durch Aus- und Weiterbildung, wobei die Ausbildungsinhalte und -methoden stets auf den neuesten Stand der Wissenschaft zu bringen sind; durch flache und flexiblere Strukturen, mit weniger vertikalen und horizontalen Barrieren zwischen den Funktionen; durch die verstärkte Einführung von Gruppenarbeit, verbunden mit der Delegation von Verantwortung und Entscheidungsbefugnis auf die jeweils unteren Ebenen; durch gründliche Informationen, gemeinsame Zielvereinbarungen von Mitarbeitern und

Führungskräften, regelmäßige Fortschrittsberichte, um das Wir-Gefühl im Unternehmen zu stärken; durch die stärkere Internationalisierung unseres Personals, um auch auf diese Weise unsere Verkrustungen aufzubrechen, den Know-how-Transfer zu beschleunigen und die Brücke zu fremden Kulturen schneller zu schlagen.

Unsere gesellschaftliche Verantwortung verlangt von uns, daß wir die Interessen der verschiedenen Gruppen, mit denen wir es im In- und Ausland zu tun haben, anerkennen, auch wenn sie den eigenen Interessen entgegenstehen. Wir sollten ferner die Folgen unseres Tuns für die Gesellschaft besser bedenken und offenlegen. Wir sollten gesetzliche Auflagen nicht erst abwarten, sondern drohende Schäden für andere und aufwendige Korrekturen von Anfang an vermeiden. Wir müssen schließlich in Zukunft mehr als in der Vergangenheit gegenüber den Regierungen und Gewerkschaften öffentlich Stellung beziehen und gegenüber den anderen gesellschaftlichen Gruppen auf ökonomisch unvertretbare Belastungen hinweisen, die die Wettbewerbsfähigkeit unserer Unternehmen und damit der Volkswirtschaft beeinträchtigen, wenn nicht zerstören. Es hat keinen Sinn, Interessenkonflikten auszuweichen oder nach kurzfristigen Scheinlösungen zu suchen.

Die soziale Marktwirtschaft unterscheidet sich vom Kapitalismus dadurch, daß sie den Unternehmer auch für die soziale Sicherheit seiner Mitarbeiter und für die Erhaltung der Gemeinschaftsgüter – von der Gesundheit der Bevölkerung bis zum Bildungswesen – verantwortlich macht. Dieser Verantwortung kann er aber nur gerecht werden, wenn er aktiv am Dialog mit Staat und Gesellschaft teilnimmt und auf Fehlentwicklungen öffentlich hinweist, die er als Unternehmer im internationalen Wettbewerb wahrnimmt und als Gefahr für die Volkswirtschaft erkennt.

Edmund Stoiber

Das Unternehmen Staat – Bayerns Weg in das 3. Jahrtausend

Bayern ist heute eines der wirtschaftsstärksten Länder in Europa. Gemessen an seinem Bruttoinlandsprodukt von über 640 Milliarden DM übertrifft der weiß-blaue Freistaat neun der 15 EU-Mitgliedstaaten. Als Unternehmensstandort zählt Bayern nicht nur auf dem alten Kontinent, sondern weltweit zu den ersten Adressen. Die Bayerischen Motorenwerke sind dabei eines unserer industriellen Aushängeschilder. Die Automobilindustrie insgesamt ist eine der bedeutendsten Branchen in Bayern. Sie beschäftigt einschließlich ihrer Zulieferer rund 220 000 Mitarbeiter und erzielt einen Umsatz von rund 70 Milliarden DM. Kraftfahrzeuge sind der wichtigste bayerische Exportartikel.

Eine breitangelegte Studie des Deutschen Instituts für Wirtschaftsforschung in Berlin hat jüngst aufgezeigt, welchen wichtigen Einfluß Großunternehmen insbesondere aus der Automobil- und der Elektronikbranche auf die Entwicklung der einzelnen Regionen in Deutschland seit den sechziger Jahren genommen haben. Es ist daher kein Zufall, daß es zwischen der außergewöhnlich dynamischen Entwicklung von BMW und der des Freistaats deutliche Parallelen gibt. BMW hat sich in den letzten Jahrzehnten von einem traditionsreichen kleinen Automobil- und Motorradhersteller zu einem der größten deutschen Wirtschaftsunternehmen und zu einer Weltmarke mit höchstem Ansehen entwickelt.

Ganze Landstriche – so beispielhaft das früher strukturschwache Niederbayern oder Teile der Oberpfalz – verdanken ihren Wohlstand auch dem Wachstum von BMW. Die Standorte von BMW in München, in Landshut, in Dingolfing, in Regensburg und in Wackersdorf bieten heute mit die begehrtesten Arbeitsplätze im Freistaat.

Der Aufstieg Bayerns zu einem attraktiven Wirtschaftsraum war angesichts der noch in den fünfziger Jahren geringen Industrialisierung keineswegs vorgezeichnet. Mit einer sehr hohen Dynamik konnten gesamtwirtschaftliche Rückstände gegenüber anderen Regionen in Europa rasch abgebaut und Schritt für Schritt in Vorsprünge verwandelt werden. So hat sich die Leistungskraft der bayerischen Wirtschaft seit 1970 real mehr als verdoppelt. Mit einem Plus von über 120 Prozent ist der Freistaat zusammen mit Hessen klarer Wachstumsspitzenreiter in Deutschland. Im Durchschnitt der alten Länder expandierte die Wirtschaftsleistung im gleichen Zeitraum nur um etwas über 80 Prozent. Gleichzeitig entwickelte sich auch die Beschäftigung im Freistaat sehr viel dynamischer. Die Zahl der sozialversicherungspflichtigen Arbeitsplätze stieg im Zeitraum von 1974 bis 1998 in Bayern um rund 20 Prozent gegenüber nur sechs Prozent Zuwachs in den alten Ländern. Seit 1994 hat Bayern die niedrigste Arbeitslosigkeit in ganz Deutschland. Als Wirtschaftsregion, die ihre eigene Erfolgsgeschichte im Rahmen des »deutschen Wirtschaftswunders« geschrieben hat, geraten Bayern und der bayerische Weg zunehmend in den Blickpunkt des öffentlichen Interesses.

Um die politische Strategie auf dem Weg in das 3. Jahrtausend genauer zu erläutern, ist es sinnvoll, zunächst einen Blick auf die Gründe für den wirtschaftlichen Aufstieg Bayerns zu werfen. Denn Bayerns Weg in das 3. Jahrtausend ist eine konsequente Fortführung und Weiterentwicklung des seit Jahrzehnten eingeschlagenen bayerischen Weges.

Bei der Ursachenanalyse ist zunächst klar festzustellen, daß vor allem »Schumpetersche Unternehmerpersönlichkeiten« und leistungsorientierte Arbeitnehmer verantwortlich zeichnen für die hervorragende Wirtschaftsentwicklung hierzulande. Die Grundeinsicht, daß nur mutige Unternehmen mit leistungsfähigen und leistungswilligen Arbeitnehmern in der Lage sind, im Wettbewerb hohen Wohlstand zu schaffen, bleibt auch zukünftig uneingeschränkt die Richtschnur unserer Politik.

Nicht unbedeutend ist aber auch das Anreizsystem der wirtschaftlichen Rahmenbedingungen, welches die Dynamik der Leistungsträger erst zur Entfaltung bringt. Die Theorie des endogenen Wachstums hat in den letzten Jahren deutlich herausgearbeitet, welche Politikmaßnahmen entscheidend sind für Wachstum und Wohlstand der einzelnen Volkswirtschaften. Die zentralen Schlußfolgerungen für die Wirtschaftspolitik wurden erst jüngst von zwei führenden Ökonomen auf diesem Gebiet, Robert Barro und Paul Romer, in einem Bericht über

»Economic Growth« für das National Bureau of Economic Research in den Vereinigten Staaten in folgende sechs Handlungsanweisungen zusammengefaßt:

- Vermeidung von Marktverzerrungen durch ein Übermaß an staatlichen Eingriffen
- Anreize für Investitionen im Sachkapital
- Konsequente Förderung von Erziehung und Bildung
- Unterstützung von Forschung und Entwicklung
- Schutz des geistigen Eigentums und schließlich eine internationale Handelspolitik, die den freien Austausch von Produkten und Ideen weltweit fördert

Dieser Katalog umschreibt ziemlich genau die Grundlinie der bayerischen Wirtschaftspolitik. Markenzeichen dieser Wirtschaftspolitik bleibt deshalb auch zukünftig ein konsequent angebotsorientierter Kurs auf der Grundlage der sozialen Marktwirtschaft, wie sie der zweite bayerische Wirtschaftsminister, Ludwig Erhard, nachdrücklich vertreten hat. Diese Politik, die sich konsequent und offensiv dem Strukturwandel stellt und sich systematisch mit dem technischen Fortschritt verbündet, hat maßgeblich zu den zukunftsorientierten Wirtschaftsstrukturen in Bayern, zu der hohen internationalen Wettbewerbsfähigkeit und dem weit überdurchschnittlichen Wirtschafts- und Beschäftigungswachstum beigetragen.

Während andere einseitig die Risiken neuer Technologien, zum Beispiel in der Bio- und Gentechnik, in der Kernenergie oder in der Mikroelektronik, in den Vordergrund stellen, hat Bayern immer auch die Chancen dieser Bereiche erkannt und genutzt. Nicht zuletzt die Automobilbranche hatte und hat mit erheblichen gesellschaftlichen Vorurteilen zu kämpfen. Ziel der bayerischen Wirtschaftspolitik ist es deshalb auch, der Autoindustrie den Rücken freizuhalten. Dazu hat die Bayerische Staatsregierung beispielsweise den Autogipfel vom August 1995 mit initiiert und entscheidend geprägt. Die Beteiligten, die Regierungschefs von Bayern, Baden-Württemberg und Niedersachsen auf der einen Seite und die Vorstandsvorsitzenden von BMW, Mercedes, Volkswagen, Audi und Porsche andererseits, haben einen bis zum Jahr 2005 wirkenden Konsens vereinbart: Die Automobilindustrie verpflichtete sich zur Optimierung ihrer Produkte und zum Ziel stabiler Beschäftigungsverhältnisse. Umgekehrt setzen sich die Länderchefs für klare Rahmenbedingungen ohne zusätzliche Belastungen für die Kraftfahrzeughersteller und die Autofahrer ein. Nebenbei bemerkt, dies ist ein seit Jahren eindrucksvoll funktionierendes »Bündnis für Arbeit«.

Wichtig für den bayerischen Weg war und ist zudem eine solide Finanzpolitik auf der Linie »Sparen und Investieren«. Diese hat dafür gesorgt, daß der Freistaat heute über den notwendigen haushaltspolitischen Spielraum verfügt, um auf die Herausforderungen des immer schärfer werdenden europäischen und globalen Wettbewerbs mit zukunftsorientierten standortpolitischen Weichenstellungen antworten zu können, wobei auch in der Vergangenheit die Zukunftsvorsorge besonders beachtet wurde.

Vorausschauend und entschlossen wurden wichtige und zum Teil einen langen Atem erfordernde Infrastrukturprojekte realisiert, von der Schaffung einer sicheren, günstigen und möglichst umweltfreundlichen Energieversorgung – das heißt auch eine konsequente Förderung der Kernenergie – über den Bau der neuen Messe München oder des Münchner Flughafens bis hin zum derzeitigen Aufbau eines modernen Datenhochgeschwindigkeitsnetzes.

Sehr früh wurde die Bedeutung eines zukunftsorientierten, leistungs- und wettbewerbsfähigen Mittelstands für die Beschäftigung und die wirtschaftliche Dynamik erkannt und gefördert. Im Rahmen einer konsequenten Mittelstandsförderung werden neben Investitionen zur Modernisierung, Rationalisierung und Erweiterung bestehender Betriebe vor allem auch Existenzgründer gefördert, denn neue, wettbewerbsfähige Arbeitsplätze entstehen vor allem in jungen und dynamisch agierenden Unternehmen.

Ebenfalls frühzeitig wurde die zentrale Rolle des Rohstoffs »Geist« für die weitere wirtschaftliche Entwicklung des an Bodenschätzen armen Bayern erkannt. Die Bayerische Staatsregierung setzte deshalb zum einen auf den Ausbau der Bildungsinfrastruktur und die Förderung einer qualifizierten, modernen beruflichen Bildung, zum anderen aber auch auf die verstärkte Förderung von Forschung und Technologie, von Technologietransfereinrichtungen und von Beratungsprogrammen für mittelständische Unternehmen. Ergebnis dieser Politik ist nicht nur das hohe Qualifikations- und Produktivitätsniveau bayerischer Unternehmen. Mit zehn Universitäten, 15 Fachhochschulen, drei Großforschungseinrichtungen, elf Max-Planck-Instituten und sechs Fraunhofer-

Instituten verfügt Bayern über eine exzellente Infrastruktur für Forschung und Technologietransfer. Nicht zuletzt deshalb ist Bayern mit Forschungs- und Entwicklungsausgaben von rund drei Prozent im Verhältnis zum Bruttoinlandsprodukt einer der forschungsintensivsten Standorte der Welt.

Den Rohstoff »Geist« konsequent zu fördern heißt auch, Leistungseliten aufzubauen und zu stärken. Veränderte nationale und internationale Herausforderungen in der Politik, in der Wirtschaft, aber auch der sich beschleunigende Technologiewettlauf verlangen dies mehr denn je. Bayern ist heute beispielsweise das einzige Land mit einer gesetzlichen Hochbegabtenförderung. Ein wichtiges Projekt zur Eliteförderung ist die in enger Zusammenarbeit mit der Wirtschaft 1998 gegründete Bayerische Eliteakademie.

Derzeit investiert die Staatsregierung zusätzlich zum laufenden Haushalt aus Privatisierungserlösen im Rahmen der Offensive »Zukunft Bayern« getreu dem Motto »Gestalten, nicht verwalten« rund 5,5 Milliarden DM in die Stärkung der wirtschaftlichen, sozialen, kulturellen und ökologischen Standortfaktoren. Hauptstoßrichtungen der Offensive »Zukunft Bayern« sind: ein weiterer Ausbau der Forschungs- und Technologieinfrastruktur in Bayern, die Verbesserung des Technologietransfers in den Mittelstand, massive Unterstützungen für Existenzgründungen und forcierte Hilfen für Unternehmen auf Auslandsmärkten.

In dieser Legislaturperiode setzen wir unseren Modernisierungskurs mit einer High-Tech-Offensive fort.

High-Tech-Politik ist dabei für die Staatsregierung kein Selbstzweck. Die Offensive dient hochgesteckten Zielen. Es geht darum, durch landesweite Innovationsschübe die Wettbewerbsfähigkeit der bestehenden Arbeitsplätze auf breiter Front zu verteidigen und die Schaffung hochwertiger, gutbezahlter neuer Arbeitsplätze zu unterstützen. Bayern strebt für möglichst weite Bereiche der Wirtschaft eine Technologie- und Innovationsführerschaft an. Wir sehen uns im Wettbewerb mit dem Silicon Valley als dem weltweit führenden High-Tech-Zentrum. Nur innovative und hochwertige Produkte sichern eine Alleinstellung, die im harten kontinentalen und globalen Wettbewerb »gute« Preise garantiert.

Je besser uns dies gelingt, desto höhere Löhne können in Bayern bezahlt werden, und um so geringer ist der Druck auf soziale Sicherungssysteme, Umweltschutzstandards etc. Nur wer laufend Innovationsvorsprünge erzielt, bleibt Gewinner im globalen Wettbewerb.

Nach allen vorliegenden Zukunftsstudien wird die wirtschaftliche Entwicklung im 21. Jahrhundert vor allem von fünf Schlüsseltechnologien geprägt:

1. Informations- und Kommunikationstechnologie
2. Bio- und Gentechnologie/»life-sciences«
3. Neue Werkstoffe
4. Umwelttechnik
5. Mechatronik

Bayern nimmt auf diesen Feldern bereits heute Spitzenpositionen in Europa ein. Darauf vor allem werden wir in der High-Tech-Offensive aufbauen und unser landesweites Technologienetzwerk noch dichter knüpfen.

Der Zielrichtung entsprechend wird der deutlich größte Teil der vorgesehenen Finanzmittel in die Stärkung international herausragender High-Tech-Zentren fließen. Zugleich wird in einem landesweiten Technologieinfrastruktur-Programm eine Beschleunigung des von den High-Tech-Zentren ausgehenden Technologietransfers vor allem in den Mittelstand angestrebt und über weitere Maßnahmen zur Internationalisierung eine verstärkte Öffnung von Wissenschaft und Wirtschaft in Bayern betrieben. Unsere Unternehmen sollen damit verstärkt ermutigt werden, die Wachstumspotentiale des Weltmarktes zu nützen. Um zudem speziell die regionalen Technologiekompetenzen zu fördern und in das landesweite Netz einzubauen, sind für jeden Regierungsbezirk sogenannte Regionalkonzepte als weitere Bausteine geplant. Ich bin überzeugt, daß Bayern mit diesem bundesweit einmaligen Programm einen weiteren großen Schritt nach vorne macht.

Ein anderes wichtiges Projekt auf dem Weg in das nächste Jahrhundert ist für uns eine Stärkung des Föderalismus in Deutschland. Denn nicht zuletzt die föderale Staatsstruktur in Deutschland ist wichtig zur Erklärung des bayerischen Wirtschaftswunders. Das Grundgesetz hat uns die Gestaltungsspielräume gegeben, die wir für den eigenen Weg zum wirtschaftlichen Aufstieg benötigt haben. Allerdings haben sich über die letzten Jahrzehnte gegen den Willen der Verfassungsväter erhebliche Ungereimtheiten und Blockademechanismen in das deutsche Föderalgeflecht eingeschlichen. Dies gilt es nun zu korrigieren. Vor dem Hintergrund des leistungsfeindlichen Länderfinanzausgleichs halten wir es für dringend erforderlich, den Föderalismus insgesamt wieder auf stärkere Beine zu stellen. Vor allem eine dezentralere Kompetenzverteilung zwischen den Ländern und dem Bund ist hierfür notwendig. Dies stärkt die Eigenverantwortung der Länder, erlaubt eine präzisere Zuordnung von politischen Erfolgen und Mißerfolgen und spornt so alle Beteiligten zu einer zukunftsorientierteren und bürgernäheren Politik an. Mehr Wettbewerbsföderalismus macht das Gesamtsystem reformfähiger und reformfreudiger und damit dynamischer.

Insgesamt bin ich überzeugt, daß der Freistaat Bayern gut gerüstet und hervorragend positioniert ist und mit Weltunternehmen wie BMW erfolgreich das 21. Jahrhundert im globalen Wettbewerb bestehen wird.

Hans D. Barbier

Ordnungspolitik heute – was regiert und wer regiert uns?

Die Frage »Wer oder was regiert?« gehört zu den Anfangslektionen der Lehre von der Demokratie. Regiert der Kanzler, oder regiert das Volk? Didaktisch geübten Lehrern reicht diese einfach klingende Frage für die systematische Ausbreitung nahezu aller Aspekte der modernen Staatslehre. Die Frage »Was regiert und wer regiert uns?« ist von anderer Qualität. Sie steht für eine Hypothese, die die Alternative »Kanzler oder Volk« hinter sich läßt. Sie steht für die Befürchtung, in der Ära der Globalisierung, der Finanzkrisen und der Feuerwehreinsätze internationaler Organisationen sei die Frage nach dem Was wichtiger geworden als die nach dem Wer.

Wer oder Was? Ein Hauch von Unbehagen: Das teils ökonomisch, teils politisch motivierte Unbehagen an der Globalisierung verdichtet sich in zwei Vermutungen. Erstens: Die Welt werde durch das Kapital regiert. Diese Vermutung erinnert an ökonomisch unterfütterte Machttheorien des 19. Jahrhunderts. Sie meint aber etwas anderes. Sie meint nicht einen Klassenantagonismus, sondern die faktische Entmachtung der demokratisch legitimierten und überwiegend national organisierten Politik: Das von den Nationalökonomien im Wettbewerb der Beschäftigungs- und Sozialversprechen umworbene Realkapital spiele die um Wachstumsprozente und

Beschäftigungserfolge ringenden Regierungen gegeneinander aus. Wirtschaftliche Ordnungspolitik und Konzeptionen der Sozialpolitik würden reduziert auf die Anpassung der Politik der Nationalstaaten an die Wünsche des grenzüberschreitend renditesuchenden Kapitals; nationale Regierungen seien in der Gestaltung der Wirtschaftspolitik nur noch so weit souverän, wie es der Standortwettbewerb zuläßt. Das ist der Kern der modernen Machtvermutung.

Zweitens: Das Kapital entmachte nicht nur die Politik, sondern führe durch Spekulation und überschießendes Reagieren volatiler Märkte auf vergleichsweise geringfügige wirtschaftliche Störungen zu tiefgreifenden und schwerwiegenden Finanzkrisen. Die Krisen schaukeln sich auf, bis sie dem Weltwirtschaftssystem gefährlich werden, das sie ermöglicht und provoziert. Die Zielstrebigkeit des Kapitals lege die Regierungen an die Leine, seine Nervosität und seine Sprunghaftigkeit gefährdeten die Funktionsfähigkeit der Weltfinanzbeziehungen.

Aus diesen beiden Vermutungen wird dann – bisweilen mit rascher Hand – eine ebenso vage wie umfassende Folgerung gezogen: Es bedarf einer neuen internationalen Finanzarchitektur. Die hat zwei Zielen zu dienen: der Sicherung der demokratisch legitimierten Herrschaftsverhältnisse im nationalen Maßstab und der Stabilisierung der Finanzbeziehungen zur Abwehr von Krisen mit hohem Ansteckungspotential.

Leicht abzutun sind solche Vermutungen schon deshalb nicht, weil sie eine breite Öffentlichkeit beschäftigen. Für die Ordnungspolitik, die sich als Angegriffene solcher Vermutungen und als Ratgeberin politischer Entscheidungsprozesse sieht, ergeben sich die folgenden Fragen: Was besagen die Finanzkrisen der späten neunziger Jahre über die Qualität einer liberal verfaßten Weltwirtschaftsordnung? Wie dringend ist der Bedarf an einer neuen Welt-Finanzarchitektur? Was leistet der Wettbewerb für die Evolution der Ordnungspolitik in einer Weltwirtschaft, für die die Nationalstaaten zu entgrenzten Standorten in der Globalisierung geworden sind?

Eine Führungsrolle für das Kapital: Die dominante Rolle des international beweglichen Kapitals für die Entwicklung der Volkswirtschaften und der Weltwirtschaft als Ganzes ist unbestritten. Daß das Globale dem Lokalen vorauseilt, ist seit langem zu beobachten. Der Welthandel läuft seit Jahrzehnten in seinen Zuwachsraten den Wachstumsraten der nationalen Volkswirtschaften voraus. Der Welthandel zieht sozusagen die Sozialprodukte der Volkswirtschaften hinter sich her. Bedeutsamer aber als der Welthandel ist die Rolle der Kapitalbewegungen geworden. Die Zuwachsraten der grenzüberschreitenden Direktinvestitionen übertreffen die des Welthandels in der gleichen Größenordnung – nämlich des Dreifachen –, wie die Zunahme des Welthandels die nationalen Wachstumsraten der fortgeschrittenen und entwickelten Volkswirtschaften übersteigt. Direktinvestitionen und Finanzanlagen bestimmen die Dynamik der Weltwirtschaft.

Wettbewerb der Standorte, Lebensqualität und die Normen der politischen Zivilisation: Die von den Kapitalbewegungen angeführte Globalisierung erfaßt die

Volkswirtschaften und Nationalstaaten nicht nur auf ihren Märkten. Der Wettbewerb der Standorte berührt auch die Politik. Die Frage ist: Tut er das auf eine Weise und nach Kriterien, die im Widerspruch zu den liberalen, zivilen Errungenschaften der Demokratie stehen?

Der Wettbewerb der Standorte wird im wesentlichen an den Kosten entschieden, das heißt: an der Höhe der Besteuerung, an den Abgaben, an den Regulierungen, an der Organisation der sozialen Sicherung und des Arbeitsmarktes. Hier setzt der Wettbewerb der Standorte die Regierungen unter Druck. Das muß aber nicht ein Druck hin zu geringerer Lebens-, Sozial- und Umweltqualität sein. Das kann sich auch im kostensparenden Rationalisierungsdruck auf diejenigen Politikbereiche äußern, die nach den bisherigen Usancen vor allem der kontinentaleuropäischen Sozialstaaten für die außermarktlich bereitgestellte Lebensqualität der Menschen maßgeblich sind. Dieser Rationalisierungsdruck führt dann dazu, daß der Staat die Notwendigkeit überdenkt, mit seinen Mitteln und in seinen gewohnten Organisationsschemata Vorsorge und Lebensqualität zu wachsenden Kosten bereitzustellen. Beispielhaft heißt das: Eine verläßliche soziale Sicherung kann – etwa durch verordnetes, aber individuell verwaltetes Sparen – auch so organisiert sein, daß sie nicht wie ein ständig ansprungbereiter Kostenautomat wirkt. Und die Bereitstellung öffentlicher Güter durch den Staat muß in Qualität und Quantität keineswegs immer mit steigenden Steuerlasten verbunden sein. Der Wettbewerb der Standorte, der eigentlich den Märkten gilt, kann auch im staatlichen

Bereich Effizienzgewinne auslösen, die den Bürgern zugute kommen.

Unter dem Blickwinkel der Wirtschaftspolitik, im umfassenden Sinne der materiellen Lebensgestaltung verstanden, ist kein Schaden auszumachen, der durch die globale Mitregentschaft des Kapitals zwingend entstünde. Die Politik muß sich – bei vernünftiger und kostensparender Organisation aller Vorsorge- und Solidareinrichtungen – ein nutzenstiftendes Angebot nicht deshalb versagen, weil das Kapital in einem permanenten Renditevergleich um die Erde zieht. Der Standortwettbewerb in der globalisierten Wirtschaft mag von Regierungen als lästig empfunden werden, weil er disziplinierend nicht nur auf die Ansprüche der Gruppen, sondern auch auf die Versprechungen der politischen Amtsbewerber wirkt. Attraktive Standorte verarmen aber nicht, sie werden reicher durch ihre Attraktivität für das Kapital.

Bisweilen wird behauptet, das renditesuchende Kapital entscheide sich gegen Standorte mit einer ausgeprägt liberalen Verfassung und mit einer hohen Achtung vor den Menschenrechten; es bevorzuge Standorte mit einem privilegiensichernden Beziehungsgeflecht und einer bestechlichen Verwaltung. Als Entwicklungstendenz fortgeschrieben würde das bedeuten: Die Globalisierung und die freizügige Standortsuche des Kapitals nehmen nicht nur den demokratisch gewählten Regierungen wichtige Instrumente für die Gestaltung der Lebensqualität der auf Staatshilfe angewiesenen Bürger aus der Hand, sie setzen auch einen Anreiz für Staaten und

Regime, in vordemokratische Zustände zurückzufallen. Zugespitzter formuliert: Länder, die für das Kapital attraktiv sein wollen, sollten sich durch einen niedrigen sozialen Standard und durch ein politisches System der Unfreiheit der Bürger auszeichnen.

Empirisch ist das nicht zu belegen. Das Kapital zieht es nicht in Diktaturen – auch nicht in die beschönigend so genannten Entwicklungsdiktaturen –, die die politische Unfreiheit der Bürger oder den Zustand der Rechtlosigkeit mit marktwirtschaftlichen Effizienzmechanismen verbinden wollen. China zeigt Züge eines solchen »Modells«. China aber bekommt – gemessen an dem, was es rentierlich aufzunehmen bereit wäre – kaum Kapital. Die potentiellen Kapitalgeber mißtrauen diesem Modell, weil es nicht stabil ist: Politische Unfreiheit und Marktwirtschaft vertragen sich auf längere Frist nicht. Dem Land mit seinem Wirtschaftspotential würde sofort mehr Kapital angeboten werden, wenn es den Weg der Demokratisierung einschlüge.

Das Kapital zieht es aber auch nicht in Transformationsländer, die es – absichtsvoll oder nicht – versäumt haben, eine mafios vermachtete, ins Unmaß überschießende Marktkarikatur mit einem Regelwerk des zivilen Rechts und seiner Durchsetzung auszustatten: mit offenen Märkten und freiem Zugang für neue Wettbewerber, mit einer risikobegrenzenden Bankenaufsicht, mit einem zupackenden Konkursrecht, mit der staatlichen Erzwingung der Herrschaft des Rechts. Das ist – jenseits der akuten, fiskalisch ausgelösten Währungskrise des vorigen Jahres – das Problem Rußlands.

Nein: Das Kapital zieht es nicht in die Rechtlosigkeit. Das Kapital zieht es in Länder, in denen Demokratie und Marktwirtschaft verwirklicht sind und in denen die Menschenrechte geachtet werden. Die bisweilen geäußerte Sorge, das Kapital favorisiere die Law-and-order-Autokratien, gehe bevorzugt in Länder mit ausbeuterisch niedrigen Sozialstandards und kümmere sich nicht um die Herrschaft des Rechts, läßt sich empirisch nicht belegen. Das Kapital erweist sich nicht als mehr oder weniger heimlicher, in jedem Fall aber brutaler Mitregent, der wohlmeinende Regierungen davon abhält, das Gute zu tun.

Ansteckungsgefahr – die Rache des großen Netzes: Die Globalität des Wirtschaftens und die Vernetzung der Finanzmärkte sind als außerparlamentarische Herrschaftsfaktoren und als Bedrohung der wirtschaftlichen Stabilität in die öffentliche Diskussion geraten, als im Sommer und Herbst 1998 die Krisen in Rußland und Asien ausbrachen. Da die Folgen solcher geographisch weit oder doch beträchtlich entfernter Krisen auch für die Wirtschaften Europas und Nordamerikas nicht nur störend, sondern bedrohlich zu werden schienen, äußerte sich die Besorgnis in einer Reihe von Fragen zum Befund und zur Therapie:

1. Ist das die Rache des Netzes? Sind die nationalen Volkswirtschaften mitsamt ihren multinational orientierten Großbetrieben und Banken in eine Falle der Globalisierung geraten? Wer bestimmt unser Schicksal mehr: die jeweils nationale Ordnungspolitik mit ihrer Signal- und Lenkungsfunktion für die jeweilige Volkswirtschaft

oder der Zustand von weit entfernten Ländern, mit denen wir uns auf die enge Partnerschaft der Globalisierung eingelassen haben?

2. Müssen Weltwirtschaftsordnung und internationale Finanzarchitektur neu gestaltet werden, um die Krisenansteckung zu dämpfen?

Befunde vor Ort – alle Krisen sind lokal: Ohne Zweifel, das große Netz überträgt Störungen. Wie könnte es auch anders sein, wenn das Netz seine Aufgabe erfüllt, Signale zu übertragen, die für die Arbeitsteilung und die Kapitalverflechtung von Bedeutung sind? Die Globalisierung der Weltwirtschaft unter Führung des Kapitals kann überhaupt nur funktionieren, wenn die Kosten und Preise jedes nationalstaatlich organisierten Standorts grenzüberschreitend als Signale der Knappheit übertragen werden. Das große Netz meldet die Standortbedingungen im Code des ökonomischen Entscheidungskalküls: Renditen lenken die Allokation. Dabei meldet es aber auch Verwerfungen, Fehlentwicklungen, Reformbedarf. Dieser Nachrichtenstrom ist nicht spektakulär, solange die Entwicklungen ohne Bruch verlaufen: Die Nachrichten über lokale Standorte ändern langsam ihre Qualität. Je früher das Netz Änderungen der Standortbedingungen meldet, um so eher und um so sanfter können Investitions- und Anlageentscheidungen geändert werden. Das ist – ins Globale übertragen – die bislang von keinem Computersystem überbotene Leistung der Märkte. Aber es gilt selbstverständlich auch: Krisenhaft sich zuspitzende Fehlentwicklungen werden als akute Krisen gemeldet. Die politische Kunstlehre der verbalen

Beschönigung verfängt im ökonomischen Entscheidungskalkül nur selten. Daß die Investitions- und Anlageentscheidungen dann abrupt und in großen Volumina geändert werden, spricht nicht gegen die Informationsqualitäten des großen Netzes, sondern für die Größe des – meist aufgestauten – Reformbedarfs.

Das große Netz überträgt Krisensignale in aller Regel zuverlässig, unbestechlich und ohne Informationsverluste über beliebig weite Entfernungen. Nur in einer Welt ohne Handelsverflechtungen und ohne grenzüberschreitende Kapitalbewegungen, also nur in einer segmentierten, nichtglobalisierten Welt, kann es unbemerkte Krisen »weit hinten« in irgendwelchen Winkeln der Erde geben. In der Globalisierung wird das Wissen über die Standortqualitäten und Krisen ubiquitär.

Aber alle Krisen sind lokal. Das läßt sich nicht zuletzt an den für die Ordnungsdiskussion bedeutsamen Turbulenzen des Jahres 1998 belegen. Der russische Rubel und der russische Anleihenmarkt sind nicht die Opfer einer von außen eindringenden, unverantwortlich mit den Gegebenheiten des Landes umgehenden Spekulation geworden. Die Währung taumelte in den Abgrund, als offenbar wurde, daß die russische Regierung nicht willens und nicht in der Lage war, die öffentlichen Finanzen zu ordnen und ihren Zahlungsverpflichtungen nachzukommen.

Die Krise in Japan ist letztlich eine Krise des Beziehungsfilzes, in den an maßgeblicher Stelle das Ministerium für Handel und Industrie, das legendäre Miti eingebunden war und immer noch ist. Das Finanz- und

Bankensystem, die Unternehmensstruktur, das Wachstumsmuster und die Außenwirtschaftsverflechtungen des Landes sind die Ergebnisse von Absprachen, Privilegien, Diskriminierungen und politischen Tauschgeschäften eines vielfach ineinander verschachtelten Kartellkapitalismus. Die dadurch entstandenen Verzerrungen und Verwerfungen haben sich eruptiv entladen.

Die Wirtschaft Koreas leidet bis heute unter der Herrschaft der Großkonglomerate, der Chaebols. Eine elastisch reagierende Marktwirtschaft konnte in diesem Machtgeflecht gar nicht entstehen. Im Aufmarsch von Produktionseinheiten konnte sich das Land Anteile am Weltmarkt erobern. Um in der Globalisierung zu bestehen, bedarf es aber der Elastizität und der evolutiven Erfinderkraft einer auf Wettbewerb sich gründenden Marktwirtschaft. Die Starrheit entlud sich so in der Krise.

Die Währungsregime Südamerikas und mit ihnen die Volkswirtschaften bleiben – wie das jüngste Beispiel Brasilien zeigt – krisenanfällig, solange der untaugliche Versuch unternommen wird, die Währungen in Wechselkursbindungen zu fesseln. Was an solchen Wechselkursbindungen wie Stabilität aussieht, ist in Wahrheit eine Fessel. Solche Bindungen konstituieren die Unfähigkeit ganzer Volkswirtschaften, auf realwirtschaftliche Veränderungen oder auf die Änderung von politischen Entscheidungsparametern, etwa in der Haushaltspolitik, elastisch mit dem Außenwert der Währungen zu reagieren. In der Tat ist es das frei bewegliche Kapital, das solche inhärenten Widersprüche der volkswirtschaftlichen Gesamtrechnungen aufspürt. Doch es hieße den Boten für die Botschaft prügeln, wenn man das Kapital für das Chaos verantwortlich machte, das unvermeidlicherweise entsteht, wenn unverarbeitete realwirtschaftliche Spannungen sich in Stunden an den Devisen- und Wertpapiermärkten entladen.

Insgesamt zeigt sich: Krisen entstehen nicht dort, wo die Globalisierung die Kräfte des Wettbewerbs besonders entfesselt, sondern dort, wo der Wettbewerb aus politischen Erwägungen oder aus Gründen einer vormarktwirtschaftlichen Tradition verfälscht oder ausgeschaltet wurde.

Auf der falschen Spur – die neue Welt-Finanzarchitektur: Es gibt offenbar so etwas wie ein politisches Reformparadox. Beim Entwurf und bei der Durchsetzung von Reformen in der Nähe des Wählers zeigt sich die Politik zögernd, ängstlich und bisweilen von kleinstem Karo; im staatsmännischen Großformat aber zeigen sich die Reformpläne, die weit weg von den Wählern angesiedelt sind. Die Globalisierung, der von ihr beflügelte Standortwettbewerb und nicht zuletzt die gelegentliche Häufung lokaler Krisen müßten eigentlich den für die Krisen verantwortlichen Regierungen in aller Welt eine Menge an konkreten Reformaufgaben vorlegen. Jede lokale Krise beinhaltet auch Lehren über gesellschaftliche, politische, meist aber ökonomische Fehlkonstruktionen. Die meisten reimen sich auf ein zu hohes Maß an Regulierung und Kollektiv und auf ein zu geringes Maß an persönlicher Freiheit, Selbstverantwortung und Eigeninitiative – zusammengefaßt: einen Mangel an Marktwirtschaft. Diesen Reformbedarf zu decken aber meidet die Politik. Dagegen gibt es einen lebhaften Wettbewerb an ausgreifenden Plänen für eine »Neue-Welt-Finanzarchitektur«. Auch hier bestätigt sich: Das ideale Reformprojekt ist groß und weit weggeschoben von der konkreten Wahrnehmungsschwelle des Bürgers.

Die meisten Elemente einer Reform der Welt-Finanzarchitektur, die als Antwort auf die Globalisierung und auf die Volatilität der Finanzmärkte angeboten werden, führen in die Irre. Das gilt für alle drei Kategorien von Reformplänen: für die Verbote und prohibitiven Besteuerungen von bestimmten Geld- und Kapitalflüssen; für die administrativen Versuche, Wechselkurse zu fixieren oder zu stabilisieren; und für Modelle eines globalen »lender of last resort«, eines nicht dem Renditekalkül verpflichteten Kreditgebers, der den Märkten das Risiko finanzieller Fehlinvestitionen nehmen soll.

Zur ersten Kategorie gehören dekretierte Verbote der Spekulation und die Einführung einer Steuer auf kurzfristige Geldbewegungen (die nach dem amerikanischen Nobelpreisträger benannte Tobin-Steuer). Abgesehen von der Unmöglichkeit einer Abgrenzung der zu diskriminierenden Geldbewegungen: Beides führt zur Destabilisierung der Märkte und zur Vergrößerung der Wechselkursausschläge.

Zur zweiten Kategorie gehören Zielzonen für Wechselkurse und das Anbinden von Währungen an eine Leitwährung. Auch hier steht zu befürchten, daß die Unruhe auf den Währungsmärkten nicht ab-, sondern zunimmt, daß die destabilisierende Spekulation geradezu ermuntert wird, bei garantiertem Gewinn eine Währung vor sich herzutreiben, und daß Volkswirtschaften – wie einige südamerikanische – ins Trudeln geraten, wenn der gebundene Wechselkurs gegen die realwirtschaftliche Entwicklung gehalten werden soll.

Zu reformieren ist der Internationale Währungsfonds. Ein Fortschritt für die Stabilisierung internationaler Kreditbeziehungen könnte dadurch erzielt werden, daß der Fonds künftig Hilfskredite nur an solche in Schwierigkeiten geratene Schuldnerländer gibt, die über ein vernünftiges Konkursrecht, über eine funktionierende Bankenaufsicht, über Einlagensicherung und Kreditversicherungen sowie über Publizitätsvorschriften verfügen, die für ein hohes Maß an Risikominderung und Risikotransparenz sorgen. Eine solche Reform könnte schon von ihrer Anlage her, also ohne die konkrete Hilfe des Fonds im Einzelfall, stabilisierend auf die internationalen Kreditbeziehungen wirken: nicht weil der Fonds als »lender of last resort« zur Verfügung steht, sondern weil das geforderte Regelwerk vorbeugend das Entstehen von wirtschaftlich ungerechtfertigten Kreditengagements verhindert oder mindestens bremst. Wenn der Währungsfonds so – also auch hier: auf die lokalen Verhältnisse zielend – reformiert würde, dann würde er nicht mehr »moral hazard« produzieren, sondern Disziplin bei der Kreditaufnahme und bei der Kreditvergabe: Die russische Kreditkrise mit ihren Folgewirkungen wäre dann wohl gar nicht entstanden.

Insgesamt lautet der Befund für die Suche nach Reformen der globalen Finanzarchitektur: Nicht das globale Netz mit seinen Kommunikationsleistungen, seinen

Wettbewerbselementen und seinen marktlichen Steuerungsmechanismen ist reformbedürftig, sondern die Regelwerke vieler Mitspieler im Prozeß der Globalisierung.

Globalisierung, Standortwettbewerb und Evolution der Ordnungen: Die Krisen sind lokal – lokal ist auch der Reformbedarf. Mit dieser Feststellung ist aber die Frage noch nicht beantwortet, ob die zweifellos enger werdende Verzahnung der national organisierten Ökonomien einen Einfluß auf die Entstehung neuer Formen von »Ordnungspolitik« haben wird. Die Frage »Was regiert und wer regiert uns?« gewinnt durchaus ihre spezifische Bedeutung vor dem Hintergrund der Globalisierung. Beim Versuch, sie mit Blick auf die nähere oder fernere Zukunft mehr oder weniger spekulativ zu beantworten, sollte man sich allerdings in methodologisch fundierter Demut üben. Weder auf dem Reißbrett der Theorien noch gar in der Realität der Politik empfiehlt es sich, die großen Würfe oder die umfassenden Entwürfe zu erdenken oder zu präsentieren. Die Geschichte ist voll von Fehlversuchen – schrecklichen wie der Idee des Weltkommunismus und weniger schrecklichen, aber unnötigerweise teuren wie dem Versuch, Volkswirtschaften in eine vorgedachte Währungs- und Wechselkursordnung zu zwängen.

Die Veränderung von Ordnungen ist ein evolutorischer Prozeß. Man kann nicht erwarten, daß ein solcher Prozeß dauernd und stets im globalen Maßstab zu beobachten ist. Gegenwärtig aber werden wir Zeugen eines aufregenden evolutorischen Schubs in einem Teil der globalisierten Wirtschaft: Wir erleben die mehr oder weniger spontan sich vollziehende Umsetzung der europäischen Währung Euro in die Elemente einer neuen inneren Ordnung der Europäischen Union. Die Geschichte hält nicht viele solcher Gelegenheiten der wissenschaftlichen Beobachtung und der politischen Gestaltung bereit. Hier gilt wirklich einmal: Wir sind Zeitzeugen eines großen Umbruchs.

Der Euro und der Stabilitätspakt werden in ihrem Zusammenwirken die Wirtschaftspolitik verändern, und zwar deren Entscheidungsprozesse und möglicherweise auch deren Ergebnisse. Der Stabilitätspakt (mit seinen Defizitbegrenzungen, seinen erlaubten Ausnahmen, seinen gestaffelten Sanktionen) bedeutet – nach dem gewaltigen Souveränitätstransfer der Einführung des Euro und der Begründung einer gemeinschaftlichen Geldpolitik – eine Europäisierung der bisher national zu entscheidenden Finanzpolitik, zunächst was die Höhe der öffentlichen Defizite angeht. Doch darin wird sich der Stabilitätspakt nicht erschöpfen. Die Vorlage der nationalen Haushaltszahlen bei der Brüsseler Kommission, die Prüfung der Zahlenwerke, der Vergleich der Haushaltsentwürfe und mittelfristigen Finanzplanungen werden langsam, aber unaufhaltsam zu einer Art von informeller, vielleicht sogar formeller Vergemeinschaftung aller Politikbereiche führen, die direkt haushaltsbedeutsam sind: allen voran die Steuerpolitik, folgend die Sozialpolitik in allen ihren wohlfahrtsstaatlichen Ausprägungen.

Von welcher Art diese Vergemeinschaftung sein wird, wird ausschlaggebend sein für den weiteren Fortgang der wirtschaftlichen Entwicklung der Europäischen Union und für die Evolution ihrer inneren Ordnung. Wird es – beispielsweise bei der Besteuerung – zu einer Ex-ante-Koordinierung im Sinne und in der Wirkungsweise eines politischen Kartells kommen? Oder werden Wettbewerbskräfte freigesetzt, die den Standortwettbewerb auf die Ebene der Politik heben?

Die größeren Chancen für das wirtschaftliche Wohlergehen Europas liegen sicherlich im Wettbewerbsmodell. Die Politiker, und zwar nicht nur die um ihre Einkünfte besorgten Finanzminister, neigen wie selbstverständlich dem Modell der Harmonisierung durch ein politisches Kartell zu. Was immer herauskommt: Die Wirtschaftspolitik in Europa wird sich von den nationalen Hauptstädten nach Brüssel verlagern und später vielleicht nach Strasbourg. Dabei stehen die beiden Städtenamen wiederum für zwei Zustände Europas: Brüssel für das bisher praktizierte Modell des Intergouvernementalismus, Strasbourg für den Übergang zu einem Modell der eigenständigen parlamentarischen Repräsentation und Legitimation der Europäischen Union. Im gelungenen Aufruhr gegen die Mißwirtschaft der Kommission hat die Chiffre »Strasbourg« an Gewicht gewonnen.

Genaues wissen wir nicht. Wir ahnen aber, wie die Evolution wirken mag: Unter dem Selektionsdruck der Globalisierung und mit der wie zufällig wirkenden historischen Zutat einer regionalen Währungsunion entsteht eine neue politische Figur, die über den Nationalstaat und über den Intergouvernementalismus Europas hinausweist. Aber wohin weist der Prozeß? Wir wissen es nicht, wenn wir uns auch gestaltend an diesem Prozeß beteiligen können.

Die Frage »Was regiert und wer regiert uns?« bleibt im philosophischen Sinne offen: Es gibt – hoffentlich – kein unentdecktes Gesetz der Geschichte, das uns der Freiheit beraubt, politische Prozesse nach Mustern zu gestalten, die nicht ehern vorgezeichnet sind. Die Menschen dürfen sich frei fühlen, solange sie mit guten Gründen glauben dürfen, politische Entwicklungsprozesse nicht zu entdecken, sondern zu erfinden.

Marion Gräfin Dönhoff

Travailler pour le Roi de Prusse

Man meint immer, der Auslöser für eine neu beginnende Epoche sei ein verändertes politisches System. Aber so ist es nicht. Das neue politische System steht nicht am Anfang, es ist vielmehr das Endprodukt eines langen Prozesses. Immer waren es philosophische Ideen oder moralische Konzeptionen, die der politischen Realität vorangegangen sind.

So waren es die Ideen und Einsichten Montesquieus und Rousseaus, welche die großen Veränderungen im 18. Jahrhundert bewirkt haben. Sowohl die amerikanische Verfassung von 1776 wie auch die Französische Revolution von 1789 haben entscheidende Impulse von Montesquieu erhalten. Später dann haben die Philosophen der Aufklärung, danach die Romantik und schließlich die Marxisten den Zeitgeist und damit die politische Wirklichkeit der folgenden Ära beeinflußt. Unserer Epoche sind keine philosophischen Ideen, sondern nur zwei Ideologien vorausgegangen, die konservative und die sozialistische. Beide sind ad absurdum geführt worden, die eine durch Hitler, die andere durch Stalin.

Heute bestimmen nicht mehr intellektuelle Konzepte, philosophische Ideen oder moralische Prinzipien den Zeitgeist; das Interesse unserer Zeit ist vielmehr fixiert auf wirtschaftliche Macht und militärisches Potential.

Wir leben nicht mehr in einem Europa, das vom Humanismus bestimmt wird, heute ist alles konzentriert auf den Wert des Sozialprodukts, auf Wachstumsraten und Außenhandelsbilanzen.

Heute ist der Maßstab, mit dem das Ansehen eines Menschen, einer Firma, eines Landes gemessen wird, das Geld. Wieviel einer verdient, ist Ausweis für seine Tüchtigkeit; Umsatz und Gewinn einer Firma zeigen an, wo sie in der Weltrangliste rangiert, und die Reserven eines Landes (minus seiner Schulden) geben Auskunft nicht nur über seine Bonität – das wäre legitim –, sondern auch über den Grad der Achtung, die das Land auf der weltpolitischen Bühne genießt.

Ich frage mich, ob damit wohl der derzeitige Zustand der Welt und die Gemütsverfassung der Menschen zusammenhängen: der Werteverfall, die Korruption, die wachsende Brutalität und die politische Verdrossenheit. Allenthalben mißtrauen die frustrierten Bürger den Politikern, während die zornigen Politiker ihrerseits alle Schuld auf die Medien schieben. Tatsache ist, daß kaum einer mehr an das Gemeinwohl denkt, dafür soll gefälligst der Staat aufkommen.

Die Marktwirtschaft trägt ohne Zweifel zu dieser Geisteshaltung bei, denn sie beruht auf dem Konkurrenzsystem, und der Motor der Konkurrenz ist der Egoismus: Ich muß besser sein als die anderen, wenn ich überleben will – dieses Prinzip führt natürlich zu einer gewissen Bedenkenlosigkeit.

Um so erstaunlicher wirkt in dieser kommerzialisierten Welt ein Mann wie Eberhard v. Kuenheim, der ganz bewußt ethische Werte pflegt, nicht nur von Rechten spricht, sondern auch von Pflichten, der sich für Geschichte interessiert und sich um Wirtschaftspolitik kümmert. Von 1970 bis 1993 stand er an der Spitze von BMW als Vorstandsvorsitzender und hat das Unternehmen zu großer Blüte gebracht. Heute ist der 70jährige Vorsitzender des Aufsichtsrats; mehrfach ist er zum Manager des Jahres gewählt worden, und ungezählt sind die Aufgaben, die er übernommen hat: Präsident des Landesverbandes der Bayerischen Industrie, Vizepräsident der Max-Planck-Gesellschaft zur Förderung der Wissenschaften, Berater für die deutsche Wirtschaft ...

Gern spricht v. Kuenheim von preußischen Tugenden, von Vorbildern und Eliten. Was für ein Preußen meint er, wenn er sagt: Travailler pour le Roi de Prusse? Nun, natürlich die vorwilhelminische Epoche. Jenes Preußen des 18. und beginnenden 19. Jahrhunderts, das noch nicht durch Arroganz, Militarismus und Autoritätsgläubigkeit gekennzeichnet war.

Damals, im 18. Jahrhundert, wurde das preußische Landrecht allenthalben als das fortschrittlichste Recht in Europa angesehen. Der friderizianische Staat kam in jener absolutistischen Zeit dem, was ein Rechtsstaat ist, verhältnismäßig nahe. Als Friedrich der Große mit noch nicht 30 Jahren die Regierung dieses armen, geographisch zerstückelten Staates übernahm, schaffte er sofort das »Fuchteln«, also die Stockschläge bei den Kadetten, und die Folter bei Kriminalfällen ab.

Voltaire, der anerkannt größte Geist Europas zu jener Zeit, schrieb 1740 in einem Brief an seine Nichte: »Nun bin ich endlich in Potsdam. Unter dem verstorbenen König war es ein Exerzierplatz und kein Garten, mit dem Tritt des Garderegiments als einziger Musik, Revuen statt Schauspielen, Soldatenlisten als Bibliothek. Heute ist es der Palast des Augustus, der Sitz der Schöngeister, der Lust und des Ruhms, der Pracht und des guten Geschmacks.«

Friedrich II. war der erste, der den Mut hatte, mit den rebellischen Vereinigten Staaten von Amerika, die ihre Unabhängigkeit von den europäischen Mächten erklärt hatten, einen Vertrag zu schließen. Es war ein Freundschafts- und Handelsvertrag, der zum ersten Mal in der Geschichte die Menschenrechte als gültiges Völkerrecht postulierte. George Washington schrieb 1786: »Es ist der liberalste Vertrag, der je zwischen zwei unabhängigen Mächten geschlossen wurde.« Kant sprach später vom Zeitalter der Aufklärung als vom »Jahrhundert Friedrichs«.

Auch am Beginn des 19. Jahrhunderts war Preußen mit den Stein-Hardenbergschen Reformen: der Gewerbefreiheit, der Selbstverwaltung der Städte, der Reform des Heeres und des Humboldtschen Bildungswesens sowie der Bauernbefreiung, der Entwicklung in Europa weit voraus.

Vielleicht läßt sich das, was man als preußischen Geist bezeichnen kann, konkret so formulieren:

1. Toleranz aus Vernunft
2. Staatsräson, die auch den König verpflichtet, sowie allgemeine Selbstbeschränkung
3. Loyalität ohne Willfährigkeit

Typisch für das Preußen, das Kuenheim offenbar meint, ist auch, daß von den Führungskadern eine ganz bestimmte Verhaltensweise gefordert wurde. Wer den Code of Conduct, in dessen Mittelpunkt Ehre und Verantwortung standen, verletzte, der wurde ausgestoßen aus der Gesellschaft. Dieser Verhaltenskodex hat einen Stil kreiert, der in hohem Maße integrierend wirkte, sowohl in der Beamtenschaft wie im Offizierscorps.

Man kann nur hoffen, daß Europa irgendwann zu seiner ursprünglichen Rolle zurückfindet und wieder dafür sorgt, daß eine geistige Dimension in die politische Diskussion und in die Vorstellungen, die unsere Welt prägen, Eingang findet. Mit anderen Worten: daß die Fragen nach dem Sinn von Arbeit, den Grenzen der Macht, dem Wesen des Fortschritts neu gestellt und ernsthaft diskutiert werden.

Je mehr einzelne dies zu ihrer Aufgabe machen, desto eher besteht die Aussicht, daß es gelingt, den Kapitalismus zu zivilisieren.

Verantwortung für Führung

Eberhard v. Kuenheim

Der Unternehmer im Dialog. Auszüge aus Reden

Die Leistung der Wirtschaft

Rufen wir uns die traditionellen und genuinen Aufgaben der Wirtschaft in Erinnerung: die Versorgung mit Gütern, die Verbreitung der technischen Zivilisation, die Erhöhung des Lebensstandards, die Schaffung von Arbeitsplätzen, die Erzeugung von Mehrwert, um staatliche Aufgaben zu finanzieren. Dies führt in der Summe zu dem, was Ludwig Erhard einst propagiert hat: nämlich »Wohlstand für alle« zu schaffen.

Die Moral der Industrie. Ringvorlesung »Technik und Ethik« der Technischen Universität München, 9. Mai 1994

Nur die Wirtschaft hat überhaupt eine Chance, Leistung aus eigener Kraft zu honorieren. Sie erwirtschaftet – und nur sie; im übrigen werden ihre Ergebnisse verteilt. Lassen Sie mich im folgenden deshalb Perspektiven des Leistungsprinzips als Voraussetzung für neue Chancen nennen.

Erstens: Leistung steht hinter den Organisationsformen unseres Gesellschaftssystems. Sie besteht in erfolgreicher Tätigkeit und kann letztlich auch nur so bestehen.

Zweitens: Es ist zu akzeptieren, daß nicht alle Sektoren unseres Systems quantifizierbare Leistung erbringen. Leistung kann auch qualitative Aspekte haben, das heißt: Sie muß sich nicht grundsätzlich rechnen. Aber das Leistungsprinzip muß allgemeine Gültigkeit haben. Das betrifft die Wirtschaft wie unser gesamtes gesellschaftliches Leben.

Drittens: Die Wirtschaft bleibt Motor des Leistungsprinzips. Man kann das System in Frage stellen, aber auch dann muß ein Konsens zugrunde liegen. Man kann sich einigen, per Anhalter zu fahren und deshalb auf Automobile zu verzichten. Nur müssen sich alle dessen bewußt sein, daß nicht auf Dauer die einen Autos kaufen und die anderen bei ihnen per Anhalter mitfahren können.

Viertens: Die Leistung der Wirtschaft basiert auf der Kombination von Produktionsfaktoren. Ein erweitertes Verständnis des Leistungsprinzips erfordert originelle Ansätze; ihre qualitative Dimension macht das möglich. Die klassischen Faktoren Boden und Kapital haben an Bedeutung verloren. Allein die menschliche Arbeit bietet Möglichkeiten der Differenzierung und Ausfaltung. Sie bietet gleichsam ein eigenes Netz mit einer ungeheuren Vielfalt an Subfaktoren. Dies zu erkennen und zu nutzen ist eine wesentliche Leistung des Unternehmers.

Fünftens: Das erfordert die Einsicht in die Ungleichheit der Menschen und das Bekenntnis dazu. Die Natur will keine Gleichheit; sie lebt von der Ergebnisdifferenz. Die Kenntnis und die Nutzung der Ungleichheit sind im Grunde ein anderes Verständnis von Elite. Sie meint nicht wie heute üblich Hierarchie, Anciennität und Prokura. Elite beginnt beim Stücklistenschreiber, der sein Geschäft versteht und sein System verbessert.

Sechstens: Die Unternehmen sollten demnach vorrangig Ziele definieren. Die Chancen, diese zu erreichen, sind um so besser, je differenzierter die Wege sind. Originelle Wege sind nicht nur erwünscht, sondern erforderlich. Die Mitarbeiter müssen dazu Freiräume haben, um ihre spezifischen Eigenschaften einzusetzen. Die Unternehmer müssen die entsprechenden Anreize schaffen. Das sind nicht nur materielle und immaterielle Gegenleistungen; sie beginnen vielmehr damit, die Vorgesetzten so zu wählen oder zu beeinflussen, daß spezifische Eigenschaften und Verhaltensweisen erkannt, gefördert und belohnt werden.

Siebtens: Originelle Kombinationen sollten bewußt das Ungewöhnliche und Seltene berücksichtigen. Die heimliche Bibel der Unternehmensführung *In search of excellence* sieht den Erfolg von Unternehmern in der Kombination von einfachem und zugleich flexiblem Aufbau, von straffer und zugleich lockerer Führung. Aus der täglichen Praxis wissen wir, wie wichtig es ist, daß Mitarbeiter langfristig und zugleich pragmatisch denken und handeln.

Achtens: In solcher Art offenen Systemen müssen der Mut zur Idee und ihre Durchführung honoriert werden. Dazu müssen die Mitarbeiter Verantwortung übernehmen und in diesem Sinne unternehmerisch handeln. Die Mitarbeiter müssen Chancen haben, aber auch Risiken akzeptieren. Die hohe Identifikation deutscher

Unternehmer mit ihrer Aufgabe resultiert ja aus ihren Chancen zum persönlichen Einsatz und den Möglichkeiten zur Umsetzung eigener Ideen.

Neuntens: Unternehmer müssen zwar Mitarbeitern die Möglichkeiten zur Vision geben. Sie sollten jedoch nicht die Vision, sondern deren Umsetzung honorieren. Dazu ist zu beurteilen, wo die Vision nur die Unfähigkeit zur Realisierung ist. Es ist eine größere Leistung, ein vielleicht nicht allzu hoch gestecktes Ziel zu erreichen, als eine überfliegerische Strategie zu formulieren, aber das Ziel zu verfehlen.

Das Leistungsprinzip ist nicht auf die Wirtschaft beschränkt; nur für die Wirtschaft ist es jedoch im Gerede. Erbringt der Sportler Höchstleistungen, indem er im Wettbewerb gewinnt, erhält ein Wissenschaftler den Nobelpreis, so feiert die Nation. Auch der Künstler trägt zum Ruhm unseres Landes bei. All das geschieht mit Recht. Die Leistungen eines Unternehmens sind ebenfalls Gewinne, und ihre Höhe ist der Gradmesser des Erfolgs. Schon die Zielsetzung des wirtschaftlichen Erfolgs wird aber heute in Frage gestellt. Der Sportler, der Künstler, der Wissenschaftler werden für ihre Leistung bewundert. In der Wirtschaft wird aus Gewinn Profit, und diesem haftet der Geruch der Ausbeutung an; er hat, wie man bei Ihnen sagen würde, ein Gschmäckle. Leistung gilt als erzwungener Streß und verhindert Selbstverwirklichung, was auch immer das sein mag. Sich ihr zu entziehen gilt eigentlich als die wirkliche Leistung.

Wir können zwar in unseren Unternehmen darauf einwirken, jeder Art von Leistung Raum zu geben; nur ein selbsterkämpfter Erfolg wird aber auf Dauer verteidigt. Die Wirtschaft muß offen sein, und sie kann Leistung fördern; dies bietet der unternehmerischen Fantasie viele Möglichkeiten.

Perspektiven des Leistungsprinzips in der Wirtschaft.
Vereinigung von Unternehmerinnen e.V.,
Landesgruppe Württemberg, Stuttgart, 30. Oktober 1985

Die Pflicht des Unternehmers

Wir Unternehmer sind in unseren Firmen beschäftigt. Unsere Betriebe erfolgreich zu führen ist unsere Leidenschaft und füllt unseren Lebensraum aus. In Fragen des eigenen Standorts sind wir darum allzu leicht sprachlos. Gerade in der heutigen Zeit zeigt sich jedoch, daß drängender Bedarf auch für übergreifende Themen besteht. Werfen wir sie nicht auf und geben nicht wir die passenden Antworten, dann geben sie andere. Dann vernehmen wir auch andere Töne. Statt Mut und Beharrlichkeit werden Bedenken vermittelt. Anstelle von Stolz auf Erfolg unter harten Bedingungen erwartet man schlechtes Gewissen. Das raubt der Wirtschaft nur die nötige Kraft.

Noch die Generation unserer Großväter war stolz darauf, rauchende Schlote auf dem Briefkopf ihrer Unternehmen zu zeigen. Wir haben entstaubt und entschwefelt – aber wir zögern, klar und deutlich zu sagen, wozu Schornsteine gut sind.

Wie arbeiten wir denn in der Wirtschaft? Wir erkennen die Gesetze der Märkte nicht nur, wir handeln nach ihnen. Wir fordern nicht das Wünschbare, vielmehr tun wir das Machbare. Dahinter steht unser Realitätssinn. Denn was richtig und falsch ist, wird in der Wirtschaft meist unverzüglich bewiesen.

Realitätssinn steht hinter all unseren Geschäften. In der Wirtschaft wird er verlangt, trainiert und belohnt – oder bestraft. Darum verdanken wir ihm unsere Vitalität, unsere Fähigkeit, mit dem Wandel zu leben. Die Wirtschaft kommt mit stetem Wandel nicht nur zurecht, sondern fördert ihn, plant ihn, ja provoziert ihn sogar. Sie lebt mit dem Chaos der Märkte, soweit und solange sie ihre globalen Marktgesetze anwenden kann.

Nur so werden wir seitens der Wirtschaft auch den Auftrag erfüllen können, zu dem wir uns gerne bekennen: unserem Land die Realien zu beschaffen, die unser Staat braucht, um angemessen verteilen zu können – und zwar auch an alle die, die zur meßbaren Leistung nicht beitragen können und der Unterstützung bedürfen. Das ist und bleibt unser Konsens in der sozialen Marktwirtschaft – nichts anderes.

Landesverband der Bayerischen Industrie, München, 18. November 1997

Die wachsenden Aufgaben der Wirtschaft können nur mit einer immer weiter entwickelten Technik erreicht werden. Diese Technik kann Segen und Fluch bedeuten.

Technische Verfahren, die bei sorgfältigem Umgang Nutzen stiften, können bei nicht sachgerechter Verwendung zum Fluch werden. »Die Verheißung der modernen Technik ist in Drohung umgeschlagen«, schreibt Hans Jonas, und er fährt fort: »Was der Mensch heute tun kann und dann, in der unwiderstehlichen Ausübung dieses Könnens, weiterhin zu tun gezwungen ist, hat nicht seinesgleichen in vergangener Erfahrung.«

Die neuartigen Probleme, die wir im Blick haben müssen, entstehen überwiegend durch die massenhafte Verbreitung der technischen Zivilisation über den ganzen Globus, den damit verbundenen Konsum und durch die möglicherweise riskante Anwendung wissenschaftlichen Wissens und technischer Geräte. Das kann nur zu einer einzigen Verhaltenskonsequenz führen, nämlich: nicht alles zu machen, was technisch möglich ist. Die Alternative ist aber nicht, aus dem absoluten Anspruch auf eine hehre Gesinnungsethik alles zu verneinen.

Was aber geschieht, wenn wirklich alle Menschen den gleichen Wohlstand reklamieren? Wir haben die Pflicht, ohne Plünderung unseres Planeten der Erdbevölkerung jenes Maß an Mobilität, an Hygiene, an Informationsstand und wesentlichen Lebensgütern zu verschaffen, das für uns Mitteleuropäer »Wohlstand« bedeutet. Wir sind also aufgerufen, dazu neue Techniken aufzuspüren, zu erproben, durchzusetzen und auch anzuwenden, wie zum Beispiel gentechnisch modifizierte Pflanzen oder Medikamente.

Dazu bedarf es einer Synthese bei der Beurteilung und Einschätzung dessen, was Technik bewirken kann.

Denn trotz ungeliebter Nebenwirkungen der Technik wird gerade die Technik – und nur sie – es sein, mit der wir unsere zukünftigen Probleme lösen werden. Technik beispielsweise bewirkt, daß weniger Kinder sterben, und die daraus resultierenden Bevölkerungszuwächse werden nur dank eines verstärkten Technikeinsatzes mit den lebensnotwendigen Gütern – und sei es das tägliche Brot – versorgt werden können.

Somit übernimmt die Wirtschaft eine neue, eine zusätzliche Pflicht. Das moralische Handeln, also der Blick für das Ganze, bildet dabei die wesentliche Klammer für genuine Aufgaben der Wirtschaft. Diese Moral gilt nicht nur für die Unternehmen und Unternehmer. Das moralische Handeln ist vielmehr in das gesellschaftliche Spannungsfeld eingebunden.

Mir geht es nicht darum, daß das einzelne Wirtschaftsunternehmen sich seiner Verantwortung entzieht. Es geht um das Zusammenspiel und um die wechselseitige Verflechtung innerhalb des gesamten gesellschaftlichen Systems.

Ein Unternehmen gefährdet seine Existenz, wenn es in Mißachtung des genuinen Auftrags der Wirtschaft versucht, die moralische Verpflichtung anderer gesellschaftlicher Gruppen zu übernehmen. Die Verantwortung erfährt ihre Einschränkung durch die Bereitschaft des Marktes, für einen zusätzlichen Nutzen, zumal wenn er für die Allgemeinheit bestimmt ist, die Kosten zu übernehmen. Man kann zu überzeugen versuchen, für einen Zusatznutzen zu bezahlen. Zwingen kann man den Kunden nicht.

Wer Automobile verkaufen will, muß nicht nur für ein exzellentes Produkt sorgen. Erforderlich ist auch die Wahrnehmung der Exzellenz. Über ersteres – das Produkt – entscheiden vornehmlich wir, über letzteres – seine Wahrnehmung – die Öffentlichkeit. Soziale Erfindungen sind keine Modeerscheinungen. Sie sind an gesellschaftlichen Bedürfnissen orientiert.

Ein Beispiel für eine solche »Erfindung« ist das von uns in München initiierte kooperative Verkehrssystem. Verkehr ist im Prinzip die Aufgabe anderer. Dennoch haben wir als erstes Automobilunternehmen begonnen, ein Projekt zur Kooperation von verschiedenen Verkehrsträgern zu entwickeln.

Wir reden darüber, und wir setzen es auch in die Praxis um. Wir nützen mit dem kooperativen Verkehrssystem der Gesellschaft. Wir wollen die »bessere« Nutzung des Automobils. Deshalb machen wir uns zum Beispiel für den Schienenverkehr so stark. Dies wiederum interessiert die Öffentlichkeit und damit unsere Kunden. Autofahren soll ihnen auch in Zukunft Freude machen.

Ich spreche ganz absichtlich von der Zukunft. Wenn wir bisher an unsere Nächsten dachten, meinten wir die Lebenden, vielleicht noch die Verstorbenen, die wir verehren. An die Nachkommen dachten wir in der Regel nicht. Dies aber ist jetzt vermehrt zu tun. Das ist das eigentlich Wichtige.

Die Moral der Industrie. Ringvorlesung »Technik und Ethik« der Technischen Universität München, 9. Mai 1994

Die Verantwortung der Industrie

Die primäre unternehmerische Verantwortung besteht darin, das eigene Unternehmen wettbewerbsfähig zu halten und damit den Unternehmenserfolg langfristig zu sichern. Schumpeter ging bekanntlich so weit, nur den als wirklichen Unternehmer zu betrachten, der ständig Innovationen erarbeitet und durchsetzt. Diejenigen, die sich auf den eingefahrenen Bahnen des Wirtschaftslebens bewegen, bezeichnete er etwas geringschätzig als »statische Betriebsleiter«. Auch wenn diese Unterscheidung sehr rigoros ist, so erfaßt sie doch ein wesentliches Element der unternehmerischen Verantwortung: die Aufgabe, eingetretene Pfade zu verlassen, Neues anzustoßen und sich durch eine wohlverstandene Vertretung und Artikulation eigener Interessen auf kommende Herausforderungen einzustellen.

Ich meine, wir dürfen diese ureigene Verantwortung des Unternehmers nicht gegen eine wie auch immer geartete gesellschaftspolitische Verantwortung ausspielen lassen. Gerade indem wir als Unternehmer unsere Verantwortung im Sinne des wirtschaftlichen Erfolgs unseres Unternehmens verstehen, erfüllen wir einen – ich meine sogar, den wesentlichen – Teil unserer gesellschaftspolitischen Verantwortung. Die folgenden Aktionsfelder ergeben sich aus diesem Selbstverständnis.

Aus der Verantwortung gegenüber unserem Unternehmen, seinen Aktionären und Mitarbeitern sind wir zu innovativem Denken und Handeln verpflichtet. Unternehmerische Pflicht ist es, den Kunden den bestmöglichen Nutzen zu bieten. Daraus abgeleitet sind wir aus unserer Verantwortung gegenüber der Umwelt verpflichtet, die Folgen des Gebrauchs unserer Produkte abzuschätzen und zu bewerten. Unternehmerische Verantwortung heißt dann, Spielregeln der Wirtschaft sicherzustellen: für mehr Markt, mehr Wettbewerb, mehr Freiheit, für klare ordnungspolitische Rahmenbedingungen.

Unternehmerische Verantwortung impliziert ferner, sich am gesellschaftspolitischen Dialog zu beteiligen. Wir müssen an der Definition der Spielregeln teilhaben, die uns in der Wirtschaft betreffen. Und schließlich ist es eine unternehmerische Aufgabe, für die Öffentlichkeit Transparenz über unsere Absichten und Vorgehensweisen zu ermöglichen. Das sichert Glaubwürdigkeit und Vertrauen. Der Nutzen des Fortschritts muß für die Menschen einsichtig sein, um akzeptiert zu werden.

Eigentum verpflichtet. Unternehmensverantwortung in der Informationsgesellschaft. Bertelsmann Stiftung, Hamburg, 3. Juli 1995

Der Wirtschaft hält man in der Öffentlichkeit nicht selten folgendes vor: Es fehle ihr, so sagt man, an Verantwortungsgefühl. Sie produziere überflüssige Waren; was soll das x-te Modell eines Farbfernsehers; wozu die sinnlose Verschwendung der Mode. Schlimmer noch: Ihre Produkte seien auch gefährlich. Man nennt Medikamente, die Schäden verursachen können, oder Automobile, um ein mir naheliegendes Beispiel zu nennen. Autos, so sagt man, sind an sich schon schädlich, und schnelle Autos sind es besonders. Ohnehin sind sie überflüssig; wozu gibt es die Bahn?

Zunächst geben wir gelassen zu, daß die Wirtschaft zu einem quantitativen Problem entscheidend beiträgt. Sie bewirkt Massenhaftigkeit. Nicht die Rolls-Royce-Fahrer wirken störend; es stört der Massenverkehr. Hier ist jedoch gleich einzuräumen, daß eben die massenhafte Verfügbarkeit von Produkten auch ein Zeichen unseres Lebensstandards ist. Je höher dieser Lebensstandard ist, je mehr Menschen also davon profitieren, um so mehr stören die Folgen.

Aber nicht nur die massenhafte Umsetzung wird als Problem empfunden; etwas anderes kommt hinzu. Je weiter die Wissenschaft fortschreitet, um so spezialisierter wird sie. Damit wird ein Gewinn an Erkenntnis mit einem Verlust an Übersicht und an Verständlichkeit bezahlt. Auch in der Wirtschaft wirken die Komplexität, der Mangel an Durchschaubarkeit beängstigend. Beziehen wir noch die Sorge um den mißbräuchlichen Verbrauch unserer endlichen Ressourcen in unsere Betrachtung mit ein, so haben wir die Erklärung für die vielbeklagte Technikfeindlichkeit und damit auch Wirtschaftsfeindlichkeit.

Natürlich beschränkt sich die Verantwortung der Wirtschaft nicht auf ihre Produkte. In der Öffentlichkeit wird die Verantwortung für Arbeitsplätze häufig an erster Stelle genannt. Das darf aber kein isoliertes Argument sein, denn jeder Zigarettenfabrikant sichert letztlich Arbeitsplätze. Wichtiger als dieser Komplex ist für den weiteren Fortschritt der Gesellschaft eine vielleicht überraschende andere Notwendigkeit: die Aufklärung.

Die Rolle der Wirtschaft ist in unserem System klar umrissen. Sie muß ihr Angebot entsprechend der Nachfrage gestalten können. Um Steuern zu zahlen, müssen zunächst Gewinne erzielt werden können. In aller Bescheidenheit möchten wir anmerken, daß nur die Wirtschaft den Stoff liefert, welcher es allen anderen Beteiligten an unserem gesellschaftlichen Regelkreis ermöglicht, ihre spezifischen Aufgaben zu erfüllen.

Der Regelkreis unserer Gesellschaft zeigt Asymmetrien. Das Rad läuft schnell, aber es hat Unwuchten. Anerkanntes und gemeinsames Ziel unserer Gesellschaft ist es, Frieden und Wohlstand unseres Volkes zu sichern. Alle ihre Gruppierungen ziehen daraus Nutzen. Tragen aber auch alle zu diesem Ziel bei? Es besteht der Verdacht, daß jede für sich dies bei ihren eigenen Zielen mit großem Erfolg tut. Es besteht die Befürchtung, daß das Gesamtergebnis weniger ist als die Summe der Teile.

Dahinter steht ein System des gesellschaftlichen Spezialistentums in den Zielen, in den Zuständigkeiten und damit auch in den Verantwortungen. Im 19. Jahrhundert und noch geraume Zeit danach galt ein ganzheitliches Ideal der Bildung und des Wissens. Heute besteht zwar ein ausgeprägtes, aber ein gleichsam nur noch berufsständisches Verständnis. Die Wirtschaft strebt nach Erträgen, die Politik nach dem Wohl des Landes, die Wissenschaft nach reiner Wahrheit, und die Medien streben nach der Offenlegung all dessen. Sie alle maximieren –

das Ziel des Optimums für unsere gesamte Gesellschaft wird unscharf.

Wollen wir die Verantwortung nicht delegieren, sondern gemeinsam tragen, so müssen die Expertensysteme zwischen Wirtschaft, Wissenschaft und Politik transparenter werden. Mitdenken und Informieren gehören dazu. Darüber hinaus aber meinen wir tatsächlich einen permanenten Austausch der Entscheidungsträger. Sie sollten unterschiedliche Verantwortungsbereiche kennen. Sie sollten dort auch konkret tätig sein und tatsächlich Verantwortung tragen.

Das Spannungsfeld unserer Gesellschaft würde solcherart entschärft. Es würde fruchtbarer werden. Richtig verstanden sollten wir eines Tages nicht mehr fragen müssen: Dürfen wir alles tun, was wir können? Wir sollten gemeinsam tun, was wir gemeinsam verantworten können.

Gemeinsam tun, was wir gemeinsam verantworten können. Deutsche Gesellschaft für Naturforscher und Ärzte, München, 13. September 1986

Ausbildung und Bildung

Die Aufgabe der Wirtschaft ist klar definiert. Sie soll Güter und Dienstleistungen zur Verfügung stellen. Geschieht das erfolgreich, so kann sie Arbeitsplätze schaffen und Steuern bezahlen, um damit das Ganze am Laufen zu halten.

Zu dieser Leistung muß die Wirtschaft befähigt werden. Unser Bildungssystem hat zu erbringen, was unsere Mitarbeiter an Wissen, an Können und an Verhalten brauchen.

Die Wirtschaft ist mit allen Bereichen unserer offenen Gesellschaft engstens vernetzt. Sie steht im Geflecht der Beziehungen mit Kunden, mit Lieferanten, mit den Medien, mit der Politik und nicht zuletzt mit den Ausbildungsinstitutionen. Auch dahinter stehen natürlich Menschen.

Um in der Wirtschaft erfolgreich zu sein, müssen die Mitarbeiter die Regeln all dieser Bereiche kennen. Sie müssen also Verständnis haben für Zusammenhänge und Gesetzmäßigkeiten, und zwar nicht nur für die unserer eigenen Betriebe, sondern auch für das gesamte komplizierte Geschehen um uns herum.

Wie wir alle täglich erfahren, wird dies zunehmend unmöglich. Die Zustände sind uns zur Genüge bekannt. Wir ordnen im Übermaß. Da niemand mehr diese Ordnung durchschaut, wird einerseits immer mehr abgesichert und andererseits auch immer mehr kontrolliert. All das geschieht ganz offensichtlich auf Kosten der Orientierung.

Wir leben gleichsam in einer Säulengesellschaft: hier Politiker, dort Wirtschaftler, hier Wissenschaftler, dort Journalisten. Zwischen diesen Säulen gibt es keine Verbindung: nicht in der Sprache, nicht im Verständnis und noch weniger im gemeinsamen Handeln. Selbst innerhalb dieser Säulen wird die Orientierung zunehmend schwerer: Der Museumsdirektor in New York wird um die Ausstellung in Berlin noch wissen, aber das Musikfestival in Wien ist schon nicht mehr sein Feld. Und – um eine andere hohe Hierarchie im heutigen Bildungsverständnis zu nennen – kennt ein Nobelpreisträger für Physik die Nobelpreisträger für Nationalökonomie, weiß er deren Beiträge für unsere Zukunft wirklich einzuschätzen?

Unsere Bildungspolitiker wären gut beraten, die Notwendigkeit der Erziehung neben – besser noch vor – die Vermittlung von Wissen zu stellen. Erziehung soll auf das Leben in der Gemeinschaft vorbereiten. Sie soll Beziehungen und Bindungen ermöglichen, Halt und Orientierung geben. Je früher, je eindeutiger und je glaubwürdiger Kinder lernen, Werte zu erkennen und zu befolgen, um so eher kann sich die Diskussion über den Wertewandel erübrigen. Man kann durchaus die Haltung vertreten, daß Werte sich eben nicht wandeln, sondern lediglich im Pluralismus der Angebote ihre Akzente verschieben.

Was geschieht an der Schnittstelle von Erziehung und Ausbildung? Tatsächlich ist es keine Schnittstelle, es ist ein Prozeß. Wir müssen Perspektiven vorleben, auch Kontemplation zulassen, um Jugendlichen die Fähigkeit zu Visionen zu schaffen. Geschieht das nicht, werden sie zwar älter, aber erwachsen werden sie nicht.

Erziehung – Bildung – Ausbildung. Das Kapital unserer Gesellschaft. Das Bremer Tabak-Collegium, Schule Schloss Salem, 30. Oktober 1996

Die meisten Absolventen deutscher Universitäten finden in unseren Betrieben Beschäftigung. Unsere Hochschulen haben gleichsam ein Monopol für das wichtigste Kapital unserer Unternehmen: das Monopol für den Rohstoff »Geist«. Das gilt besonders für unsere technischen Hochschulen. Der Exzellenz unserer Ingenieure verdanken wir zu guten Teilen unsere Position in der Welt – und damit die Stärke des Standortes Deutschland. Sehen wir die Statistiken deutscher Exporte – Maschinenbau, Chemie, Elektrotechnik und auch Automobilbau: Ihre Produkte belegen die ersten Plätze.

Das Unternehmen, das ich vertrete, lebt geradezu von der Leistung von Ingenieuren: Sie stehen – wie in kaum einer anderen Industrie – hinter unserer Wertschöpfung. Viele Hunderte von ihnen sind in direkter Nachbarschaft ausgebildet. Sie arbeiten in unserem Forschungs- und Ingenieurzentrum nur wenige Kilometer von hier im Münchner Norden, in unseren Werken und natürlich im Ausland.

Aber wir alle wissen: Der Standort Deutschland steht in der Diskussion. Er wird – teils leider zu Recht – nur dann bestehen können, wenn wir überlegene, wirklich innovative Produkte anbieten. Diese erreichen wir nicht mit Mittelmaß, nicht mit der Nivellierung von Bildungschancen. Herausragende Produkte setzen vielmehr hervorragend ausgebildete Menschen voraus, die technische Exzellenz und wirtschaftliche Leistung verbinden. Ich meine unsere Eliten der Zukunft mit Wissen, Mut und Verantwortung.

Einweihung des Neubaus der Fakultät für Maschinenwesen der Technischen Universität München, Garching, 14. Mai 1997

Wirtschaft und Gesellschaft

Jede Generation steht auf den Schultern der vorigen. Jede muß der nachfolgenden das Kapital hinterlassen, aus dem diese wiederum ihre Zukunft gestalten und neuen Ertrag schöpfen kann. Dazu brauchen wir einen Staat, der uns Unternehmern zukunftsoffene Rahmenbedingungen gibt. Ich will nur zwei Stichworte nennen: Innovationsförderung und Deregulierung. Beide Begriffe enthalten Fremdworte – ein Warnzeichen: Unsere Sprache hat deutsche Worte dafür bislang nicht geprägt, und das sollte uns doch zu denken geben.

Eröffnung eines BMW Vertriebsunternehmens in Göttingen, 19. September 1997

Wer nachahmt, fällt zurück. Aus unserer Sicht muß es darauf ankommen, sich in Kenntnis der Stärken eines Wettbewerbers auf die eigenen Stärken zu besinnen und diese zu entwickeln. Gefordert sind zunächst die Tugenden des Unternehmers, nämlich eigenverantwortlich, effizient und kundengerecht zu handeln. Diese Forderung richtet sich an uns selbst. Erforderlich sind sodann wettbewerbsfördernde und -sichernde Rahmenbedingungen. Hier sind politische Entscheidungen notwendig. Erforderlich ist schließlich ein neues Bewußtsein in den Medien und in wichtigen gesellschaftlichen Gruppen wie Tarifpartnern, Kirchenvertretern oder Pädagogen: ein Bewußtsein dafür, daß Leistung und Lebensstandard keine Gegensätze sind, sondern einander bedingen. Hier sehen wir jeden von uns, aber auch unsere Verbände in der Pflicht, und nicht zuletzt die Medien.

Aufgabe der Politik ist es, uns klare Rahmenbedingungen zu setzen, mit denen sich eine wache Öffentlichkeit identifiziert. Nimmt sie sich zuviel vor, will sie es jedem recht machen, verzettelt sie sich und erreicht zuletzt gar nichts. Plant sie an der Öffentlichkeit vorbei, bringt sie diese nicht hinter sich, wird man sie abwählen und mit dem Wahlzettel andere Schwerpunkte setzen. Die norddeutschen Hansestädte haben das schon im Mittelalter gewußt, als man dort sagte: »Gebt uns gutes Geld und gute Straßen – das andere überlaßt uns.«

Innovation statt Imitation. Erfolgsstrategien im Wettbewerb mit Japan. Deutscher Industrie- und Handelstag, Frankfurt am Main, 15. Juli 1992

Die Schaffung und die Sicherung von Arbeitsplätzen ergeben sich nur durch wirtschaftlichen Erfolg. Nur durch die Entwicklung von Produkten, die einen Markt finden, können neue Arbeitsplätze entstehen. Nur die Nachfrage nach unseren Produkten, nichts anderes, schafft Arbeit. Grundprinzipien der gesellschaftlichen Leistungserbringung und ihrer Verteilung lassen sich ideologisch nicht verdrängen. Denn nur was erwirtschaftet ist, kann verteilt werden; damit kann allein eine profitable Wirtschaft die soziale Marktwirtschaft stützen.

Neben dieser ökonomischen Realität gilt es auch die menschliche zu beachten. Erfolg oder Mißerfolg in der Wirtschaft hängt im besonderen Maße mit menschlichen Eigenschaften zusammen: dem Willen zur Leistung und zum Wettbewerb mit der Konsequenz der Belohnung. Die Wirtschaft nutzt die Gesetze von Freiheit und Egoismus. Wann immer dies nicht beachtet wird, handelt die Wirtschaft gegen die Natur des Menschen. Der Zusammenbruch des Kommunismus hat das eindringlich zum Ausdruck gebracht.

Unsere soziale Marktwirtschaft steht am Scheideweg. Unsere verwöhnte und gleichzeitig verunsicherte Gesellschaft bedarf der nüchternen Orientierung an sachlich gebotenen Problemlösungen. Dazu brauchen wir Persönlichkeiten, die mit Mut, Überzeugungskraft und Expertenwissen bereit sind, die eingefahrenen Denkrichtungen zu verlassen und neue Wege zu beschreiten.

Tarifverträge in Zeiten der Globalisierung. Eröffnung einer Expertentagung in Bonn, 26. September 1996

Kultur und Unternehmenskultur

Für uns steckt in der Verbindung von Kultur und Wirtschaft – zweier nur scheinbar gegensätzlicher Welten – nichts Ungewöhnliches mehr. Denn seit zwei Jahrzehnten engagiert sich unser Unternehmen in der kulturellen Szene seiner Standorte und in der Kulturarbeit international. Experiment und Innovation sind die vorrangigen Themenfelder.

Vom sogenannten kulturellen Angebot erwarten wir häufig eine Bereicherung unserer »schönsten Stunden«. Das gilt für Gemälde, Musik oder Drama dort, wo sie traditionell erlebt werden können, aber auch für kulturelle Ereignisse in Unternehmen. Ein Kulturprogramm haben daher etliche Firmen. Manche haben dafür ein eigenes Haus. Eine Firma nennt es entsprechend ihr »Feierabendhaus«. Kultur zum Ausruhen. Tages Arbeit, abends Feste. Wer arbeitet, der soll sich auch laben an wohltemperiertem Wein und Klavier.

Ist das recht? Sicher. Genügt das für ein Unternehmen wie BMW? Wir finden, nein. Die Kultur unserer Gegenwart transportiert »neues Denken«. Sie ist – zumindest in den Facetten, die unser Haus registriert, fördert und zeigt – aufgeschlossen für Innovation und Experiment. Kulturelles Handeln schafft neue Horizonte, erhellt und erweitert zumindest unser gegenwärtiges Blickfeld.

Immer wieder geht es darum, zusammen mit der Kunst Neues zu wagen. Künstler orten Lebensbedingungen unserer Welt. So handeln auch wir, die wir aufgerufen sind, unsere Welt zugleich im Sinne von mehr Mobilität zu verbessern. Einer Weltmarke wie BMW ist das gemäß. Es ist Ausdruck unserer Unternehmenskultur.

Kulturelle wie industrielle Welt suchen Lebenswelten von morgen. Wenn wir daher in kulturellen Auftritten Kunst und Technik verbinden, nutzen wir diese Verwandtschaft. Sie hilft beiden Lebensbereichen, einander besser zu sehen und vielleicht tiefer zu verstehen. Manchmal hilft sie auch uns, uns selbst besser kennenzulernen. Vielleicht machen wir uns auch unseren Öffentlichkeiten tiefer verständlich.

Längst haben wir einen Kulturbegriff überwunden, der gleichsam nur sonntags Gültigkeit hätte. Kultur umgibt unser tägliches Leben. Populär gewordene Kunstrichtungen wie die Pop-art machen Elemente dieses täglichen Lebens zum Anlaß von Kunst. Industriekultur und traditionelle Formen der Kunst ergänzen einander. Aber sie ersetzen sich nicht.

Denn alles im kulturellen »Raum« hat Bedeutung und wird um dieser Bedeutung willen produziert, gezeigt und erlebt. Feierlichkeit kann dazu stimulieren, Bedeutungen besser wahrzunehmen. Darum kleiden sich manche Leute um, bevor sie »Kulturtempel« aufsuchen (sehen wir davon ab, daß sie sich den anderen Besuchern auch zeigen wollen). Andere tun das nicht. An der Bedeutsamkeit kultureller Ereignisse auch für sie ändert das nichts.

Auch wenn wir technisch handeln, sind wir tätig im Bedeutungsfeld unserer Gegenwartskultur. Damit ist eine Brücke gebaut zur Verbindung beider BMW Welten. Denn Instrumente meisterhaft zu handhaben ist in sich ebenfalls eine kulturelle Leistung.

Der Mensch entwickelte sich mit seinen Geräten. Fortschritt kam mit dem Flaschenzug; für uns Heutige kam er mit dem Fernsehgerät. Geräte zivilisierten den Menschen, machten ihn seßhaft. Geräte intellektualisieren ihn und machen ihn von neuem mobil. Als Fahrzeughersteller sind wir Teil dieses Mobilisierungsprozesses. Wir verstehen ihn keineswegs nur instrumentell. Keineswegs nur um den Transport von Menschen und Waren geht es. Schon unser Markenslogan »Freude am Fahren« verweist auf eine immaterielle Substanz.

Es entspricht dem Selbstverständnis unseres Unternehmens, uns mit aktuellen gesellschaftlichen Strömungen auseinanderzusetzen und neue Entwicklungen voranzubringen – in der Technik wie in der Kunst. Beide Seiten verstehen wir als gleichwertige Facetten der Kultur unserer Gegenwart.

Technik prägt unsere Kultur, wie diese unsere technischen Lebenswelten verfeinert. Das Verständnis für diesen Zusammenhang muß immer wieder deutlich werden.

Kultur und Wirtschaft. Das Beispiel BMW. München, 7. September 1989

Unsere Führungskräfte sind die Gestalter der Unternehmenskultur. Erst ein verbindliches, wenn auch ungeschriebenes Regelwerk auf der Basis einer gemeinsamen inneren Haltung befähigt zum zielgerichteten Verhalten und zum Konsens. In unserer ausgeprägten internen Wettbewerbskultur gilt dies besonders.

Wir neigen dazu, unsere enorme Entwicklung an Daten und Fakten zu messen: der Produktion von Automobilen, dem Wachstum der Märkte, der Tochtergesellschaften und Importeure oder auch der Erweiterung unserer Geschäftsfelder. Aber dazu kam innerer Wandel. Noch vor nicht allzu langer Zeit war BMW – nun ja: ein Muskelprotz. Mit der »Großen Klasse« kamen die »Nadelstreifen« dazu; und jetzt sind wir, wie ich kürzlich treffend hörte, »Muskeln mit Nadelstreifen«. Wir verbinden also Temperament, Sport und Spaß mit Reife und Stil; wir sollten es jedenfalls tun.

Parallel und von uns im Unternehmen eher am Rande notiert, hat sich unser äußeres Umfeld dramatisch verändert. So paradox es klingt: Wegen des Erfolges des Automobils reicht unser gewachsenes Selbstverständnis von Erfolgsfaktoren nicht mehr aus. Unser Unternehmen hat sich also entsprechend weiter zu wandeln, und wir haben in diesem Wandel Führung zu zeigen.

Wie verträgt sich dieser Wandel mit dem Bild des Ingenieurs, der für BMW so spezifisch ist? Noch immer verdanken wir einen entscheidenden Teil unserer Kraft dem klassischen Pionier-Ingenieur. Das Streben nach fantasievoller technischer Innovation beschreibt einen Grundzug unserer Marke. Doch schon seit langem steht daneben das Bild des Unternehmers, der ganz andere Entscheidungen zu fällen hatte: so für den Bau eines Werkes in Zeiten der Rezession. Und schließlich haben wir eine neue Ausprägung zu fördern und zu integrieren: Ich nenne ihn einmal den politischen Ingenieur, der sich einer veränderten Rolle in der Gesellschaft stellt.

Unser Ansatz war immer ganzheitlich. Insofern ist jeder Mitarbeiter und besonders die Führungskraft immer auch Ingenieur, und zwar ganz unabhängig von Ausbildung und Tätigkeit. Er hat das Vertrauen in die Machbarkeit der Dinge als Quelle von Durchsetzung und Beharrlichkeit. Dazu kommt der Wille zur Exzellenz als Quelle von Passion, Flexibilität und Gestaltungskraft.

Führungskräfte als die Gestalter der Unternehmenskultur. Verabschiedung von Helmut Niederhofer aus dem BMW Vorstand, München, 31. Juli 1996

Standort Deutschland

Sehr verkürzt gesagt, verfügt unser Land über eine ausgeprägte Kultur der Systeme. Ob Grundlagenforschung oder duales Bildungssystem, ob das System des Bürgerlichen Gesetzbuchs, die philosophische Analyse der Welt oder die Zwölftonmusik: In der systematischen Gestaltung ganz unterschiedlicher Themenbereiche hat unser Land Großes geleistet – und tut das auch weiterhin.

Weil wir die Dinge so systematisch angehen, fallen uns – am Rande bemerkt – attraktive Dienstleistungen so relativ schwer. Denn sie erfordern situatives, spontanes Reagieren. Und das scheint keine besonders deutsche Tugend zu sein.

Nicht nur das Vertrauen auf gewachsene Standortvorteile, sondern auch dieses Denken in Systemen – in Sozialsystemen zum Beispiel – hat uns selber blockiert. Auch hier ist also Aufbruch gefordert. Überall geht es um eine neue Kultur der Vitalität.

Um die Zukunft zu bewältigen, haben wir zugleich auf Bewahrung – auf die Erhaltung der Ordnung – und auf Veränderung, also auf Unordnung, auf Vielfalt, auf Wagnis zu setzen. Es geht zugleich um Ordnung und Wandel, um Reife und Vitalität, um Systemfähigkeit und Flexibilisierung.

Landesverband der Bayerischen Industrie, München, 18. November 1997

Wir frönen einer zweifelhaften Lust auf Rekorde, nämlich auf die kürzeste Arbeitszeit, auf die längste Abwesenheit vom Arbeitsplatz, auf die längsten Ferien, auf den sicherlich am teuersten erkauften Schutz der Umwelt und auf die lautesten Wehklagen über angeblich zu wenig Lohn und zu viel Arbeit.

Dies sind Barrieren für Innovation. Es kommt darauf an, sie nicht nur zu benennen, sondern sie auch zu überwinden. Das gilt für alle Gruppierungen der Gesellschaft. Nach wie vor bin ich davon überzeugt, daß der Schlüssel zum Erfolg im Wettbewerb nicht in unseren Auslandsmärkten liegt, sondern in unserem Land. Beleben wir also unsere westlichen Stärken, nämlich die Initiative des einzelnen, seine Verantwortungsbereitschaft, seine Kraft zur Innovation – und schaffen wir ihm wieder mehr Raum durch Deregulierung.

Nicht das blinde Übernehmen aus anderen Kulturkreisen führt uns zum Erfolg, sondern die bedachte Anpassung. Es geht also um Innovation, nicht um Imitation; denn Innovation ist der zentrale Erfolgsfaktor. Es geht um Aktion, nicht um Reaktion; denn wer handelt, bestimmt den Rahmen. Und immer ist es die Möglichkeit zum Handeln, die menschliche Kräfte freisetzt und bündelt. All dies setzt neue zeitgerechte Strukturen voraus – nicht nur innerhalb der Unternehmen, sondern auch in Staat und Gesellschaft.

Innovation statt Imitation. Erfolgsstrategien im Wettbewerb mit Japan. Deutscher Industrie- und Handelstag, Frankfurt am Main, 15. Juli 1992

Die deutsche Wirtschaft hat von der Öffnung der Grenzen und der Liberalisierung von Märkten bislang nur profitiert. Wer heute mit Blick auf die künftige Wirtschafts- und Währungsunion in Europa die »Wohlstandsinsel Bundesrepublik« bewahren will, verkennt völlig, daß es gerade die Abschaffung der Autarkie-Ideologie und die Einbringung in den geöffneten europäischen Markt waren, denen wir einen entscheidenden Anteil unseres Wohlstandes verdanken.

Protektionisten und Befürworter von Abschottungen verweisen mit Vorliebe darauf, daß in Deutschland Tausende von Unternehmen und Dutzende von Industriezweigen in den letzten 40 Jahren der Importkonkurrenz zum Opfer gefallen sind: Bergwerke, Webereien und Mühlen, die optische Industrie, Spinnereien, Unterhaltungselektronik, Musikinstrumente-, Zigarrenproduzenten und viele mehr. Aber: An die Stelle der Arbeitsplätze, die verlorengingen, sind neue und vor allem produktivere getreten. Hätte die deutsche Wirtschaftspolitik nach 1949 ihre Aufgabe darin gesehen, unsere Industrie vor dem internationalen Wettbewerb zu schützen, wäre Deutschland heute ein armes Land.

Wir stehen ein für eine offene pluralistische Gesellschaft, die friedlichen Handel und Wandel mit unseren Partnern aus aller Welt betreiben will. Und um die Wahrheit zu sagen, dies geschieht nicht völlig altruistisch, wir sind darauf ganz und gar angewiesen.

Vieles, was in den letzten zwei Jahren nach Schaffung der innerdeutschen Wirtschafts- und Währungsunion zum Aufbau der neuen Bundesländer eingeleitet wurde, mag unzulänglich erscheinen, wird vielfach von politischen Gegnern sogar als »fehlerhaft« bezeichnet. Wir sollten fair bleiben: Vieles ist sehr erfolgreich auf den Weg gebracht worden. Angesichts der Neuartigkeit einer Aufgabe ohne historisches Vorbild, nämlich des Zusammenschlusses zweier völlig unterschiedlicher Systeme mit einer völlig unterschiedlichen materiellen und geistigen Grundausstattung, wäre es auch ein Wunder, wenn von vornherein alle Konsequenzen politischen Handelns klar vorhersehbar gewesen wären.

Wichtiger als die Kritik an den Unzulänglichkeiten im Detail erscheint mir, daß die große politische Generallinie beim Aufbau der neuen Bundesländer von der Industrie inhaltlich voll mitgetragen wird. Allerdings müssen wir auch sehen: Wir überfordern unsere Mitbürger im Osten mit unserer Regelungsdichte. Mit dem heute bei uns im Westen praktizierten Verordnungs- und Verwaltungsrahmen hätten wir die Aufbauleistung der Nachkriegszeit nicht oder bestenfalls nur mit Einschränkungen verwirklicht.

Ich bin der festen Überzeugung, daß Deutschland sich nicht am Vorabend eines wie auch immer gearteten wirtschaftlichen Niedergangs befindet. Zu Recht mahnt John Kenneth Galbraight die Deutschen, »ein Blick auf die Staaten des ehemaligen Ostblocks sollte (uns) schleunigst verdeutlichen, daß (unsere) augenblicklichen Schwierigkeiten beim Aufbau der neuen Bundesländer vergleichsweise lächerlich sind«. Er warnt vor einer »Wirtschaftsverfassung der geistigen Stagnation und sozialen Blindheit«. Dem ist nichts hinzuzufügen.

Europa steht am Vorabend eines neuen Entwicklungsschubes. Noch nie nach der Beendigung des Zweiten Weltkrieges sind die wirtschaftlichen Zukunftsaussichten so günstig gewesen wie an der Schwelle zum 21. Jahrhundert. Die einzigen, die uns daran hindern können, diese Chancen zu nutzen, sind wir selbst, indem wir beispielsweise Risikobereitschaft bürokratisch strangulieren und Leistungsbereitschaft bestrafen.

Leistung soll wieder in den Mittelpunkt der Aufgaben gerückt werden, die es anzupacken gilt – sei es die Vollendung der deutschen Einheit, sei es die Lösung von dringenden Umweltproblemen oder sei es die Vollendung der wirtschaftlichen und politischen Einigung in Europa.

Auf dem Weg nach Europa. Landesversammlung 1992 des Landesverbandes der Bayerischen Industrie, München, 2. Juli 1992

Der Bundestag hat bis 1990 rund 80 000 Seiten Gesetze erlassen. Wir wundern uns, daß Rechtsverfahren bei uns eine so lange Abwicklungszeit benötigen, obwohl wir relativ die höchste Zahl an Richtern sämtlicher Industrieländer haben. Und wir sind erstaunt über die hohe Zahl von Beamten und insgesamt den »unschlanken« Staat!

Bei der Einrichtung eines Betriebes ist die Erstellung eines sogenannten Freiflächengestaltungsplanes wichtiger als der Betrieb selbst. Die Behörden entscheiden über die Menge der zu pflanzenden Bäume und Sträucher, über die Baumsorten und sogar über die Stärke der Stämme. Und wir beklagen, daß junge Unternehmer einfach verzagen, keine Kraft und keinen Mut mehr haben, neue Arbeitsplätze zu schaffen, und daß somit die Arbeitslosigkeit weiter zunimmt. In Asien entwickeln Ingenieure Mikroelektronik im Dreischichtbetrieb. Wir aber reden unbeeindruckt weiter von der 35-Stunden-Woche in der Forschung, von den Ladenschlußzeiten und vom Verbot, am Sonntag Semmeln zu backen!

Machen wir uns nichts vor. Deutschlands Rolle in der Welt wird wachsam, ja bisweilen argwöhnisch beobachtet. Fassungslos verfolgen unsere Gesprächspartner im Ausland Inhalt und Qualität unserer öffentlichen Diskussion. Das fällt nicht schwer, denn unsere Medien tragen unsere Kritik an uns selbst ja in alle Welt. Die Stabilität der Nachfrage nach unseren Produkten auf den Märkten der Welt ist trügerisch. Wir leben zunehmend vom Mythos deutscher Marken und deutscher Wertarbeit; wir entfernen uns zunehmend von der Realität. Man zahlt – noch! – unsere Preise, weil man entsprechende Leistungen aus Tradition unterstellt. Und nun diese so endlosen wie fruchtlosen Diskussionen: Was vermitteln wir derart der Welt?

Zwar gelten wir noch als ein Land von beneidenswerter Stabilität. Das betrifft ja nicht nur die Festigkeit unserer Mark. Als beispielhaft gelten weltweit noch immer unsere Infrastruktur, wie etwa unsere Verkehrsverhältnisse, unsere Ausbildungssysteme oder der Stand unserer Gesetzgebung. Unsere wirtschaftliche und daher auch unsere politische Stabilität ist im Grunde jedoch zunehmend optische Illusion, denn ihre Basis ist Umverteilung; wir erkaufen uns gleichsam vorübergehend politische Stabilität. Die Einigung über die Mechanismen der Umverteilung erfordert einen großen Teil der Kraft unserer Demokratie.

Meine Haltung dazu ist ganz klar: Die Wirtschaft kann ihre Leistung nur dann erbringen, wenn sie frei von Ideologien ist. Das ist kein moralisches Bekenntnis und kein Diktat, vielmehr ein Gebot unseres Realitätssinns.

Der Standort Deutschland. Seine Zukunft zwischen Realität und Ideologie. Wirtschaftsbeirat der Union e.V., Augsburg, 7. Mai 1996

Europäische Stärken

Europa wird geprägt durch Reife, Vitalität, wirtschaftliche Stärke und den Dialog mit einer wachen Öffentlichkeit. Diese Kräfte bedingen sich wechselseitig. Ihre Wirkung entfaltet sich in der richtigen Balance. Ich bezeichne diese vier Kraftfelder daher als »magisches Viereck«. Europa schöpft seine Kraft nicht so sehr aus natürlichen Ressourcen. Europas Stärke bestimmt sich aus seiner geistigen Kraft.

Die Basis ist gewachsene Vielfalt. Europa lebt mit seinen Traditionen. Sie hatten Zeit, sich zu entwickeln. Denn der Alte Kontinent ist in 3 000 Jahren Geschichte gereift. Diese Reife ist heute ein europäischer Vorzug. Die ältesten Universitäten der Welt stehen in Europa: in

Bologna, Paris, Oxford, und einige auch im deutschen Sprachraum, so in Heidelberg und seinerzeit in Prag. Ihr Ausbildungssystem gilt weltweit als Vorbild. Technische Universitäten waren, als sie aufkamen, geradezu eine deutsche Spezialität.

Europäische Reife verbindet sich mit steter Innovation zu einem zweiten Kraftfeld, der Vitalität. Der Hintergrund dafür ist typisch für Europa: der Wettbewerb der Ideen. Er hat eine lange Kette von Wertesystemen erzeugt, die die Welt kennt und nutzt; ich nenne hier nur die englische Bill of Rights und den Code Civil als Ergebnis der Französischen Revolution. Die amerikanische Deklaration der Menschenrechte fußt ebenso hierauf wie die deutsche Wiedervereinigung im Zeichen der freiheitlichen Ideale des Westens, auf der Achtung der Menschen- und Bürgerrechte sowie auf der Selbstbestimmung.

Typisch an Europa ist die Vielfalt der Kommunikation. Auf unserem Alten Kontinent werden sechs keltische, elf germanische und 14 romanische Sprachen gesprochen, aber auch 14 slawische und zwei baltische, dazu Finnisch und Ungarisch, Albanisch und Griechisch, Kaukasisch und eine ganze Reihe weiterer osteuropäischer Sprachen, insgesamt mindestens 64.

Typisch an Europa ist das weitgehende Fehlen nationaler Dominanzen. Hier haben die meisten Länder aus der Geschichte gelernt und die bitteren Erfahrungen mit dem Nationalismus des 19. und der ersten Hälfte des 20. Jahrhunderts zur Entwicklung einer friedlicheren Gegenwart genutzt.

Wenden wir uns nun der dritten Seite des »magischen Vierecks« zu: Europas wirtschaftlicher Kraft. Was macht das Wirtschaften in Europa so attraktiv? Es sind die stete Hinwendung zur Marktwirtschaft und – sieht man einmal von Landwirtschaft, Kohle und Stahl ab – die Überwindung interventionistischen Denkens von seiten des Staates. Nirgendwo sonst gibt es so viele Wettbewerber auf so engem Raum. Zugleich erlebt die Europäische Gemeinschaft die stete Harmonisierung von Wettbewerbsregeln.

Ein weiterer Grund für die Attraktivität besteht in einer scharfen Trennung von Politik und Kapitalverkehr. Ferner ist die hohe Exportorientierung zu erwähnen; und schließlich ist europäische Fairneß zu nennen: Unsere Produktinitiativen richten sich auf die Erweiterung vorhandener und die Schaffung neuer Märkte, nicht auf die Verdrängung und Zerstörung bestehender.

Damit sind drei Seiten eines »magischen Vierecks« beschrieben: Reife, Vitalität und wirtschaftliche Kraft. Die vierte Seite sehen wir in einer wachen, mitdenkenden und durchaus kritischen Öffentlichkeit. Es mag überraschen, daß dieses Stichwort auf der Haben-Seite der Europa-Bilanz auftaucht; denn eine wache Öffentlichkeit verlangt soziale Kontrolle politischen und wirtschaftlichen Handelns. Ein guter Controller ist aber kein Buchhalter; er optimiert, und er spornt an.

Europäische Erfolgsstrategien in Asien.
Australian Business Summit, Sydney, 28. Februar 1992

Drei Kernbegriffe politischen Handelns – Wachstum, Frieden und Ordnung – bezeichnen drei große Ziele. Gemeinhin gilt Frieden als höchstes, alle anderen bestimmendes Gut. Weil wir Realisten sind, wissen wir genau: Es ist das wirtschaftliche Wachstum, das sozialen Frieden erzeugt und erhält. Und erst sozialer Frieden ist Basis für politische Stabilität, also für Ordnung.

Wie funktioniert das? In sehr groben Strichen umrissen, beschafft im Selbstverständnis unserer marktorientierten Gesellschaften die Wirtschaft dem Staat die Realien, mit denen er anschließend seine Aufgaben erfüllt. Der Staat kann nur das einsetzen, was zuvor erwirtschaftet wurde. Mit dieser Arbeitsteilung von Staat und Wirtschaft haben wir sehr viel erreicht – und, wie der Fall aller »eisernen Vorhänge« beweist, gibt es auch keine Alternative. Diese Arbeitsteilung birgt aber auch Gefahren. Denn die Maßstäbe dafür, wie etwas erwirtschaftet wird und wie es verteilt werden soll, fallen allzu leicht auseinander. Entweder wird das Handeln der Wirtschaft durch eine Flut von Gesetzen und Verordnungen mehr oder minder blockiert. Oder es wird schon verteilt, was doch erst zu erwirtschaften ist. Dann lebt die staatliche Gemeinschaft auf Pump.

Es ist zwar Aufgabe der Politik zu gestalten. Gestaltungswille ist darum gefordert. Vor lauter Zieleifer – und wohl auch vor Wahlen – gerät jedoch das Machbare allzu leicht aus dem Blick. Und allzu oft handelt sie auch, als seien Wege noch national gangbar.

Politiker werden von ihren Nationen gewählt. Ihr Mandat endet daher im Prinzip an den Grenzen ihrer

Staaten. Ihre Aufgabe geht aber darüber hinaus. Um so wichtiger ist es also, daß sie sich über Grenzen hinweg verständigen.

Unsere Welt der Wirtschaft hat solche Grenzen längst überwunden. Sie ist globalisiert. Sie muß weltweiten Marktgesetzen gehorchen.

Viele Staaten sind den globalen Wettbewerb bislang nicht gewohnt; nicht wenige scheinen ihn zu fürchten. Aber alle unsere Nationen müssen sich ihm stellen. Erst wo sich auch die Politik auf diesen Regelkreis einläßt, können nämlich die Unternehmen erfolgreich handeln, und erst dann prosperieren die Staaten. Großbritannien, die Niederlande, die Vereinigten Staaten geben uns Beispiele dafür.

Einsicht in die Gesetzmäßigkeiten der Wirtschaft ist daher ein Schlüssel auch für realistische Politik. Gefordert ist Realitätssinn. In der Wirtschaft wird er verlangt, trainiert und belohnt – oder bestraft. Die Politik zeigt Realitätssinn, wenn auch sie Gesetze der Wirtschaft versteht und beachtet. Ein etwaiger Primat von politisch gewollter Ordnung über marktwirtschaftlich bedingte Unordnung, ja Chaos, wäre Ideologie. Nur steter Wandel bringt uns voran. Marktordnungen, denen Brüssel immer noch nachhängt, sind nicht das Zukunftsrezept. Marktöffnung zählt: also der Wettbewerb um die schnellere, bessere Lösung.

Europa ist der Kontinent der Vielfalt. Wettbewerb um die besten Ideen hat ihn dazu gemacht. Unsere wichtigste Ressource war stets das Wissen der Menschen – ist die Reife, die Europa auszeichnet. Setzen wir im Innovationswettbewerb gerade die Vielstimmigkeit Europas als Kapital ein. Reife und Vitalität Europas wirken wie kommunizierende Röhren. Die einzelnen Staaten Europas verfügen über beide Ressourcen in unterschiedlichem Maß. Führen wir daher die Stärken unserer Länder zusammen.

European Forum der Herbert Quandt Stiftung
und der Financial Times, Berlin, Kronprinzenpalais,
7. November 1997

Konsequenzen der Globalisierung

Im Zeitalter der Globalisierung ergreifen andere jede von uns nicht genutzte Chance – und zwar unverzüglich. Was wir deshalb brauchen, ist politisches Handeln, und das in zweierlei Hinsicht: erstens als das Handeln der Politik, der Parteien; denn es ermöglicht uns Unternehmern erst sinnvolles Handeln im globalen Wettbewerb. Wir brauchen zweitens auch politisches Handeln der Unternehmer.

Wir kommen voran, wenn wir die Tugend nutzen, die wirtschaftlichem Handeln systemimmanent ist: unseren Realitätssinn. Er steht hinter unseren Geschäften, er läßt uns lernen und handeln. Ihm verdanken wir unsere Vitalität. Die Wirtschaft kommt mit stetem Wandel nicht nur zurecht, sondern fördert ihn, plant ihn, ja provoziert ihn sogar. Sie lebt mit dem Chaos der Märkte, da sie ihre globalen Marktgesetze anwenden kann.

Nutzen wir den Realitätssinn aus der Erfahrung der Wirtschaft. Sie weiß systematisches Handeln mit Flexibilität zu verbinden. Nur deshalb ist sie erfolgreich im Markt.

Landesverband der Bayerischen Industrie, München, 18. November 1997

Globalisierung heißt nichts anderes als Vernetzung der Welt: minütlich, sekündlich. Was wir heute erleben, ist die Fortsetzung einer Entwicklung, die mit Marco Polo begann, mit Kolumbus und Magellan weiterging und mit der East India Company einen ersten Höhepunkt erreichte: eine zuerst westliche, durchaus imperialistisch geprägte Wirtschaftsgeschichte. Ihre Leitbegriffe hießen Gold und Silber, Seide und Baumwolle, Pfeffer und Zucker, Kaffee und Tee.

Das heutige Symbol für Globalisierung wiegt kaum ein Gramm; es wird nicht in Säcke gefüllt und nicht auf Windjammer geladen – und es ist kein Ergebnis des alten Imperialismus, sondern eine gemeinsame west-östliche Leistung. Ich spreche vom Mikrochip. Zwar profitieren wir alle von ihm. Allerdings laufen wir alle auch Gefahr, daß wir einem ganz neuen Imperialismus erliegen.

Es ist ein süßes Gift, mit dem er verführt. Denn stündlich, minütlich ist allen Menschen weltweit alles präsent – die Leistungen, die andere erbringen, aber auch die Wünsche, die sich andere erfüllen. Will nicht als Konsequenz jeder alles erreichen, und das möglichst schnell?

Diese Entwicklung hat zuerst uns in Europa getroffen. Zunehmend wirkt sie global. Man tauscht Fernseher aus Asien gegen den Mythos deutscher Automobile. Man tauscht Waren aus Ländern, wo Arbeit noch billig ist, gegen das Verlangen nach sechs Wochen Urlaub im Jahr in manchen westlichen Ländern.

Wir tauschen nicht nur die Hardware solcher Verführung. In beiden Richtungen diffundieren ja auch Systeme. Ich nenne als Beispiel die europäischen Rechts- und Erziehungssysteme und im Vergleich dazu fernöstliche Methoden der »lean production«.

Tauschen wir am Ende auch Werte? Und wissen wir sie zu gewichten – wir, die wir doch zwischen den Marken von Automobilen oder Fernsehern so fein zu unterscheiden vermögen?

Offenbar bekennen sich alle unsere Länder zu einem vergleichbaren Ziel: Jedes für sich kämpft für das Wohlbefinden seiner Nation. Dieses Ziel läßt sich an einer Formulierung aus der Unabhängigkeitserklärung der Vereinigten Staaten deutlich machen. Sie garantiert jedem Bürger die »pursuit of happiness«. Dieses amerikanische Gebot läßt sich so übersetzen: Regierungen sehen sich in der Verantwortung, das Wohlbefinden ihrer Nationen zu sichern – und innerhalb der Nation das jedes einzelnen Bürgers. Im Grunde sind staatliche Ordnungen diesem Ziel weltweit verpflichtet.

Mit der Globalisierung wächst aber die wechselseitige Abhängigkeit. Kernfelder nationalen Handelns, wirtschaftliche, politische und gesellschaftliche Felder, leisten, was wir erwarten – aber nur dann, wenn sich aus

Spannung ein Kraftfeld ergibt. Es ist effizient, wenn die Politik stabil ist, die Wirtschaft wächst und sozialer Friede herrscht.

Wir kennen die Systeme der Wirtschaft. Daß die Wirtschaft aber keine Werte kennt, ist uns viel zuwenig bewußt. Mikrochips beantworten keine Fragen nach richtig oder falsch, wertvoll oder wertlos, angemessen oder unangemessen. Sie beantworten nicht die Frage nach dem Anspruch auf »pursuit of happiness« und nach den Nutznießern, nämlich Individuum, Familie oder Gesellschaft.

Wer beantwortet diese entscheidende Frage? Autoritäten, die früher Orientierung vorgaben, existieren kaum mehr. Die Wirtschaft packt zwar Gebrauchsanweisungen zu ihren Waren. Aber ethische Maßstäbe liefert sie nicht.

Je globalisierter unsere Wirtschaften arbeiten, je stärker auch politische Verbindungen verflochten werden und je schneller all das geschieht, um so mehr und um so schneller benötigen wir Antworten auf die Frage, was unter »pursuit of happiness« verstanden werden soll.

Aus Sicht der Wirtschaft ist es zunächst materieller Erfolg. Aber geht es wirklich nur um persönliches Fortkommen, um individuellen Reichtum womöglich? Heißt »happiness« immer nur »mehr«, immer nur »mehr für mich«? Liegt Glück nicht noch immer, ja zunehmend in der Einsicht, zugunsten anderer einmal verzichten zu können, und in der Möglichkeit, fürsorglich für andere zu sein: für die eigene Gemeinschaft wie für die Gesellschaft im ganzen? Diesen Fragen haben wir uns zu stellen. Mit den richtigen Antworten können wir Wurzeln wieder erstarken lassen, die sich in West und in Ost finden: Wir können sie wiederbeleben zum Baum der Gemeinschaft.

Regierungen sollen, um es einmal ganz einfach zu sagen, der Wirtschaft fruchtbare Geschäfte ermöglichen. Dazu setzen sie Rahmenbedingungen. Nationale Politiker stehen hierbei allerdings vor folgender Schwierigkeit: Sie werden in ihren Nationen gewählt, sie sind ihren Völkern verantwortlich. Ihre Aufgabe geht jedoch weit über ihre eigenen Grenzen hinaus. Sie müssen sich also über Grenzen hinweg verständigen. Hierin liegt geradezu eine neue Gesetzmäßigkeit. Auch sie hat den Charakter einer fast naturwissenschaftlich einfachen Formel.

Dennoch und sehr offensichtlich handeln wir unterschiedlich. Offenbar erklären also rechenbare Konstanten alleine noch nicht unser Verhalten. Was Wunder: Hinter wirtschaftlichem und politischem Handeln stehen ja Menschen. Sie schaffen die Leistung der Wirtschaft und nehmen sie ab. Sie wählen Politiker und wählen sie – vielleicht – auch wieder. Sie haben ihre Vorstellungen von der »pursuit of happiness« und messen Wirtschaft wie Politik daran, wieweit beide diese erfüllen.

Es geht zusätzlich um das, was das Zusammenleben von Menschen bestimmt. Es geht um Voraussetzungen, nach denen wir handeln, um Regeln, die unseren Gesellschaften inneren Frieden geben.

Die Maßstäbe, an denen wir uns orientieren, nennen wir Werte. Im europäischen wie im transatlantischen Dialog unterstellen wir gemeinsame abendländische

Werte – obwohl bei uns jedes Kind weiß, daß Briten sie anders gewichten als Italiener oder Franzosen. Ganz offenbar sind also Werte weniger eindeutig als wirtschaftliche Gesetze.

Wie schaffen wir wirkliche »win-win-situations« zwischen Kunden und Herstellern, aber auch zwischen Nationen? Aus unserer europäischen Erfahrung gibt es dazu eine entscheidende, eine unverzichtbare Voraussetzung. Wir brauchen aufgeklärte, ja gebildete Öffentlichkeiten. Sie schaffen die Leistung; sie haben aber auch das richtige Werteverständnis dafür, wer Anspruch auf diese Leistung hat. Sie sind erfolgsorientiert, und sie genießen ihren Erfolg; zugleich aber sind sie ihrer Gemeinschaft wie der Gesellschaft verpflichtet.

Es sind die Eliten. Ich verwende diesen Begriff mit Bedacht. Eliten entwickeln gemeinsam mit wachen Öffentlichkeiten den Rahmen wertegeleiteten Handelns für die gesamte Gesellschaft. Im europäischen Raum umschreiben wir ihn mit dem Wort »Bildung« – einem sehr deutschen Wort. Familie, Gemeinschaft erzieht zu Werten – die Bestand haben, wenn man alles aktuell Erlernte vergißt. Sie sind die innere Haltung einer Gesellschaft. Das Bekenntnis zu einem solchen Werte-Fundament verbindet Abendland und Asien über das Bewußtsein von Gemeinschaft. Es erzieht Wirtschaft und Politik und gibt beiden gleichermaßen einen »wertvollen« Rahmen.

Europe Asia Forum 1998, Singapur, 20./21. Februar 1998

Kaufmann und Ingenieur

In den fünfziger und sechziger Jahren erlebte nicht nur unser Land eine ungebrochene Technik-Faszination. Nahezu alles schien möglich; und was möglich war, war im allgemeinen auch erlaubt. Symbol dieser Zeit ist das amerikanische Raumfahrtprogramm.

Technische Ziele haben auch unser Unternehmen in seinen frühen Jahren bestimmt. Ingenieure und ihre Leistungen faszinierten die Techniker und die Kunden. Sportliche Höchstleistungen haben die technischen Glanzlichter unserer Ingenieure einer breiten Öffentlichkeit früh deutlich gemacht.

Was BMW ausmachte, war technische Differenzierung – auch wenn man das damals noch nicht so formuliert hat. Wir boten Fahrzeuge an, die Welt war begeistert und nahm sie uns ab.

Im Verlauf der sechziger und in den siebziger Jahren haben die Ingenieure ihre Verantwortung für die Entwicklung des Unternehmens stärker mit anderen Spezialisten geteilt. Denn neue Erfolgsfaktoren hatten sich in den Vordergrund geschoben. Je mehr wir Produkte verfeinerten und Märkte entwickelten, je mehr also Wettbewerb unser Handeln bestimmte, desto wichtiger wurden die Märkte.

Viele Menschen hatten nun bereits ein Automobil. Mehr und mehr kam es darauf an, Fahrzeuge für spezifische Kundenwünsche zu entwickeln. Mit dem Vorläufer unserer 3er-Reihe, den Modellen 1602 bis 2002tii, hat BMW solche Kundenwünsche erfüllt und ein eigenes

Marktsegment – eine Nische – geschaffen. In Wirklichkeit war diese Nische nicht so sehr das Ergebnis einer technischen Spezifizierung. Vielmehr beschrieb sie ein Vorstellungsbild.

In dieser Nische lebten die Menschen, die unsere Fahrzeuge kauften. Seither sprechen wir von Kundenorientierung. Denn wir begannen erfolgreich, Bedürfnisse und Erwartungen unserer Kunden in unsere Modelle hineinzukonstruieren.

Hatten wir in den fünfziger und sechziger Jahren, in der Phase der Ingenieure, unsere Automobile von innen nach außen entwickelt, so lief der Prozeß nun, vereinfacht gesagt, von außen nach innen. Nicht mehr allein die Ingenieure gaben den Takt an. Die Kunden bestimmten; und wir setzten um. Wir boten ein Produkterlebnis, ein Fahrerlebnis, ein Image an, und unsere Kunden waren glücklich damit; denn es hob sie von der Masse ab – als Gesicht in der Menge.

Seit dieser Zeit hat unser Haus außer einer wettbewerbsfähigen Forschung und Entwicklung, außer einer zeitgerechten Produktion auch einen erfolgreichen, ja einen sehr erfolgreichen Vertrieb. Was durch unsere Ingenieure in unseren Produkten seit langem technisch angelegt war, machte das Marketing in unseren Kundenkreisen begehrlich. BMW Fahrzeuge strahlen einen Nimbus aus, der es uns erlaubt, gerade im Hochpreissegment erfolgreich zu sein. Auch diesen Ruf konnten wir bis heute erhalten. Unsere Kaufleute haben BMW aus einer deutschen Marke zu einer weltweit beachteten, bald auch geachteten Marke gemacht.

Heute setzt die Öffentlichkeit in hohem Maße Prämissen, auch für Entscheidungen unserer Kunden. Wenn wir zuließen, daß die Öffentlichkeit über die Felder unseres Handelns entschiede, könnten aktive Segmente der Öffentlichkeit, könnten lärmende Minderheiten diese Initiative übernehmen.

Das wollen wir nicht, und das dürfen wir auch nicht zulassen. Wir müssen daher Tendenzen der öffentlichen Debatte antizipieren und selbst die für uns entscheidenden Felder der öffentlichen Debatte besetzen. Nur dann wird es uns gelingen können, weiterhin Meinungsführer zu sein.

Das »gute Produkt« allein reicht heute als Argument nicht mehr aus. Das hat zwei Gründe. Erstens wird zu Recht angenommen, daß Produkte im Hochpreissegment ohnehin gut sind. Wir wollten immer herausragende Qualität. Nun erwartet die Öffentlichkeit sie von uns wie selbstverständlich.

Zweitens wägt man Vorteile und Nachteile ab, nimmt aber von Nachteilen stets stärker Notiz. Sie kennen das: Nicht daß täglich Tausende Flugzeuge fliegen, ist eine Nachricht, sondern wenn einmal eines abstürzt oder notlanden muß. So ergeht es auch uns: Nicht der fließende Verkehr, also der Normalfall, ist die Nachricht, sondern der Stau.

Wir müssen also mit zusätzlichen Themen als nur dem »guten Produkt« an die Öffentlichkeit. Was überzeugt, ist verantwortliches Handeln, ist der stete Kontakt, der offene Dialog. Was überzeugt, sind Dienstleistungen, die die Gesellschaft erwartet. Dies bedeutet richtungweisende Initiativen für Verantwortlichkeit in der mobilen Gesellschaft. Deren soziale Akzeptanz entscheidet über den Unternehmenserfolg.

Unternehmenspolitik und Unternehmenskommunikation in offenen Meinungsmärkten. 20. Internationale BMW PR-Konferenz, München, 14. Oktober 1992

Für das Junktim von technischer Innovation und wirtschaftlichem Erfolg ist der Herbert Quandt-Ehrenring das Symbol. Die Wurzel von BMW sind Ingenieursleistungen. Immer waren Ingenieure unsere treibende Kraft. Es waren über lange Zeit Pionier-Ingenieure, geleitet von der Wonne der technischen Fantasie. Nicht zufällig erhob sich BMW zuerst in die Lüfte; nicht zufällig ist der Propellerkreis unser Markenzeichen. Er steht für Überwindung von Schwerkraft – nicht für das Erobern von Märkten.

Wettbewerb gab es allerdings stets. Aber es war damals ein Wettbewerb um die Exzellenz technischer Innovation. Es war ein Wettbewerb der Ingenieure untereinander um Höchstleistungen und Rekorde im Motorsport. Es war uns nicht in die Wiege gelegt, als Betriebswirte zu denken und als Unternehmer zu handeln. Das erzwang erst ein ganz anderer Wettbewerb: nämlich der um wirtschaftlichen Erfolg auf den Märkten der Welt. Damit entschied nicht mehr nur die Zahl der Erfindungen oder Patente. Es zählte vielmehr, was in verkaufsfähige Produkte umgesetzt wurde und ob sie der Markt akzeptierte; ob sich genug Menschen bereit fanden, unsere Ingenieursleistung zu kaufen, und zwar zu unseren Preisen.

Was heißt das für den Ingenieur? Träumt er nicht von der wirklichen Löwennummer, stehen ihm nicht epochemachende Erfindungen der Menschheit vor Augen: das Wagenrad, der Buchdruck, der Verbrennungsmotor, der Mikrochip? All diese bahnbrechenden Innovationen waren nicht zuletzt Durchbrüche zur Mobilität.

Das Automobil in seiner Gesamtheit ist eine Löwennummer der Ingenieure. Es bündelt Innovationen wie kaum ein anderes Produkt. Alle Ingenieursdisziplinen wirken für seinen Fortschritt zusammen. Es bringt Erfindungen in kürzester Zeit unter die Menschen. Seine Technik läßt uns Fortschritt unmittelbar erleben. Es ist zugleich ein reifes Produkt und ein Sammelbecken für weitere Innovationen.

Aber immer größere Brillanz einzelner Komponenten wird nicht mehr genügen. Wir sehen uns mit einem ganz neuen, zusätzlichen Lastenheft konfrontiert. Was uns differenziert, ist die Exzellenz von Produkten im Verbund mit zusätzlichen Dienstleistungen und Systemen.

Es ist Systemfähigkeit, die heute ein Unternehmen auszeichnet. Sie wird von Systemingenieuren geleistet. Deren besondere Leistung ist es, Systeme zugleich im Markt und in der Öffentlichkeit als richtig und wichtig zu vermitteln. Sie haben damit auch politische Ingenieure zu sein. Denn sie gestalten ihre Leistungen in Übereinstimmung mit dem Umfeld. Im tiefsten und zeitlosen Verständnis haben Ingenieure Vertrauen in die

Machbarkeit der Dinge. Sie wissen aus Erfahrung, daß sie Probleme lösen können und werden. Ihr Wille zur Exzellenz ist die Quelle ihrer Beharrlichkeit.

Verleihung des Herbert Quandt-Ehrenrings,
München, 2. Dezember 1997

Fokus Nachhaltigkeit

Bei seiner Landung auf dem Mond hatte Neil Armstrong seinen berühmt gewordenen Satz ausgesprochen, sein erster Schritt auf den Mond sei nur ein kleiner Schritt für ihn, den Menschen, aber ein großer Schritt für die Menschheit. Bald darauf zeigte sich jedoch, daß soziale Entwicklungen auf der Erde entscheidender waren als der Schritt auf den Mond. Jedenfalls veränderten sie die Bedingungen, unter denen wir in unserer technischen Zivilisation leben, stärker, als es die technischen Folgen des amerikanischen Hochtechnologieexperiments Raumfahrt vermochten.

Am Ende der sechziger Jahre kamen die ersten Zweifel daran auf, ob technischer Fortschritt ein ausreichender Parameter für gesellschaftlichen Fortschritt sei. Was folgte, nannten die einen eine Studentenrevolution und propagierten den sogenannten Marsch durch die Institutionen. Die anderen erlebten einen Bewußtseinswandel zu mehr Ökologie; das Themengebiet Umwelt kam auf. Die ersten Warnungen des Club of Rome erschienen zu Anfang der siebziger Jahre. Es war übrigens ein Automobilmanager von Fiat, der dazu die Initiative ergriff und den Club of Rome gründete. Viele Menschen sind seither mehr über die Lasten unserer Zivilisation besorgt, als sie der Zuwachs an Lebensqualität erfreut.

Wir beobachten allerdings eine eigenwillige Schizophrenie. Die Menschen verlangen nach Produkten, deren Produktion sie ablehnen. Sie erwarten steigenden Wohlstand und mehr Freizeit, weisen aber das hierzu notwendige Wirtschaftswachstum zurück. Die Menschen wollen eine bessere Umwelt; aber die Bereitschaft des einzelnen, hierfür deutlich höhere Kosten zu tragen, ist recht gering. Manchmal habe ich den Eindruck, daß die Menschen über Umweltthemen reden, weil es sie schmückt, dem vermeintlichen Zeitgeist entspricht.

Mit Umweltthemen konnten Taktgeber der öffentlichen Meinung erhebliche Bereiche der Öffentlichkeit ansprechen. Im Automobil sehen diese Menschen ein Symbol für einen Weg unserer Zivilisation, den sie mehr oder minder ablehnen. Das Automobil gilt als Symbol nicht nur für Fortschritt und Wachstum, sondern auch für den Preis, den wir für Fortschritt und Wachstum in unserer Umwelt bezahlen.

Unternehmenspolitik und Unternehmenskommunikation in offenen Meinungsmärkten. 20. Internationale BMW PR-Konferenz, München, 14. Oktober 1992

Jahrhundertelang war die Technik für die Menschen mehr Segen als Fluch. Personen wie Otto und Daimler,

Diesel, Edison oder Ford haben die Welt mehr verändert als die Theorien von Marx und Lenin.

Heute hat sich die Bewertung der Technik durch die Menschen verändert; sie ist differenzierter und auch besorgter geworden. Dafür gibt es drei Gründe: erstens die weltweite Verfügbarkeit von Technologie; zweitens die Herausforderung, die Abfälle der Industrieproduktion zu entsorgen; und drittens potentiell gefährliche Anwendungen von Wissenschaft und Technik.

Die Umwelt ist die größte Herausforderung auf unserem Globus. Wir müssen deshalb verstehen, wie die Industrie auf sie wirkt, und wir haben sicherzustellen, daß wir mit Technik verantwortlich umgehen. Und wir müssen auch die Rolle des Automobils in unserer Welt begreifen.

Das geht über die aktuelle Debatte zum Thema Schadstoffausstoß weit hinaus. Gleichermaßen geht es um den Umgang mit Rohstoffen, um die Nutzung von Energie, darum, wo und wie wir Straßen anlegen, und um das Auto schlechthin.

Wir sind in der Lage, für alle Menschen auf der Erde den gleichen Standard an Mobilität, Gesundheit, Information und Gebrauchsgütern zu schaffen, die in Amerika und Europa Wohlstand bedeuten – ohne unseren Planeten zu plündern. Zugleich haben wir das Potential, mit steigenden Mengen an Abfall und Altautomobilen fertig zu werden. Wir bauen derzeit ein Werk in Wackersdorf in Oberbayern, in dem es darum geht, so rationell wie nur möglich alte Automobile wieder in ihre Bestandteile zu zerlegen.

Es mag für Sie eigenartig klingen, daß Ingenieure nicht nur mit der Konstruktion, sondern auch mit der Destruktion eines so komplexen Produkts wie des Automobils befaßt sind. Aber genau das ist das neue, noch ungewohnte Verhalten, das wir der Menschheit und der Welt schuldig sind.

Our Responsibilities in a Changing World.
Economic Club of Detroit, Detroit, 5. Januar 1990

Der Industrie geht der Ruf voraus, daß sie viele Probleme löst und die Menschheit von vielen Nöten befreit, daß sie aber mit jedem gelösten Problem auch ein neues hervorruft. Nehmen Sie die Automobilindustrie. Sie verschaffte den hochentwickelten Nationen eine einzigartige Form von Mobilität. Aber wenn alle Automobile zur gleichen Zeit unterwegs wären, ginge gar nichts mehr voran.

Die Industrie fühlt sich heute daher für mehr verantwortlich als für die globale Versorgung der Menschen mit einer ausreichenden Zahl sinnvoller Güter, obwohl schon dies eine eminent wichtige Aufgabe ist. Andere Aufgaben kommen hinzu, und sie werden zuerst in den am stärksten entwickelten Nationen wahrgenommen. Wir müssen uns in den entwickelten Nationen jetzt auch mit den Folgen des Konsums befassen. Dazu gehören die Abfallbeseitigung und -vermeidung. Ich habe vor anderthalb Jahren in Detroit die Automobilindustrie der ganzen Welt dazu aufgerufen, hierbei zusammenzuarbeiten. Heute darf ich auf die erklärte Bereitschaft etlicher deutscher Automobilunternehmen verweisen, in Europa die Fahrzeuge aus der laufenden Produktion am Ende ihres Gebrauchszyklus zurückzunehmen und für deren Recycling Sorge zu tragen.

The Role of Industry in Shaping a New World.
Georgetown University, Washington, D.C.,
2. Oktober 1991

Perspektive Mobilität

Mobilität ist ein Grundbedürfnis der Menschen. Denn – lassen Sie es mich so ausdrücken – wir sind zwar seßhaft, doch nur auf Zeit. Vielleicht steckt in allen von uns noch ein Stück des Nomadentums unserer frühen Vorväter.

Kein Produkt ist daher so beliebt wie das Automobil. In den Vereinigten Staaten sind mehr als 120 Millionen Automobile in Betrieb – das ist mehr als ein Viertel des Weltbestands. Ihre Eigentümer haben zum Teil beachtliche Summen dafür bezahlt, oft deshalb auch auf andere Dinge verzichtet. Für die meisten Menschen ist das Automobil tagtägliche Voraussetzung, um wohnen, arbeiten, lernen und einkaufen zu können.

Die meisten Fahrten mit dem Automobil unternimmt sein Besitzer aber nicht, weil er muß, sondern weil er möchte: Für viele macht das Automobil Erholung und Einblicke in andere Kulturen erst möglich.

Die Menschen der Vereinigten Staaten legen jährlich 2000 Milliarden Meilen zurück. Diese Zahl sprengt unser Vorstellungsvermögen. Sie entspricht einem Weg 80millionenmal um die Erde oder achtmillionenmal der Entfernung zum Mond.

Das Automobil ist also Rückgrat der Mobilität von Personen, aber auch von Gütern. Nutzfahrzeuge sorgen für das täglich verfügbare Warenangebot – in Stadt und Land sowie rund um die Uhr. Sie versorgen uns mit Rohstoffen, Industriegütern und Energie. Sie beliefern uns mit Medien, also mit wichtiger Information. Jeder hält dies für normal, und niemand will hierauf ernsthaft verzichten. Das gilt national ebenso wie im internationalen Austausch von Waren und Dienstleistungen.

Was begründet diesen Siegeszug des Automobils? Die Menschen wollen nicht nur beweglich sein, sondern auch individuell über diese Beweglichkeit entscheiden. Kaum jemand wünscht sich einen Dauer-Fahrschein für die Bahn oder den Bus – kaum jemand sucht die Dauer-Mitfahrgelegenheit im fremden Automobil. Man will selbst auswählen, wann, wie und mit wem man wohin fährt. Diese Unabhängigkeit macht das individuelle Verkehrsmittel unschlagbar.

Selbst Kinder träumen bereits von der eigenen Beweglichkeit. Wenn junge Menschen heranwachsen, entwickelt sich ihr Bedürfnis nach Mobilität – denken Sie an das Dreirad, das Skateboard, das Fahrrad. Und was ist der heißeste Wunsch eines 16jährigen? Der Führerschein. Physische Mobilität ist also ein Grundbedürfnis. Sie ist zugleich Grundlage unseres Wohlstandes, ja unserer Lebenskultur. Verkehrsaufkommen und Wohlstand hängen unmittelbar zusammen. Physische Mobilität bedingt wachsenden Wohlstand; und umgekehrt gilt dies genauso.

Wir müssen also daran arbeiten, daß wir den Güter- und Personenverkehr in Zukunft auch bewältigen können. Denn das Automobil hat nicht nur positive Seiten. Wir wissen, daß mit Wohltaten fast immer auch Nachteile verbunden sind. Beim Automobilgebrauch entstehen sie vor allem durch massenhafte Mobilität.

Mobilität bedeutet in den meisten Sprachen Transport und Bewegung. Das Wort hat also eine logistische und eine intellektuelle Bedeutung. Auch BMW versteht Mobilität sowohl als physische Bewegung wie auch als geistige Beweglichkeit. Beide bedingen einander.

Lange Jahre haben wir uns auf physische Mobilität konzentriert. Unser Erfolg ist enorm. Wir haben die Welt mobil gemacht. Fast eine halbe Milliarde Automobile sind heute unterwegs. Allerdings hat der Erfolg des Automobils auch Probleme erzeugt. Sie sind durch noch mehr physische Mobilität allein nicht mehr lösbar. Erforderlich ist eine neue Sicht, ist geistige Mobilität.

Wer ist der größte Feind des Automobils? So seltsam es klingen mag: Es ist sein Erfolg. Wenn jeder zur selben Zeit am selben Ort unterwegs sein will, wird es eng. Überfüllte Straßen sind dann die Folge. Aus Mobilität wird Immobilität – sie führt in den Stau. So vergeuden wir volkswirtschaftliche Leistung und Energie, und wir belasten unsere Umwelt. Massenhafte Mobilität mindert die Beweglichkeit von Wirtschaft und Staat. Wir haben alle die Botschaft verstanden, daß wir nicht ungebremst Energie vergeuden dürfen.

Belastungen und Engpässe in Spitzenzeiten sind nicht immer nur Ausdruck eines Mengenproblems. Oft sind sie Zeichen mangelhafter Organisation. Viel wäre erreicht, wenn der Autofahrer zum Beispiel besser über die aktuelle Straßensituation informiert wäre. Gute Organisation allein löst jedoch die erwähnten Aufgaben nicht. Was wir benötigen, ist wiederum Mobilität: geistige Mobilität.

Das heißt, mit dem Erreichten niemals zufrieden zu sein. Es heißt, den Kopf freizuhalten oder freizumachen für Neues. Es heißt, sein Ingenium zu entwickeln. Der Beruf des Ingenieurs nutzt dieses Wort. »Engineering« ist daher weit mehr als der Umgang mit Masse und Energie: Es ist der Umgang mit Ideen. Geistige Mobilität fordert und fördert den stetigen Wandel.

Mobilität als Aufgabe. Aufgaben der Automobilindustrie in einer vernetzten Welt. Automotive News World Congress, Detroit, 12. Januar 1993

»Freude am Fahren« gilt nicht im Stau. Auch wir wissen, daß Engpässe mit dem weiter wachsenden Verkehr nicht abnehmen werden. Und der Verkehr wächst weiter. Dies wird vielfach beklagt, und häufig wird dabei zweierlei übersehen.

Erstens ist mehr Verkehr in einer arbeitsteiligen Gesellschaft notwendig und nicht vermeidbar. Verkehr ist ein Faktor unserer Produktivität und damit eine Grundlage unseres Wohlstandes, an dem wir alle teilnehmen.

Wir müssen also auch künftig mit Verkehr leben, wenn wir besser leben wollen.

Zweitens nützt es wenig, aus dem komplexen Geflecht des Verkehrs vom Fahrrad bis zum Flugzeug einen Faktor herauszulösen – alle Teilnehmer bilden schließlich den Verkehr. Es macht also keinen Sinn, zum Beispiel das Automobil als Hauptschuldigen herauszugreifen und es zu verdammen. Auch Versuche, Verkehr durch Behinderungen einzuschränken oder zu vermeiden, führen nicht zur Problemlösung. Worauf es vielmehr ankommt, ist zunächst eine ganz nüchterne Analyse und dann ein kooperatives Programm, das alle Beteiligten zum gemeinsamen Handeln versammelt. Es ist unsere gemeinsame Aufgabe, den gesamten Verkehr neu zu begreifen und zu gestalten.

In unserem Unternehmen und mit den Möglichkeiten unserer Ingenieure haben wir dies bereits getan, als vor einigen Jahren deutlich wurde, wie es mit der künftigen Freude am Fahren steht. Wir haben unsere Innovationskraft nicht mehr nur auf immer noch bessere Fahrzeuge konzentriert – das tun wir auch weiterhin –, sondern haben auch das Umfeld in unsere Überlegungen mit einbezogen.

Vernetztes Denken und Handeln ist notwendig, braucht aber auch eine breite Zustimmung der Fachstellen, die Verantwortung tragen für Mobilität: der Staat, die Stadt, die Industrie an vorderster Stelle, nicht zuletzt die Medien, die das »rüberbringen« müssen zu den Bürgern. Uns eint der Wille, nicht über das Problem zu klagen und die angeblich Schuldigen zu suchen, sondern gemeinsam Lösungen zu finden und sie dann auch zu realisieren. Dieser Einklang hat nicht immer bestanden. Um so dankbarer bin ich, daß Freistaat, Stadt und Unternehmen einander heute in dieser Hinsicht verstehen. Dies ist die Stunde der Kooperation, nicht der Konfrontation.

Der bessere Weg. Verkehrskonzepte für die Zukunft am Beispiel München, München, 4. Mai 1992

Absatzmärkte und Meinungsmärkte

Medienindustrie und Automobilindustrie bewirken Mobilität. Wir bewegen Menschen und Güter. Medien besorgen den freien Transport von Informationen. Wir schaffen faktische Mobilität, und Medien bewirken die geistige.

Durch Medien erfahren wir über politische, wirtschaftliche und soziale Themen – weltweit und rund um die Uhr. Durch Medien erhalten wir Informationen – über die Öffentlichkeit, unsere Kunden und den Wettbewerb. Informationen fließen aber auch umgekehrt: Medien berichten über uns und vermitteln unsere Botschaften – durch sie erfahren Märkte und Öffentlichkeit über BMW.

Medien stützen, sie stürzen aber auch Menschen aus Ämtern und Funktionen. Medien stabilisieren oder verändern politische Systeme. Immer beeinflussen sie damit auch die Industrie.

Unser Handeln muß der breiten Öffentlichkeit verständlich werden. Dazu brauchen wir vor allem eine verständige Kommunikation. Verständige Kommunikation sorgt für die Präsenz im Markt der Meinungen. Hier wollen wir vertreten sein und für unsere Position Verständnis erwirken.

Die Welt ist, wie sie ist: Medien sind auf Aktualität fixiert, Politiker nutzen Themen für kurzfristige Profilierung. Wir müssen dies kalkulieren. Die Folgen unseres Tuns sind langfristiger Natur. Unser Umfeld ist dagegen an schnellen Antworten interessiert. Wir müssen und wollen diese geben, dürfen aber gleichzeitig unseren Kurs nicht verlieren.

Unternehmensstrategie und Kommunikationskonzepte.
2. Forum der Deutschen Publikumszeitschriften,
Frankfurt am Main, 7. März 1991

Niemand kann nicht kommunizieren. Jede Haltung wird interpretiert; alles Tun und alles Lassen ist auch Kommunikation. Sprechen wir, so erklären wir uns nicht nur mit Worten, sondern ebensosehr auch durch Körpersprache. Schweigen wir, so ist auch das eine Haltung. Was wir tun und was wir lassen, was wir sagen und was wir verbergen, wird interpretiert.

Wir geben ständig Signale und erzeugen mit ihnen, gewollt oder ungewollt, Reaktion. Wir sind Akteure. Wir kommunizieren.

Dies gilt auch und gilt besonders für Unternehmen und Unternehmer; es gilt sicherlich weit überproportional für ein Unternehmen der Automobilindustrie. Wir wissen und wir müssen, nein, wir wollen damit leben, daß wir Teilnehmer der Kommunikation sind. Wir müssen uns äußern, wir müssen sprechen, zeigen, was wir tun.

In der Mediengesellschaft, zumal wenn es eine demokratisch verfaßte ist, kann ein Unternehmen nicht zulassen, daß ausschließlich über das Unternehmen geredet wird; man kommt dann sehr schnell auch wirklich ins Gerede.

Nur Unwissende können vermuten, daß Unternehmen ausschließlich nach betriebswirtschaftlichen Notwendigkeiten handeln und ihnen alle anderen Ziele unterordnen; die Schmähung der kurzfristigen Profitorientierung ist dann rasch bei der Hand. Nur nachhaltige Orientierung eines Unternehmens führt zum Erfolg. Die Wirtschaft ist der einzige Bereich unserer Gesellschaft, der »erwirtschaftet«. Nur Erfolg kann verteilt werden; damit ist die Wirtschaft quasi »Basis-Dienstleister« der Allgemeinheit.

Sehen die Medien uns so? Nein, das ist nicht mehr so. Nach amerikanischer TV-Unterhaltung zu urteilen, hecken acht Prozent der dort gezeigten Figuren ein Fünftel aller kriminellen Schandtaten aus und sind verantwortlich für jeden dritten Mord auf dem Bildschirm – in krassem Gegensatz zu klischeehaft positiv dargestellten Ärzten, Lehrern, Anwälten und Sozialarbeitern. Diese acht Prozent sind Geschäftsleute. Nur rund ein Drittel aller im amerikanischen Fernsehen gezeigten Firmenvertreter spielen eine positive Rolle, dagegen 45 Prozent eine schlechte. Der Rest verhält sich, moralisch gesehen, neutral. Wir gelten offenbar bis zu einem gewissen Grad als die bösen Buben im Stück.

Hier ist viel zu tun, hier ist Aufklärungsarbeit zu leisten, weit über den Tag hinaus und mit langem Atem. Große Organisationen, denen Macht zugeschrieben wird, müssen heute der Öffentlichkeit verständlich machen, wozu sie diese Macht gebrauchen. Sie müssen erklären, welche Bedeutung die Organisation für die Verwirklichung gesellschaftlicher Ziele hat. In einer Gesellschaft, die sich als Freizeitgesellschaft versteht, in der also der Rang, das Ansehen von Arbeit zurückgeht, ist dies für die Arbeitgeberseite nicht einfach.

Es gibt heute nahezu kein Feld mehr, in dem ein großes Unternehmen nicht gefragt werden kann, wo nicht eine Stellungnahme verlangt wird. Wer sich dieser Debatte entzieht, begibt sich allen Einflusses auf sie. Er läuft Gefahr, von ihr getrieben zu werden. Wer keinen Einfluß nimmt, verliert das Gesetz des Handelns. Unternehmen melden sich daher zu Wort. Sie mischen sich ein – auf angemessene Art und nicht immer auf der gänzlich offenen Bühne. Sie sollten sich nach meiner Überzeugung sogar noch stärker einmischen: überall dort, wo ihre Kompetenz gefragt ist, überall dort aber auch, wo ihre Kompetenz nützlich sein kann.

Immer wesentlicher wird hierfür die Vermittlungsleistung der Medien. Sie arbeiten für den Menschen verständlich auf, was geschieht oder geschehen sollte. Sie reduzieren Komplexität auf das Einsichtige. So weit, so wichtig. Diese Vermittlungsleistung müssen die Medien auch unter den Bedingungen der Einschaltquote aufrechterhalten. Das ist eine Aufgabe, um die ich keinen Medienverantwortlichen beneide.

Medien sind nach meinem Verständnis keine Quotenmaximierer. Die Medienindustrie muß wirtschaftlich gesund sein, wie jede Industrie. Wie jede Industrie muß sie in reifen Gesellschaften die gleichen Fragen zulassen, wie sie der Industrie gestellt werden. Ich möchte daher wiederholen: Große Organisationen, denen Macht zugeschrieben wird, müssen heute der Öffentlichkeit verständlich machen, wozu sie diese Macht gebrauchen. Sie müssen erklären, welche Bedeutung die Organisation für die Verwirklichung gesellschaftlicher Ziele hat.

Die Freiheit der Presse – die Freiheit, jede Meinung zu äußern – ist allein noch kein gesellschaftliches Ziel. Die Meinungsäußerung muß in einer demokratisch verfaßten Gesellschaft dazu dienen, den Bürger möglichst breit und redlich zu informieren, damit er seine Bürgerrechte auch qualifiziert wahrnehmen kann.

Kommunikation, Innovation, Verantwortung.
Zum Rollenverständnis von Technik und Medien.
Verleihung der Fugger-Medaille an Karl Theodor Vogel, München, 21. November 1995

Ideologie und Realität

Ich möchte das Thema Wirtschaft und Ideologie – oder anders gesagt, das Thema der Leistungen und ihrer Voraussetzungen – an einigen Thesen behandeln. Meine erste von sechs Thesen lautet: Wirtschaft und Ideologie stehen nicht im Widerstreit. Sie sind sogar unvereinbar.

Wirtschaft und Ideologie vertragen sich nicht, denn die Realität ist das entscheidende Ordnungsprinzip der Wirtschaft. Dies ist kein moralisches Bekenntnis und kein Diktat: Es ist schlicht eine Folge von Gesetzmäßigkeiten, ein systemimmanenter Regelkreis. Dieser Regelkreis hat zwei wesentliche Komponenten: den Menschen mit all seinen Eigenschaften und den Markt mit all seinen Gesetzmäßigkeiten. Die Wirtschaft nutzt nicht nur die Freiheit des Menschen, sie unterliegt gleichzeitig und untrennbar auch der Kontrolle der Märkte. Dies ist ebenfalls dem System immanent. Tatsächlich sind es die verschiedensten Märkte, die sich nochmals untereinander kontrollieren.

Da ist zunächst der Markt der Kunden, also der Wettbewerb um den Erfolg durch die Versorgung mit Gütern und Dienstleistungen. Hier liegt die klassische und primäre Aufgabe der Wirtschaft. Darüber hinaus gibt es, und ich nenne nur Beispiele, die Arbeitsmärkte, den Kapitalmarkt, die Märkte der Lieferanten und schließlich den der Beschäftigten. Wir machen uns wohl nicht ausreichend klar, daß gerade hier nicht nur wesentliche Kontrollen, sondern auch die entscheidenden Potentiale für unsere Zukunft liegen – Stichwort »Eliten«. Ist es nicht eine neue Ideologie, daß es wohl stets genug Menschen geben wird, die hart arbeiten, um den Aussteigern ihre Insel zu ermöglichen?

Meine zweite These: Ideologie will von der Freiheit befreien. Ideologie zerstört dadurch die Bereitschaft zur Eigenverantwortung.

Die Macht der Gruppeninteressen, die Eigendynamik der sozialen Sicherungssysteme, der Wunsch nach der Vergesellschaftung von Risiken haben das Gefühl für Eigenverantwortung ausgehöhlt. Das schlägt sich auch auf den Einsatz und die Risikofreudigkeit in den Unternehmen nieder: Denn Menschen machen deren Geschäfte. Ideologie ist hier am Werk, und sie unterliegt der Illusion der Verwaltbarkeit. Dabei unterstelle ich durchaus, daß der Gesetzgeber wohlmeinend handelt. Doch zerstört Ideologie die Eigenverantwortung. Sie schafft nicht die Freiheit und den Willen zur Leistung: Sie befreit von der Freiheit.

Meine dritte These lautet: Realitätssinn erfordert Wandel. Ohne Wandel verfällt unser Land weiter der Ideologie.

Zwar zeigt unsere Wirtschaft wegen ihrer vorzüglichen Substanz in der Summe oberflächlich noch immer das Bild einer stabilen Plattform. Ich muß jedoch fast das Bild einer schiefen Ebene verwenden. Das Gefährliche ist nicht der derzeitige Neigungswinkel: Gefährlich ist vielmehr, daß die Fracht an Talfahrt gewinnt. Jeder von uns weiß, daß das überalimentierte Sozialsystem sich wandeln muß. Wegen ideologischer Tabus wagen wir aber höchstens, vom Umbau zu sprechen, obwohl wir hier alle wissen: Nur der Abbau steht zur Diskussion. Erforderlich ist also Wandel, jedoch nicht als pure Vision. Wir brauchen die konkrete Tat – und dafür zunächst die Kenntnis der Ursachen.

Meine vierte These leitet sich hiervon ab: Visionen allein sind Flucht vor der Realität. Die Tat muß der Analyse folgen.

In der Analyse unserer Situation sind wir uns weitgehend einig. Drei Beispiele der Tat möchte ich aufführen. Der Freistaat Bayern hat ein gewaltiges Privatisierungsprogramm auf den Weg gebracht. Ein guter Teil der Erlöse aus dem Verkauf von Unternehmen im Staatsbesitz wird in Forschung und Entwicklung investiert. Dies ist eine ungewöhnliche innovationsfördernde

Form. Eine zweite Tat kommt aus dem Bereich der Mobilität. Es sollte uns gelingen, einen übergreifenden Forschungsverbund von Hochschulen, Autoindustrie, Zulieferern und Elektronikunternehmen zu schmieden. Alle könnten aus ihrer Kompetenz beitragen – und alle hätten den verdienten Erfolg. Mein drittes Beispiel berührt die Umwelt. Deutschland könnte zum besten Systemlöser der Kunststoffentsorgung werden. Sie wird in den kommenden Jahren eines der drängendsten Probleme weltweit werden. Die Grundfrage ist: Können wir es uns leisten, diese Taten aus ideologischen Gründen nicht zu setzen?

Nun zu meiner fünften These. Sie heißt: Konsens ist Voraussetzung für Aufbruch. Basis dazu sind Verständnis und Einsicht.

Gegenwärtig wird die Welt der Arbeit neu verteilt. Sie wandert zum jeweils günstigsten Standort. Bei offenen Grenzen kann die Wirtschaft – jedenfalls ein Teil von ihr – sich dem Druck, den zu stark werdenden Belastungen entziehen. So muß die Wirtschaft auch handeln.

Es ist also sinnlos, uns anzuklagen, daß unsere Steuern im Ausland anfallen, daß wir Arbeitsplätze vernichten und daß wir dem Ruf von Produkten »Made in Germany« die Basis entziehen. Wird dies anders gewollt, so muß Konsens darüber geschaffen werden, und dies erfordert Verständnis und Einsicht.

Was ist zu tun? Jede menschliche Erfahrung bestätigt die Stärke von gewachsenen Kulturen und die Schwierigkeiten, diese zu ändern. Es ist darum Unsinn und Utopie, die Forderungen zu absolut und zu hoch zu schrauben. Ich möchte hier eine zentrale Möglichkeit behandeln, die uns allen auf breiter Ebene bestätigt wird. Es ist die Förderung unserer Eliten.

Darum lautet meine sechste und letzte These: Eliten sind Protagonisten des Wandels. Unsere Zukunft erfordert ihr neues Verständnis.

Eliten sind die Unternehmer der Gegenwart, und zwar auch als Angestellte: durch die Selbständigkeit ihres Handelns, durch Mut und Tatkraft, durch die Begeisterung für ihre Aufgabe und den Konsens, den sie bilden. Durch das Vorleben von Verhalten und Tugend, durch das Tradieren von Werten bilden sie jene Zellen, die im Zusammenwachsen zum Organismus werden. Eliten sichern die Vitalität unserer Gesellschaft, also die Lebenskraft, für die sie stehen und die ihre Integrationskraft vermittelt.

Recht verstanden ist jeder, der die Aufgabe sieht und die Verantwortung übernimmt, ein Unternehmer im breiten Sinn des Wortes. Er ist damit ein Mitglied unserer Eliten. Er ist nicht Mitglied unserer Eliten, wenn er in Allensbach nachfragt, wo die Mehrheit liegt und was getan werden muß, um ihr zu genügen. Er ist darum Elite, weil er sieht, was zu tun ist, und sich dieser Aufgabe annimmt. Elite ist nicht der Einzelkämpfer, nicht der Aussteiger. Es ist der, der seine Umgebung für ein Ziel fasziniert, der Leistung bewirkt, aber auch honoriert. Elite ist der, der tragende Leitbilder und Werte proklamiert und auch danach handelt. Dies sind unverzichtbare Eigenschaften, im übrigen Eigenschaften, die – ich darf das hier in Berlin sagen – Preußen groß gemacht haben.

Die wahren Eliten haben keine Ideologien, sondern Realitätssinn. Sie haben Visionen – und setzen sie um. Hier sind auch Ansätze zu finden, um die Durchlässigkeit unserer Gesellschaft zu fördern. Denn Eliten sehen über den Rand ihrer Verantwortung.

Unsere Generation wird nicht nach dem beurteilt werden, was sie geerntet hat. Sie wird beurteilt werden nach dem, was sie ausgesät hat. Dieser Aufgabe müssen wir uns stellen.

Wirtschaft und Ideologie im Widerstreit. Forum der deutschen Banken, Berlin, Schloß Niederschönhausen, 19. Oktober 1995

Erbe und Auftrag

Wer sich mit der Zukunft befaßt, hat im Grunde nur zwei Möglichkeiten der Annäherung: eine rationale und eine emotionale. Dem Unternehmer liegt die rationale näher: Wir denken in Fakten, ziehen mögliche Entwicklungslinien in die Zukunft, sehen solche Linien kumulieren oder konstruieren entsprechende Szenarien.

Dann aber sind wir zur Entscheidung zwischen verschiedenen Entwicklungsmöglichkeiten aufgefordert. Solche Entscheidungen treffen wir nicht mehr nur rational. Nicht alle Entwicklungen sind berechenbar, nicht alle Abwägungen logisch begründbar. Daher sind wir auf zusätzliche Eigenschaften angewiesen, zum Beispiel auf den Instinkt. Unternehmerischer Instinkt wird uns häufig zugeschrieben, und wenn er sich auf segensreiche Weise als richtig erweist, spricht man im nachhinein vielleicht sogar von einer Vision. Dann nämlich hat sich gezeigt, wie Unternehmer die Welt gestalten und Technik die Menschheit ein Stück voranbringt.

Auch das Undenkbare zu denken ist unsere Pflicht. Wir dürfen das nicht den Politikern oder Publizisten überlassen. Hans Jonas hat in seinem Werk über *Das Prinzip Verantwortung* die Notwendigkeit eines solchen Denkens betont.

Die Technik war über Jahrhunderte mehr Segen als Fluch. Zwar wurden durch neue Techniken oft schmerzliche Veränderungen im Leben der Menschen hervorgerufen: Kriege konnten durch neue Waffentechniken entschieden werden; soziale Krisen entstanden durch neue Produktionstechniken. Aber solche Erschütterungen entstanden an den Bruchstellen zwischen Alt und Neu. Hatte sich die Menschheit auf die technischen Neuerungen eingelassen, so erwiesen sie sich als vorteilhaft für alle, als Fortschritt und Segen. Zu friedlichen Zeiten mehrten sie den Wohlstand der Völker und führten sie auf nie erwartete Höhen.

Heute wird über Technik anders gedacht, differenzierter, auch verängstigter. Aber die Lösung dieses Problems besteht nicht in einem Ausstieg aus der Welt unserer Ingenieure. Unsere Chance besteht in der Entwicklung neuer, auch alternativer Techniken. Dazu bedarf es Zeit und daher Geduld. Um einer gesicherten Zukunft willen müssen wir die Chancen nutzen, die uns die Investitionen in solche Forschungen eröffnen, auch wenn wir nicht wissen, ob und wann wir welche Lösungen schaffen.

Der unternehmerische Mensch ist gerade der, der auch öffentlich vor großen Problemen nicht zurückschreckt. Da deren Tragweite heute unmittelbar jedem spürbar wird, erhalten Unternehmer, die sich hierin im Einklang mit den Sorgen der Menschheit befinden, erstmals die Chance, den Gedanken des Unternehmertums selbst in unserer Gesellschaft zum Allgemeingut werden zu lassen.

Das Instrument, das uns dabei zur Verfügung steht, der Einsatz der Technik, ist von beklemmender Mächtigkeit. Wir sind aufgefordert, als Pioniere in Neuland vorzustoßen; aber die Verantwortung, die wir damit auf uns nehmen, übersteigt alle bisher von Menschen zu tragende Last. Wir werden sie trotzdem annehmen. Wir tun es mit Mut und Zuversicht. Genau dies haben wir anderen Bevölkerungsgruppen voraus. Darin können wir ihnen Vorbild sein.

Unternehmerischer Erfolg setzt persönliche Eigenmächtigkeiten frei. Ich verkenne nicht, daß darin Verlockungen liegen. Aber die Grundlagen des abendländischen Kapitalismus – das ist seit Max Weber bekannt – sind innerweltliche Askese und eine calvinistische Erfolgsethik. Wenn wir diesen Zusammenhang im Auge behalten, werden wir das Vertrauen der Menschen in uns rechtfertigen. Und: Wir werden erfolgreich bleiben.

Technologie – unsere Chance.
Bayerischer Unternehmertag, München, 19. Januar 1989

Wir zeigen uns als Meister von Technokratie, aber im Bemühen um gemeinsame Werte sind wir noch Lehrlinge. Wir wissen sehr wohl, daß die Vielfalt ganz unterschiedlich gewachsener Kulturen die Stärke unseres Kontinents entscheidend bestimmt hat. Jedoch verfügten wir jahrhundertelang über die gemeinsame Klammer von Werten. Das Gemeinsame an Europa war geprägt von christlichem Denken und Handeln. Erst langsam fangen wir an zu begreifen, daß solch ein Zusammenhalt heute kaum mehr besteht. Eine Reihe weiterer Nationen verlangt begierig Zutritt zu dem, was wir stolz als Gemeinschaft bezeichnen. Aber wir müssen uns fragen: Umfassen deren Motive mehr als das Streben nach den Fleischtöpfen unserer reifen Nationen, die Wohlstand bereits erreicht haben? Und hätten wir überhaupt mehr als diese Fleischtöpfe anzubieten?

Einstmals waren es nicht nur gemeinsame Ideale, es waren gemeinsame Werte, denen Europa seine weltweit prägende Kraft verdankte – mit gewachsenen kulturellen und religiösen, mit geistigen und geistlichen Bausteinen. Heute verfügt die Europäische Gemeinschaft über 20 000 Gesetze und Normen, die kaum einer übersieht, und die Tendenz ist steigend. Jedoch braucht Europa weit dringlicher als weitere Gesetze wirkliche Orientierung. Wir brauchen ein Fundament, das über das kommende Jahrhundert hinaus trägt – und nach christlicher Zeitrechnung beginnt damit zugleich ein neues Jahrtausend.

Wie ist es zu diesem Mangel an Orientierung gekommen? Das Wort vom Werteverfall macht die Runde; es wachsen Zweifel und Ungewißheit über den Bestand der geistigen und ethischen Fundamente unserer Kultur. Sehr verkürzt formuliert: Unsere ängstlichen Sorgen sind Folge eines neben dem Christentum prägenden Phänomens der Geschichte Europas, der Aufklärung mit all ihren Folgen. Sie brachte das Ende der geschlossenen Welt des Mittelalters. Deren Ordnungsprinzip war der Glaube gewesen. Die Moderne hingegen bot ein neues, ein weltliches Heilsversprechen: Statt zu glauben, wollte man wissen. Vernunft, Ratio und Kalkül sollten dieses Versprechen einlösen.

Wir wissen, was und wieviel wir diesem Wandel verdanken. Mit dem Aufschwung der Wissenschaft kam die Entdeckung der Welt. In der Folge brachte die Entwicklung der Wirtschaft Wohlstand für immer mehr Menschen. Die Epoche der Aufklärung, der Moderne, wurde zur dynamischsten für Europa.

Aber diese Dynamik hat sich als zweischneidig erwiesen: Wir haben sehr viel gewonnen – aber auch sehr viel verloren. An die Stelle einvernehmlicher, ordnender Werte rückte die Wahlfreiheit jedes Menschen. An die Stelle von Autoritäten nämlich, die dem einzelnen Orientierung boten, trat nun das Individuum mit seinen ganz eigenen Vorlieben. An die Stelle eines gemeinsamen Sinns trat das Recht, wie man heute gerne sagt, sich selbst zu verwirklichen.

Man nennt das auch Freiheit; man sehnt sich nach Glück. Der einzelne wurde ermuntert, seine Kräfte, aber auch Wünsche nach eigenen Vorstellungen vollständig zu entfalten. An den Erfolgen hatten im Laufe der Jahrhunderte immer mehr Menschen teil. Aber auch immer mehr Menschen in immer mehr Ländern entwickelten Ansprüche nach unseren europäischen oder westlichen Mustern.

Über Jahrhunderte boten christliche Werte dem Menschen Orientierung. Die Aufklärung versprach dann Freiheit für alle. Daß das nicht aufging, hat sich sehr bald erwiesen. Aber Europa blieb schöpferisch und fand auch hier eine Antwort; man würdigt sie weltweit als historische Leistung. Ich spreche von dem System, das wir »soziale Marktwirtschaft« nennen. Ihr liegt das Bekenntnis zugrunde, daß auch Menschen, die zur meßbaren, zur wirtschaftlichen Leistung nicht beitragen können, an ihren Ergebnissen dennoch teilhaben sollen: die Schwachen, die noch Jungen und bereits Alten. Die soziale Marktwirtschaft verbindet insofern christliche Ideale mit den Segnungen in der Folge der Aufklärung.

Das heißt aber auch: Funktionäre verteilen in unserem Sozialstaat, was sie einsammeln können; eigene Verantwortung – im Geben wie im Empfangen – wird immer weiter zurückgedrängt. Man hat Eigenverantwortung gleichsam an Systeme und Organisationen delegiert. Entsprechend vertraut man auf deren Leistungen – und beklagt natürlich auch deren Versäumnisse.

Auf die Wirtschaft blickt man, wenn es um Wohlstand geht. Das ist auch verständlich. Denn nur sie »erwirtschaftet«, was in der Gesellschaft verteilt werden kann. Es ist leider selbstverständlich geworden, alle Erwartungen an die Wirtschaft zu richten; ist sie Quelle des Wohlstands für alle, dann muß sie eben so kräftig sprudeln, daß die Erwartungen aller erfüllt werden können.

Da wir ein Recht auf Glück reklamieren, da wir Wohlstand mit Glück verwechseln, da wir mithin in erster Linie nach Wohlstand streben, da Wirtschaft Wohlstand verschafft – wenn auch mehr schlecht als recht –, gerät Wirtschaft zunehmend in Gefahr, zur Leitinstanz unserer Gesellschaft zu werden. Die Wahrheit ist aber: Die Wirtschaft realisiert nur die Zwecke derer, die an ihr teilhaben. Wirtschaft prägt keine Werte. Aus ihren Gesetzmäßigkeiten folgt keine Orientierung.

Sie liefert zwar Fortschritt. Aber diese »Fortschritte« scheinen nicht glücklich zu machen. Gehen sie nicht einher mit zunehmenden Klagen über verlorenen Sinn, über Entfremdung und Einsamkeit? Das von der Aufklärung versprochene Glück ist nicht eingetreten. Der Mensch ist freier denn je, doch diese Freiheit macht angst. Es fehlen die Bindungen, man beklagt Selbstsucht und Beliebigkeit, man spricht von verlorenen Werten.

In diesen Klagen steckt auch Hoffnung. Sie zeigen, daß etwas vermißt wird – daß Menschen Orientierung ersehnen. Wir alle wissen aus eigener Erfahrung, daß Sehnsucht danach besteht.

Wir müssen also Umstände schaffen, in denen Werte gleichsam geeigneten Nährboden finden, um Früchte zu tragen. Dazu brauchen wir keine Bekenntnisse, die nur so dahergesagt werden. Tatsächlich wirksame Wertorientierungen lassen sich nicht verordnen. Wenn beginnend mit der Erziehung im Elternhaus Werte nicht ausreichend vermittelt werden, wenn im Verlaufe von Schule und Erwachsenenleben Menschen nicht lernen, mit Werten zu leben, dann werden sie vielleicht einen diffusen

Mangel verspüren. Von sich aus werden sie aber die Lösung kaum finden.

Was wir brauchen, sind Menschen, die Werte vorbildlich leben. Wirksame Verbindlichkeiten können nur dadurch entstehen, daß Vorbilder in die Gesellschaft hineinwirken und sich Gefolgschaften schaffen. Werte werden sich auf breiter Ebene nur durchsetzen können, wenn viele – und immer mehr – Menschen mit gutem Beispiel mutig vorangehen.

Es geht also um ein glaubwürdiges Angebot; und wie in der Wirtschaft, so entscheidet auch hier das bessere Angebot. Dieses Angebot zu gestalten und – ja, zu »verkaufen«, ist Aufgabe derer, die ich Eliten nenne. Für dieses Verständnis von Eliten gilt es zu werben.

Demut und Kraft. Zum 900jährigen Bestehen des Johanniter-Ordens, München, 21. März 1999

Eberhard v. Kuenheim, Dr.-Ing. E.h.

Vorsitzender des Vorstands der BMW AG 1970 bis 1993, Vorsitzender des Aufsichtsrats 1993 bis 1999. Aus seinen weiteren Ämtern: Präsident des Landesverbandes der Bayerischen Industrie, Vorstands- und Präsidiumsmitglied des Verbandes der Deutschen Automobilindustrie, Gründungspräsident des europäischen Automobilherstellerverbandes ACEA, Vizepräsident der Max-Planck-Gesellschaft zur Förderung der Wissenschaften, Vorsitzender des Landeskuratoriums Bayern des Stifterverbandes für die Deutsche Wissenschaft, Mitglied des European Advisory Board der New York Stock Exchange, Vorsitzender des Vorstands des Vereins der Schule Schloss Salem.

Sibylle Krause-Burger

Eberhard v. Kuenheim

Jeder glaubt zu wissen, was ein Mann in solchen Positionen mitzubringen hat: das Unbeirrbare im Auftreten, etwas Zupackendes schon im Blick, die unumwundene Rede, einen Ehrgeiz, der Menschen verachtet und nur dem Mammon dient, Askese in der Lebensführung ebenso wie deren Kehrseite, die Lust an der Macht und am Befehligen großer Apparate.

Doch Eberhard v. Kuenheim, Anreger und Beweger der Bayerischen Motoren Werke über Jahrzehnte hinweg – von 1970 bis zum Mai 1993 als Chef im Vorstand, von 1993 bis 1999 als Vorsitzender des Aufsichtsrats –, kommt als wandelnde Widerlegung dieser landläufigen Auffassung vom Metier des Wirtschaftsführers daher. Er ist ganz anders, spricht eher leise, mit liebenswürdigen Untertönen, bisweilen sogar ein bißchen suchend. Wo andere Manager nur Antworten geben, kann er auch fragen. Aus seinem Lachen hört man noch heraus, wie er als Schüler gelacht haben muß. Und selbst wenn er, der niemals Vorgefertigtes zum besten gibt, in seiner Rede einmal zögert, hat er sich doch etwas Spontanes, Unvermitteltes, Natürliches bewahrt – einen Knabenrest im Wesen des Konzernherrn.

Von Statur ist er nicht groß. Die Hände, im Vergleich dazu, wirken sehr kräftig. Sein immer noch glattes

Gesicht, mit den Empfindsamkeitszonen um den Mund und in den Augenwinkeln, könnte ebensogut einem Arzt oder Musiker gehören. Ein paar Haarsträhnen muß er, wie so viele Männer seines Alters, über das Kahle am Kopf hinweg in die Länge züchten. Er liebt, darin ganz Bildungsbürger, das Lesen, ergötzt sich in seiner Freizeit beim Wandern, nimmt sogar, wenn er während der Arbeit aus dem Fenster seines Büros schaut, die Schönheit der Alpenkette am fernen Horizont noch wahr. Eberhard v. Kuenheim ist alles andere als ein kalter Mehrer von Gewinnen, sondern viel eher ein hochsensibler und hellwacher Merker, dem nichts entgeht.

Wo also verknüpft sich bei ihm die Menschlichkeit mit der Macht? Das Geheimnis kann nur sein, daß er schon immer war, was andere unter gewaltigen Anstrengungen erst werden müssen. Was sollen ihm Imponiergesten, barsche Worte, eisige Blicke, Abwehr, Einschüchterung? Wozu bräuchte er die aufgebauschte Darstellung seiner Person? Er muß sich nicht als Überlegener gebärden. Er ist es vom ersten Atemzug an gewesen.

Eberhard v. Kuenheim wurde als »Herr« geboren. Mit diesem angenehmen Status zu leben und zu arbeiten, war man in seiner Familie von alters her vertraut. »Meine Vorfahren sind über Jahrhunderte eine der führenden Familien Ostpreußens gewesen«, erzählt er und weiß auch, daß sie sich dabei keineswegs nur müßig im Glück der Oberschicht einer feudalen Gesellschaft sonnten, »sie übten auch Einfluß aus«. Einer aus dieser Ahnenreihe zählte zu den engsten Beratern des letzten

Großmeisters im Deutschen Orden. In dieser Rolle trug er dazu bei, die Organisation zu säkularisieren und Ostpreußen in eine evangelische Provinz zu verwandeln.

Ein anderer v. Kuenheim opferte in den Freiheitskriegen sein ganzes Vermögen, um eigene Kompanien aufzustellen und sie für Preußens Gloria marschieren zu lassen. Hinterher war sein Schloß verloren, und er endete – geschlagen, aber ruhmreich – in einem Schafstall. »Das tat man halt für seinen Staat«, sagt der Nachfahre und läßt in diesem Heldengesang einen ungeschminkten Sippenstolz durchscheinen: »Darüber wurde nicht geredet, das kann man sich heute gar nicht mehr vorstellen.«

Wohl wahr. Aber in ihm ist die Summe der längst vergangenen Familientaten offenkundig noch ganz lebendig. Das schließt nicht nur die Erinnerung an das »Herrenleben« von einst mit ein, es verpflichtet offenbar auch auf die Tradition. Allerdings nicht in dem Sinne, daß er sich nun dauernd, gleichsam Tag für Tag und in die Moderne übersetzt, der verblaßten Größe vergewissern müßte – sozusagen als Gutsherr auf den fruchtbaren Äckern der Automobilindustrie. Nein, er hat es einfach in sich, was den Schatz sogenannter Sekundärtugenden ausmacht: den Zusammenklang von Herrschen und Dienen, von Haltung und Hingabe an eine Sache, von der Gewißheit, ein Herr zu sein und gleichzeitig für die anvertrauten Menschen Sorge zu tragen.

Es ist der bessere Teil dieses kategorisch Preußischen, der sich bei ihm zu einer Reihe von Selbstverständlichkeiten verdichtet hat. Zum Beispiel dazu, »daß man seine Pflicht hat – dann wird sie gemacht, da muß man auch nicht immer Kommentare abgeben«, oder: »daß man nicht jammert, wenn es einem schlechtgeht, das war ja bei uns klar«. Der Geist der Zeit, eine gewisse Wehleidigkeit, besonders bei der jüngeren Generation anzutreffen, geht ihm ungemein »contre coeur«. »Aber deshalb«, so sagt er und wehrt sich damit gleichzeitig gegen ein weitverbreitetes Vorurteil über die Grundzüge preußischer Charaktere, »deshalb muß man doch nicht gefühllos sein.«

So nennt sich Eberhard v. Kuenheim auch gern »altmodisch«. Entsprechend hat er sich immer an seinem Arbeitsplatz eingerichtet: blauer Samt, wo Besucher empfangen werden, brauner Samt, wo er zu arbeiten pflegt. Kaum Bilderschmuck an den Wänden, dafür Strukturtapeten. Auf dem Schreibtisch eine ungetüme Schirmlampe mit grün gegossenem Fuß. Herrenzimmeratmosphäre.

In die Kategorie des Altmodischen ordnet er auch seinen »ungeschriebenen Comment« ein. Was alles gehört dazu? Was hat dieser Chef allemal seinen Leuten abverlangt – vorweg denen in führenden Positionen? Sie mußten nicht unbedingt brillant sein, aber »charakterlich einwandfrei«. Wichtig war Eberhard v. Kuenheim stets, daß Mitarbeiter »im Krisenfalle stehen«, daß sie Mut zeigen und nicht in Deckung gehen: »das ist also der Begriff der Zuverlässigkeit«.

Er weiß eben: Auf den Geist in einem Unternehmen kommt es an, der darf nicht »abrutschen«, den gilt es immer wieder »aufzufangen«. Das hat er bis heute bewußt vorgelebt. »Technik, Verkauf, Finanzen«, sagt er, »das macht nur den geringsten Teil der Probleme aus, aber 80 Prozent aller Führungsfragen sind Menschenfragen.« Deshalb hat er auch stets klar abgesteckt, »wo wir wenig mitspielen«, im Falle nämlich, daß Mitarbeiter Reibungsverluste verursachen, weil sie über Intrigen voranzukommen versuchen – »das wollen wir nicht«, konnte er sagen und blieb dann gerne noch ein Weilchen beim Pluralis majestatis, »da sind wir dann hart«.

Freilich, zur Härte mußte er sich, seinem eigenen Bekenntnis zufolge, überwinden. Hat er denn eine weiche Seele? O ja, und diese Antwort kommt so prompt, als könne er damit auf der Stelle Absolution erlangen. Schließlich weiß er, daß man in solchen Positionen »doch manchmal etwas Unangenehmes« tun muß: »Das schafft man nur durch anerzogene Härte.« Manche nennen ihn wegen dieser Haltung »arrogant«.

Im Hause BMW heißt es freilich, daß er zwar hart sein könne, aber auch über Wärme verfüge. Andere sahen und sehen in ihm nur den »Alleinherrscher«, auf dessen strenges Regime auch mancher Wechsel im Vorstand zurückzuführen gewesen sei. Wer sich ihm nicht beugte, der mußte gehen.

An Führungsschwäche hat Eberhard v. Kuenheim niemals gelitten. An Politikern hingegen ist ihm dieser Mangel oft ins Auge gestochen. »Get it done« – so würde er ihnen, bäten sie ihn um seinen Rat, manchmal gerne zurufen; und wie er das, fast nebenbei, berichtet – mehr preußisch oder doch auch ein bißchen eigensinnig bayerisch? –, da läßt er hinter aller Sanftheit durchaus ein Quentchen Herablassung durchschimmern.

Wenn er also nicht nur der edle Ritter, sondern eben doch auch so knochenhart wie andere hohe Herren sein kann, so ist ihm dies keineswegs eingebleut worden. Er hat es vielmehr aus den besonderen Umständen seines Lebens vermittelt bekommen. Schon ziemlich am Anfang stand dabei eine Katastrophe, ein traumatisches Erlebnis. Der Vater, Fideikommißherr auf dem Gut Juditten in der Nähe von Königsberg – wo Eberhard v. Kuenheim auf die Welt kam –, stürzte vom Pferd, einem Trakehner aus der eigenen Zucht, und starb. Der Sohn, das jüngste von vier Kindern, zählte damals gerade sieben Jahre.

Dieser Verlust bedeutete für ihn einen »tiefen Einschnitt«. Da die Mutter stark, ja »dominant« war, wurde »manches aufgefangen«. Verwöhnungen freilich gehörten nicht zu ihren Bemühungen, sie paßten allerdings auch nicht in die sich heroisch gebende Zeit. Obwohl die Entfernungen in der alten Heimat groß waren und man es sich durchaus hätte leisten können, wurden die Kinder niemals zu ihren Terminen mit dem Wagen gefahren. Schon früh hatte jeder seine kleinen Pflichten zu übernehmen, etwa sein Pony zu füttern, auch wenn man dazu jeden Tag um sechs Uhr in der Frühe aufstehen mußte.

Selbständig zu handeln lernte Eberhard v. Kuenheim auch während der Jahre im Internat von Salem am Bodensee, wo (lange vor 1933) neben anderen segensreichen pädagogischen Einfällen das sogenannte Führerprinzip zu den Hausregeln gehörte, von dem Golo Mann in seinen Erinnerungen schreibt, daß es »Verantwortung verteilte und Ältere für Jüngere sorgen ließ«. Es galten

»starke Gesetze«, erzählt auch v. Kuenheim. Sie blieben nach 1934 in Kraft, als Kurt Hahn, der Gründer, nach England emigriert war und der Nachfolger Blendinger die Leitung des Hauses übernommen hatte. »Er machte es auch blendend«, sagt der Zögling im Rückblick auf jene schwierigen Jahre, da die Schule trotz aller Gleichschaltungen überleben wollte. Sie konnte sich nicht ausgesprochen gegen das nationalsozialistische System stellen. Aber es gelang doch, »das andere darzustellen, die eigenen Bildungsideale – auch die Bindungen zu England – aufrechtzuerhalten«.

Zeitweise fand sich in dieser pädagogischen Enklave ein kleiner Kuenheimscher Familienclan ein, Geschwister, Cousinen und Cousins. Sie wurden allesamt nicht gegen, aber eben auch nicht für Hitlers Regime eingenommen. Und bei Golo Mann lesen wir, daß am Widerstand gegen Hitler, der am 20. Juli gescheitert war, mehr ehemalige Salem-Schüler teilgenommen hatten, »als im Durchschnitt wahrscheinlich gewesen wäre«. Als Eberhard v. Kuenheim dann das Internat verlassen und bei der Marineartillerie einrücken mußte, kam allerdings die Frage, ob er es wollte oder nicht, gar nicht auf: »es war einfach so«.

Das Kriegsende erlebte er – 1928, in dem legendären Flakhelferjahrgang geboren – noch nicht einmal 17 Jahre alt, als Verwundeter in Dänemark. Ein Granatsplitter hatte ihm einen Lazarettaufenthalt und anschließend die englische Gefangenschaft beschert. Danach schien zunächst einmal nicht sehr viel mehr als das eigene Leben gerettet.

Die Mutter war in einem russischen Lager umgekommen, was die Kinder allerdings erst später erfuhren. Das Gut, das Familienvermögen waren verloren. Eberhard v. Kuenheim sah sich zunächst ganz auf sich gestellt. Immerhin fanden sich die Geschwister wenige Wochen nach Kriegsende wieder, halfen sich auch gegenseitig über einen »sehr starken Zusammenhalt«. Eine Schwester, die sich mittlerweile in Stuttgart verheiratet hatte, konnte dem Jungen wenigstens einen Rest der alten Geborgenheit und Verbundenheit bieten. Also zog er an den Neckar: »Es tat gut, an einem Ort zu sein, wo noch jemand aus der Familie war.«

Inzwischen hatte er die Schule abgeschlossen und das Abitur nachgeholt. Aus dem Krieg zurück auf die Schulbank: Das war die Erfahrung einer ganzen Generation von Überlebenden. Bei Bosch in Stuttgart-Feuerbach fand Eberhard v. Kuenheim dann Arbeit, um sich seinen Lebensunterhalt zu verdienen. Zunächst empfand er dies nicht in besonderem Maße als tiefen Fall: »damals gab es doch nur eins: wie komme ich durch?«, trotzdem war ihm bald klar, daß er der »Sphäre der Verproletarisierung« entrinnen müsse. Zwei Jahre immerhin hielt er am Fließband aus, montierte Autozubehör und Kühlschränke und legte etwas vom Verdienten für ein künftiges Studium beseite. Denn er war sich ganz sicher: »Da will ich raus.«

Was zunächst so fern erschien, ließ sich dann einfacher verwirklichen – auch finanziell. Er konnte sich an der Technischen Hochschule in Stuttgart im Fach Maschinenbau einschreiben. Das Technische, dazu Mathematik und Physik fielen ihm nicht schwer. Land und Landwirtschaft, wozu er sich zu Hause in Ostpreußen ohne Frage entschieden hätte, waren ja »verbraucht«, außerdem hoffte er als Diplomingenieur später im Beruf gut unterzukommen. Da waren also keine Passionen im Spiel, »das waren nüchterne Überlegungen«. Wie die meisten aus diesen Jahrgängen, für die das Leben gerade noch einmal begonnen hatte, kam er mit dem Studium schnell voran. Sein Examen machte er im Herbst 1954 nach acht Semestern, nicht mit Auszeichnung, aber doch mit der Note »gut«.

Die »industrielle Schulung« erhielt er im Anschluß daran bei der Firma Max Müller in Hannover, einem mittelständischen Betrieb, der Werkzeugmaschinen herstellte. Und wenn er heute über den Inhaber spricht, so gerät er immer noch richtig ins Schwärmen. Dann fallen ihm sogleich die Begriffe »Vorbild«, »hervorragender Chef« und »Mentor« ein.

Max Müller zeigte Verständnis, er verlangte viel, hielt jedoch auch mit Anerkennung nicht zurück. Er regte an, zog andere mit, konnte charmant sein, erwies sich allen Themen gewachsen – auch den politischen oder literarischen –, war zudem ein »toller Ingenieur«. Kurzum, der junge v. Kuenheim, der schließlich 1960 die Aufgabe eines Verkaufsleiters und der rechten Hand des Inhabers übernahm, erlebte »die Führung eines sehr starken, sehr klugen, sehr gebildeten Mannes«. Von ihm, so bekennt er heute noch, hat er »die ganze berufliche Basis«.

Eberhard v. Kuenheim wußte nun, in welche Richtung er sich strecken, was er für sich bewahren, was anstreben und was er ablehnen wollte. Er hatte erlebt, wie eine kriminelle politische Führungsclique seine Familie, seine Generation, seine Nation in die Katastrophe trieb; er hatte – zu Hause in Ostpreußen, später in Salem und jetzt an der Seite dieses beispielhaften und niveauvollen Unternehmers – erfahren, daß Führen und Verantworten zusammengehören und wie man mit beidem umgeht. Welchem jungen Mann, zumal aus der vaterlosen Generation, ist schon so reichlich Orientierungshilfe geboten worden?

Danach muß der Eleve denn auch nachgerade satt an der Größe anderer und eher auf sich selbst konzentriert gewesen sein. Harald Quandt, zu dessen Gruppe er 1965 überwechselte, den er persönlich beriet und für den er auch den Posten eines Direktors der Familienholding übernahm, fasziniert ihn in anderer Weise. Ein Mentor auch er? Wohl kaum. Immerhin, er »konnte mit dem ganz gut«, gibt v. Kuenheim zu. Schneidig fand er ihn, als einen sehr modernen Menschen schätzte er ihn ein, als einen, der das Leben liebte. Bewundernswert fand er vor allem Quandts schier unglaublichen Sinn für Technik. Gab man ihm, zum Beispiel, ein neues Gerät in die Hand, schraubte er es auseinander, erkannte sofort das Prinzip und wußte gleich, daß der Strom nicht so, sondern so laufen müsse – »er war einfach eine Naturbegabung, so etwas habe ich nie wieder gesehen«.

Nach Quandts Flugzeugtod übernahm Eberhard v. Kuenheim den Job eines Generalbevollmächtigten der Holding. Dabei blieb er auch, als ihn kurz darauf die Industrie-Werke in Karlsruhe zum stellvertretenden Vorstandsvorsitzenden beriefen. Es war nur ein Zwischenspiel von wenigen Monaten, danach begann, was bis jetzt vorgehalten hat: die Aufgabe an der Spitze der Bayerischen Motoren Werke.

Von Herbert Quandt war die Frage ausgegangen, ob er »dies hier« übernehmen wolle. Dabei hatte er – wie er mit einem kleinen Understatement gern zum besten gibt – wenig Ahnung, »was ein Auto sei«. Doch konnte er, wie er nun doch nicht ohne Stolz einräumt, mit dem Pfund seines Studiums wuchern. Es ist ihm immer leichtgefallen, sogar die schwierigsten Probleme der Entwicklung und Fertigung zu begreifen.

Das Lebensereignis seines Einstiegs in München schildert der Mann, der nun fast 30 Jahre lang die Geschicke von BMW in der Hand gehalten hat, ohne Ausrufezeichen. Wie lange er das mit BMW denn noch machen wolle, soll Herbert Quandt noch vor dem Neuanfang mit v. Kuenheim vom alten Flick gefragt worden sein. Bis ein Umsatz von einer Milliarde erreicht sei, so lautete die Antwort, die Flick, dieser Legende zufolge, mächtig zum Lachen gereizt hat – denn damals lag der Umsatz bei rund 500 Millionen. Als der Ostpreuße den Vorsitz des Vorstandes übernahm, waren schon 1,5 Milliarden geschafft, mehr als 20 000 Menschen arbeiteten damals bei dem bayerischen Unternehmen. In den 23 Jahren seiner Amtszeit entwickelte sich das ursprünglich rein deutsche Unternehmen zu einem weltweit tätigen Konzern. Die Zahl der Arbeitsplätze hatte sich verdreifacht, als v. Kuenheim vom Vorstand in den Aufsichtsrat wechselte, der Umsatz war um ein 17faches gestiegen.

Wo liegt nun sein Anteil an diesem Erfolg? »Zumindest muß man sagen, daß man dabeigewesen ist«, stellt er heute fest, ganz treu seinem Ruf, ein zurückhaltender Mensch zu sein, führt alles auch auf »Fortune im Sinne Friedrichs des Großen« zurück, versteckt sich zum Schluß wieder hinter dem »Wir« – und schmückt sich natürlich auch damit: »Wir haben manches früh erkannt, so zum Beispiel die Energiekrise; wir haben früher als die Konkurrenz Tochtergesellschaften im Ausland geschaffen; wir haben uns Ziele gesetzt; wir haben Glück gehabt, es gab auch günstige Umstände.« Und natürlich weiß er, nicht zuletzt aus jüngsten Erfahrungen: Die ungünstigen gab es auch.

Wenn Eberhard v. Kuenheim recht hat, wenn es wirklich auf den Geist in einem Unternehmen ankommt, dann hat er selbst – neben all seinem Führungswissen – womöglich auch unbewußt etwas dazu beigetragen, daß es so oft ein Geist mit guter Wirkung gewesen ist, durch diese beständig glimmende kleine Fröhlichkeit, durch dieses unverändert positive Weltbild, das er mit vielen anderen aus der Kriegsgeneration teilt: »Wir leben doch in einer selten glücklichen Zeit, wir haben über 50 Jahre Frieden, wir haben den höchsten Lebensstandard, den wir überhaupt je hatten, wir können uns als Volk alles leisten.«

Offenbar ist es ihm trotz der schmerzlichen Verluste in seiner Jugend, trotz aller bedrohlichen Entwicklungen in der Politik der Gegenwart und trotz mancher Turbulenzen im Hause BMW gelungen, sich jenes erste aristokratische Lebensgefühl zu erhalten – das Selbstbewußtsein eines Menschen auf der Sonnenseite der Gesellschaft und des Lebens. Das strahlt er unverändert aus, das reißt auch mit. Wo er ist, ist Siegesgewißheit. Wo Eberhard v. Kuenheim ist, da ist eben ein für allemal oben.

Die Autoren

Hans D. Barbier, Dr. rer. pol., seit 1986 Ressortleiter Wirtschaftspolitik und Koordination der Frankfurter Allgemeinen Zeitung

Arnulf Baring, Dr. jur., Professor em. für Zeitgeschichte und Internationale Beziehungen ab 1945 an der Freien Universität Berlin, heute freier Publizist

Kurt Biedenkopf, Dr. jur., Professor für Bürgerliches Recht, seit 1990 Ministerpräsident des Freistaates Sachsen

Marcus Bierich, Professor Dr. phil., Dr. rer. oec. h.c., von 1984 bis 1993 Vorsitzender der Geschäftsführung und seither Vorsitzender des Aufsichtsrats der Robert Bosch GmbH

Bernhard Bueb, Dr. phil., seit 1974 Leiter der Schule Schloss Salem

Carroll A. Campbell, D. Hum. Litt., von 1987 bis 1995 Gouverneur des US-Bundesstaates South Carolina

Marion Gräfin Dönhoff, Dr. rer. pol., seit 1972 Herausgeberin der Wochenzeitung DIE ZEIT

Wolf Peter Fehlhammer, Dr. rer. nat., Professor für Chemie an der Freien Universität Berlin, seit 1993 Generaldirektor des Deutschen Museums in München

Hermann Franz, Dr.-Ing. E.h., von 1989 bis 1993 Mitglied des Zentralvorstands, von 1993 bis 1998 Vorsitzender des Aufsichtsrats der Siemens AG

Horst Fuhrmann, Dr. phil., Professor em. für Geschichte an der Universität Regensburg, bis 1998 Präsident der Bayerischen Akademie der Wissenschaften

Hartmut von Hentig, Dr. phil., Professor em. für Pädagogik der Universität Bielefeld

Wolfgang A. Herrmann, Dr. rer. nat., Drs. h.c., Professor für Chemie, seit 1995 Präsident der Technischen Universität München

Johann Georg Prinz von Hohenzollern, Dr. phil., von 1991 bis 1998 Generaldirektor der Bayerischen Staatsgemäldesammlungen, seither Direktor der Kunsthalle der HYPO-Kulturstiftung

Peter Jonas, C.B.E., Dr. h.c., von 1976 bis 1984 Director of Artistic Administration des Chicago Symphony Orchestra, danach Intendant der English National Opera, seit 1993 Intendant der Bayerischen Staatsoper

Sibylle Krause-Burger, Journalistin, Autorin biographischer Aufsätze und Bücher

Wolf Lepenies, Dr. phil., Professor für Soziologie an der Freien Universität Berlin, seit 1986 Rektor des Wissenschaftskollegs zu Berlin

Hermann Lübbe, Dr. phil., Professor em. für Philosophie und Politische Theorie der Universität Zürich

Hubert Markl, Dr. rer. nat., Professor für Zoologie und Verhaltensbiologie an der Universität Konstanz, seit 1996 Präsident der Max-Planck-Gesellschaft zur Förderung der Wissenschaften e.V.

Elisabeth Noelle-Neumann, Dr. phil., Dr. rer. oec. h.c., Professor em. für Publizistik der Universität Mainz, 1947 Gründerin und seitdem Leiterin des Instituts für Demoskopie in Allensbach

Hans-Werner Sinn, Dr. rer. pol., Dr. rer. pol. h.c., Professor für Nationalökonomie und Finanzwissenschaft an der Ludwig-Maximilians-Universität München, seit 1999 Leiter des ifo Instituts für Wirtschaftsforschung

Edmund Stoiber, Dr. jur., seit 1993 Ministerpräsident des Freistaates Bayern, seit 1999 zugleich Vorsitzender der CSU

Richard von Weizsäcker, Dr. jur., von 1984 bis 1994 deutscher Bundespräsident

Lektorat: Heidi Gottstein, Christoph Glaser und
Helmut Zedelmaier, München; Thomas Sparr, Berlin
Satz und Reproduktion: Bongé + Partner, Berlin
Druck und Buchbinder: Spiegelbuch, Ulm
Printed in Germany 1999
ISBN 3-88680-690-1
Erste Auflage